DU MÊME AUTEUR

La caresse de Vénus, Leduc.s.
De la peur à l'amour, J'ai lu.
L'intimité et le couple, J'ai lu.
Sexualité, la voie sacrée, Albin Michel.
Écologie de l'amour, J'ai lu.
Le traité des caresses, Flammarion.
L'art de bien dormir à deux, Albin Michel.
Le traité du désir, J'ai Lu.
La fidélité et le couple, J'ai Lu.

Collection dirigée par Patricia Delahaie

33, rue Linné
75005 Paris – France
E-mail : infos@leduc-s.com
Web : www.leduc-s.com
ISBN : 2-84899-115-1
9-782-84899-115-3

Dr GÉRARD LELEU

L'Homme (nouveau) expliqué

TOUT CE QUE VOUS AVEZ TOUJOURS VOULU SAVOIR

aux

SUR LE PREMIER SEXE

Femmes

SANS OSER LE DEMANDER

LEDUC.S EDITIONS

SOMMAIRE

Avant-propos 7

Introduction 9

Première partie : L'ENFANCE DE L'HOMME 13
Chapitre 1. L'empreinte du passé 15
Chapitre 2. L'homme et sa mère 20
Chapitre 3. Des épines dans l'amour 24
Chapitre 4. L'adieu à la mère 27

Deuxième partie : QU'EST-CE QU'UN HOMME ? 37
Chapitre 5. L'homme biologique 39
Chapitre 6. L'homme social 43
Chapitre 7. L'homme en crise 46
Chapitre 8. Le nouvel homme 50

Troisième partie : L'HOMME, L'AMOUR ET LE SEXE 57
Chapitre 9. L'homme et les sentiments 59
Chapitre 10. Fascination pour la nudité 67
Chapitre 11. Ils aiment, ils aimeraient, ils n'aiment pas 74
Chapitre 12. L'homme et les caresses 79
Chapitre 13. Géographie sensuelle 88

Quatrième partie : AUTOUR DU PÉNIS 107
Chapitre 14. Les caresses du « deuxième cercle » 109
Chapitre 15. L'homme et son pénis 117
Chapitre 16. Le pénis : un chef-d'oeuvre 124
Chapitre 17. En avoir ou pas 134
Chapitre 18. L'orgasme masculin 140
Chapitre 19. De la masturbation 147
Chapitre 20. Caresses, branle et baiser pénien 156

Cinquième partie : MIEUX FAIRE L'AMOUR 177
Chapitre 21. Les joies de la caresse intérieure 179
Chapitre 22. Positions et mouvements 195
Chapitre 23. L'érotisme anal 210
Chapitre 24. L'homme et le baiser vulvaire 223
Chapitre 25. L'érotisme pluriel 233

Chapitre 26. L'homme et le sadisme.......................................237
Chapitre 27. L'homme et ses fantasmes 242

Sixième partie : PANNES ET DÉPANNAGES 253
Chapitre 28. La panne d'érection..255
Chapitre 29. L'éjaculation prématurée....................................270
Chapitre 30. Désir quand tu nous quittes................................276
Chapitre 31. Senior et sexe 289
Chapitre 32. La parole est d'or 298

Conclusion : En marche vers une troisième civilisation.............303

Bibliographie...305

AVANT-PROPOS

Comme je suis particulièrement sensible (et sentimental), les femmes m'ont toujours comblé : il suffit que la femme aimée m'effleure du bout des doigts pour que j'atteigne l'extase. C'est pourquoi j'ai tant chanté la femme dans mes précédents livres.

Cependant, des confidences de plus en plus nombreuses de mes frères les hommes m'ont donné à réfléchir : ayant récemment libéré leur sensibilité et leur sensualité et étant alors devenus friands de caresses et autres raffinements érotiques, ils soupirent que trop de femmes ne répondent pas à leurs attentes ; elles se révèlent parfois passives, voire paresseuses, ce qui m'a amené à « revisiter » mon parcours amoureux.

C'est ainsi que je me suis rappelé cette femme que j'adorais, admirais et caressais avec ferveur des heures durant. Un jour, arrivant chez elle à demi-courbé par un méchant lumbago (j'aurais dû rester dans mon lit plutôt que de me glisser dans le sien), je lui ai demandé de bien vouloir caresser, voire masser quelque peu, mes lombes, ce qui m'attira cette réplique : « Je ne suis pas ta geisha, les femmes libérées, ça ne caresse pas ! ». Le soir même elle me confirma son opinion par téléphone : « J'ai appelé toutes mes amies. Elles sont de mon avis, une femme moderne ça ne caresse pas ». Le combiné à peine raccroché, j'entreprenais de lui écrire une lettre pour lui démontrer l'intérêt des caresses, lettre qui atteignit 384 pages et qui devint *Le traité des caresses*.

Je me suis également souvenu de quelques « pannes » d'érection dont je fus victime et de l'attitude de mes compagnes d'infortune. Certes, elles ne s'étaient pas moqué, elles avaient même prononcé quelques mots de réconfort (« C'est pas grave, ça reviendra »), et tenté quelques gestes manuels et buccaux de réanimation de mon pénis flaccide. Mais on ne peut pas dire qu'elles y avaient mis beaucoup de constance, ni beaucoup de science avant de se déclarer... impuissantes ! Je râlais au fond de moi en pensant aux trésors de tendresse, de patience et d'ingéniosité – sans compter le temps passé

– que j'avais déployés pour éveiller un clitoris long à la détente ou une muqueuse vaginale particulièrement somnolente. C'était par trop injuste. Pas rancunier, j'ai même écrit par la suite, pour le plus grand bonheur des dames, *La caresse de Vénus ou les rêves secrets du clitoris.*

Mais aujourd'hui, j'ai envie de proclamer : « Oui j'aimerais des geishas comme celles qui excellent au pays du soleil levant. Ou bien des "préceptrices du sexe" comme Sou Nu qui apprit l'amour à "l'Empereur Jaune", le premier de la Chine ancienne, ou comme ses consœurs qui lui ont succédé pendant 6 000 ans. Ou bien des Hiérodules, ces prêtresses consacrées à l'amour qui exerçaient dans les temples de Mésopotamie. Oui, j'ai envie de femmes actives au lieu de ces trop nombreuses occidentales qui attendent passivement que des mâles dévoués les prennent en main sans vouloir mettre la main à la pâte. »

Je sais bien que les mâles récoltent ce qu'ils ont semé : atteints de « mâle peur », ils ont, des millénaires durant, réprimé la sexualité de la femme et lui ont imposé la passivité. Une femme honnête ne fait pas de gestes voluptueux, ne réclame rien pour elle, ne manifeste pas de plaisir. Une femme honnête n'a pas de plaisir. Toujours par « mâle peur » ils ont soumis la femme, en ont fait une servante. Aujourd'hui la servante s'est révoltée à juste titre. Et elle ne daigne même plus se pencher sur mon lumbago.

Si on faisait la paix ? Moi, désormais, très chère femme, je vais te caresser comme tu as toujours rêvé que je le fasse. Alors si toi tu me fais les caresses que j'ai toujours fantasmées sans oser te les demander, ça pourrait être le paradis pour nous deux, non ?

INTRODUCTION

Aucune femme ne saura jamais ce qu'un homme ressent quant il fait l'amour, aucun homme ne saura ce que la femme vit alors. J'ai voulu ici lever le voile tendu sur la sexualité masculine, révéler les rêves secrets des hommes et vous livrer une sorte de « mode d'emploi » ou de « bon usage » de l'homme érotique. Ce traité, joint aux traités dans lesquels je donnais le mode d'emploi de la femme érotique, devrait vous permettre d'accéder à la perfection érotique et à l'harmonie absolue avec vos amant(e)s.

Je parlerai donc de l'homme mais, en ces temps de transition, l'homme est multiple. Selon leur dosage en *animus* et en *anima*, on trouve actuellement des hommes anciens *(homo anticus)*, des hommes mutants *(homo mutandis)*, des hommes nouveaux *(homo novalis)* et de rares hommes parfaits *(homo perfectus)*. De plus, dans chaque espèce d'homme on trouve de nombreuses variétés. Aussi quand je dirai « les hommes », « les femmes », c'est-à-dire quand je ferai des généralités, certains risquent de ne pas se reconnaître. À vous de voir.

Bien des croyances déforment la vision que chacun a de la sexualité masculine. Sont-elles fondées ?

L'homme est centré sur son pénis. Il est vrai que c'est en cet endroit concis que l'homme ressent la terrible puissance du désir et du plaisir, et mieux encore qu'il la voit et la palpe. Il est vrai aussi que l'homme est narcissiquement centré sur son phallus qu'il affiche comme symbole de masculinité. Toutefois, l'homme actuel est en train de se libérer de cette dernière pression et, possédant autant de terminaisons sensitives au niveau de sa peau et de sa bouche que sa compagne, il découvre les joies érotiques qu'offre toute l'étendue de son corps ; et se révèle également avide de caresses, de baisers et de bonheur sensuel.

L'homme a une sexualité superficielle. Le sexe de l'homme étant externe, sa sexualité lui serait extérieure et lui permettrait de « tirer des coups » sans s'impliquer, à l'inverse de la femme… Mais il y a toujours eu des femmes capables de pratiquer la sexualité sans s'y investir et, avec la libération des mœurs, il y en aura de plus en plus. Quant à l'homme, dans la mesure où il accorde tant d'importance à son pénis, et où il s'identifie même à lui, il peut faire l'amour avec la totalité de sa personne. De plus, le plaisir déclenché au niveau de son sexe diffuse dans tout son corps. Si bien qu'il peut connaître une jouissance globale, transcendante, analogue à celle de la femme. Surtout quand il pratique la maîtrise de l'éjaculation et la « caresse intérieure » comme nous le verrons. En ce qui concerne l'intériorité, l'homme actuel l'acquiert en habitant la femme longuement dans cette nouvelle façon de faire l'amour ; et en ouvrant la sensibilité de sa peau, tant est vrai l'aphorisme de Paul Valéry : « Ce qu'il y a de plus profond dans l'homme, c'est la peau. »

La sexualité de l'homme est simple, voire simpliste. Elle se résumerait à des mouvements répétitifs de va-et-vient du pénis dans le vagin. Mais le pénis n'est pas qu'un banal piston. C'est un organe vivant qui peut adopter toute sorte de rythmes, modifier l'axe et la profondeur de son périple, varier ses points d'impact, faire des petites contractions en signe de connivence, bref, agir intelligemment et avec subtilité. Par ailleurs, le pénis est pourvu d'une sensibilité complexe grâce à de nombreux et exquis points érogènes.

L'homme dispose, comme la femme, d'une bouche, d'une langue, de deux mains, de 2 000 cm² de peau où attendent 1 500 000 récepteurs de plaisir, etc., ce qui confère des possibilités illimitées de sensations à recevoir et à donner. Beaucoup en usent déjà. De plus en plus s'en serviront. Sous sa réserve imposée par la civilisation patriarcale, l'homme fourmille d'émotions et, dans son inconscient ,dansent des myriades de désirs et fantasmes. En se libérant du poids des siècles, l'homme actuel va épanouir sa riche sexualité. Une sexualité aussi complexe et mystérieuse que celle de la femme.

La sexualité de l'homme c'est du solide. Sans problème, elle serait d'ordre animal. Erreur ! Le désir, l'érection et le plaisir de l'homme sont fragiles et vulnérables. Les dévalorisations, les humiliations, les peines de cœur, les difficultés professionnelles, le chômage, la dépression, affectent profondément sa libido et peuvent entraîner l'impuissance érectile. Et quand l'érection défaille, la virilité trépasse ; l'existence même de l'homme est en danger ; certains hommes vont jusqu'à se suicider. Romain Gary et Ernest Hemingway en sont d'illustres exemples. Aucun homme n'échappe aux difficultés sexuelles.

Les hommes ne pensent qu'à ça. Pourtant, selon *Le Rapport sur la sexualité masculine* de Pietropinto, 20 % des hommes seulement déclarent que l'acte sexuel est le plus grand des plaisirs. 80 % disent que c'est un grand plaisir, mais pas plus que celui qu'apporte l'affection de la femme aimée, les enfants, la réussite professionnelle ou les succès sportifs. Cependant sous la déferlante des images pornographiques, les hommes penseront de plus en plus à « ça » mais « le » feront de moins en moins, sauf « virtuellement » ou « pluriellement » comme on le voit déjà.

PREMIÈRE PARTIE

L'ENFANCE DE L'HOMME

L'homme est le dépositaire du passé. Du passé de l'humanité qui fit de lui un copulateur rapide puis un mâle dominant du patriarcat. En tout homme aussi sommeille un bébé, un petit garçon (« L'inconscient n'a pas d'âge » disait Freud), dont le premier – le plus absolu – des amours fut sa mère. Mais une mère aussi aimante que rejetante puisqu'elle en aimait un autre, un homme, un vrai !

Pour construire son identité masculine, l'homme doit s'arracher à sa mère, s'arracher à la féminité (ce qui explique la psychologie du macho) et apprendre à aimer les femmes sans peur, sans crainte ni colère.

Quand on voit d'où il vient, on comprend que ni l'amour d'une femme, ni la sexualité dans sa dimension d'épanouissement et de partage, ne sont aussi simples pour l'homme que les femmes le voudraient.

CHAPITRE 1

L'EMPREINTE DU PASSÉ

« La plupart des hommes ont une sexualité de primates. » Cette phrase lapidaire figure dans un ouvrage cosigné par deux « auteures ». J'avais entendu des phrases, plus concises encore, dans la bouche de mes patientes : « Mon mari fait l'amour comme un coq » ou « comme un moineau ».

Il faut dire que beaucoup d'hommes méritent ou ont mérité une telle sentence. Nombreux sont ceux qui exécutent l'acte sexuel selon une séquence aussi brève que stéréotypée : érection-pénétration-éjaculation, point final.

En vérité, et comme nous le verrons, la structure sexuelle de l'homme n'est nullement élémentaire, bien au contraire. Malheureusement, le mâle a subi au cours de l'histoire des événements qui ont contrarié son épanouissement.

Vous avez dit « primate »

Tout d'abord le mâle a hérité de ses plus anciens ancêtres préhistoriques – ceux qui constituèrent le chaînon commun aux hominidés et aux singes supérieurs dits primates – un comportement sexuel expéditif : quand ils descendaient des arbres pour copuler dans une clairière, ils devaient faire vite car des prédateurs aux crocs acérés rodaient alentour ; aussi, ils exécutaient le rapport sexuel en 15 secondes et 12 mouvements de va-et-vient. Ce comportement, on l'observe toujours chez les chimpanzés dont 99 % du capital génétique est semblable au nôtre. Les éjaculateurs prématurés ne font rien d'autre qu'appliquer le programme sexuel masculin instauré à l'aube de l'humanité.

Mais l'humanisation qui consiste à allonger la séquence sexuelle, à la raffiner, bref à sortir du programme préhistorique pour entrer dans l'érotisme, aurait dû enrichir la sexualité de l'homme. Hélas, un autre événement préhistorique l'en empêcha.

Et l'homme prit le pouvoir

Longtemps – durant des dizaines de milliers d'années avant J-C. – la femme avait régné, appuyant son autorité, purement morale du reste, sur son pouvoir de donner la vie (concevoir, enfanter, nourrir et élever un enfant), alors que l'homme ignorait encore son rôle dans la procréation ; et sur son pouvoir sexuel (attirer l'homme, provoquer en lui la plus grande des ivresses et se l'attacher par cette ivresse). Grâce à ces pouvoirs, la femme devint chef de famille (elle donnait son nom à l'enfant), chef de clan et aussi guérisseuse, prophétesse et divine. Elle représentait l'être supérieur : la déesse-mère. C'était le matriarcat.

Par la suite, l'homme prit le pouvoir pour de multiples raisons, entre autres parce qu'un jour il prit conscience que sa semence jouait aussi un rôle dans la création de la vie. Dès lors débuta – aux environs de 20000 avant J-C. – le règne du phallus, dit patriarcat. Pour asseoir sa domination, l'homme organisa la société de manière à s'arroger tous les pouvoirs civils et religieux et à soumettre la femme, laquelle fut reléguée à un statut inférieur. Mais, de même que le maître craint la révolte des esclaves, l'homme vécut dans la peur d'une rébellion de la femme qui lui aurait repris la direction de la société. Aussi n'eut-il de cesse de renforcer sa répression. Car la femme disposait toujours des mêmes atouts naturels, en particulier sa capacité d'enfanter et sa puissance sexuelle.

Cette puissance sexuelle fascinait l'homme et en même temps l'effrayait. Par puissance sexuelle, il faut entendre l'irrésistible attraction qu'elle exerçait sur lui, autrement dit le désir d'elle qu'elle engendrait, le violent plaisir qu'elle déclenchait en lui et le profond attachement qui en résultait. Il faut entendre aussi la force du propre désir de la femme et la grande magnitude de son plaisir, bien plus forts sans doute que ceux de l'homme.

Dans le « Tao Tö King », véritable manuel de vie des taoïstes, vieux de près de trois mille ans, on peut lire : « La femme est plus forte que l'homme du fait de son sexe et de sa constitution, de la même façon que l'eau est plus forte que le feu. La force yang qui habite l'homme est rapide mais volatile et précaire, tandis que la force yin qui habite la femme est lente mais durable et robuste. » Cette puissance sexuelle féminine engendrera une kyrielle de peurs chez le mâle.

Les peurs du mâle

Déjà, la vue du sexe de la femme fait naître chez l'homme une foule de fantasmes plus ou moins terrifiants dont le fameux vagin denté. Mais entre toutes, c'est la peur de l'épuisement qui prévaut. Le même « Tao Tö King » et bien d'autres avec lui, affirment : « La semence d'un homme est ce qu'il a de plus précieux, c'est la source de sa santé et même de sa vie. Toute perte diminue sa vitalité. » Ce qu'il y avait de grave dans l'épuisement redouté, c'est qu'il nuisait aux rôles sociaux du mâle – rôle de chef, rôle de guerrier, rôle de chasseur – et par-dessus tout à son autorité vis-à-vis des autres hommes et vis-à-vis de la femme.

Une autre peur de l'homme était d'être attendri, amolli par la fréquentation des femmes. À leur contact l'homme devient plus sensible, plus sensuel, en un mot sa propre féminité intérieure s'éveille. Ce qui est également incompatible avec les rôles masculins. C'est pourquoi, par exemple, dans beaucoup de pays, on interdisait la fréquentation des femmes et l'acte sexuel la veille des batailles, des grandes chasses ou des grandes pêches.

Autre peur encore : que la richesse sexuelle de la femme, son pouvoir de susciter le désir, n'entraîne des désordres sociaux dans l'organisation de la société patriarcale, la convoitise des mâles entraînant jalousie, rivalité, conflits, guerres –telle la légendaire guerre de Troie– ruptures de mariage ou éclatement des familles. Actuellement, conséquence de la libération de la femme et de son droit au plaisir, une nouvelle peur est apparue chez le mâle : celle de ne pas savoir satisfaire les demandes féminines, de ne pas être à la hauteur.

Coiffant toutes ces peurs, il y a la peur de l'aliénation, l'homme craignant que la passion sexuelle ne l'attache à une femme, ne le rende dépendant d'elle, voire esclave, qu'il en perde sa liberté et la maîtrise de son destin. Peur que trahit le terme de « maîtresse », peur illustrée par toutes les « femmes fatales » inventées et mises en scène par les narrateurs : Circé, Hélène, Cléopâtre, Marguerite, Carmen, etc.

Heureux Orient

Face à ces peurs, les civilisations orientales ont trouvé des voies sacrées qui sont aussi des voies de sagesse. C'est ainsi que chez les Taoïstes, l'art érotique sacré fait de l'acte sexuel une union métaphysique entre la force féminine, ou yin, et la force masculine, ou yang, union qui reconstitue le « Ki » ou force cosmique universelle. Chez les tantristes, l'union du principe mâle et du principe femelle reconstitue l'unité primordiale et la divinité des origines.

Dans tous les arts érotiques orientaux, on prescrit la maîtrise de l'éjaculation, ce qui constitue la meilleure réponse à la peur de l'épuisement et la meilleure façon de contrer le programme génétique d'éjaculation rapide hérité de la préhistoire. Mais sans doute la plus sage décision des Orientaux est d'avoir confié l'initiation et l'enseignement de l'érotisme aux femmes – les « préceptrices du sexe » – dans la ligne du matriarcat. En Orient, les hommes et les femmes ont vécu en paix pendant 6 millénaires.

Cruel Occident

Face à ces peurs, les mâles occidentaux, eux, ont choisi la répression de la sexualité, celle de la femme autant que la leur. L'arsenal anti-femme, production de la société patriarcale et des religions qu'elle a sécrétées, est aussi riche que terrifiant : mutilation, séquestration, exécution des femmes infidèles, sans oublier les armes plus subtiles mais tellement efficaces que sont la culpabilisation de la femme par l'invention de la légende du péché originel – ce qui permet aussi de la détourner de la sexualité – et sa dévalorisation par l'invention d'une « nature féminine » qui a tous les défauts, etc.

La répression de la sexualité de l'homme fut moins cruelle mais aussi efficace puisqu'elle le détourna de l'érotisme. L'invention du péché originel détourna également l'homme de la sexualité. L'invention d'une « nature masculine » aussi : au nom de la « virilité », il est interdit à l'homme d'être sensible, sensuel, tendre, d'exprimer ses émotions par le verbe ou le geste, tout cela est signe de faiblesse et donc honteux pour un homme, indigne de lui. L'homme est fait pour dominer ses adversaires et la femme. Toute l'éducation des mâles a pour but d'étouffer sa sensibilité, de refréner ses émotions, bref d'en faire un dur. Les femmes et les hommes se sont dressés les uns contre les autres. La guerre des sexes a duré des milliers d'années.

Vers la libération des hommes

Nous vivons actuellement une étape capitale de l'histoire de l'humanité : la fin du patriarcat. D'abord, les femmes se sont révoltées et ont acquis la même valeur et les mêmes droits que l'homme. Bouté de son statut de dominant et d'être supérieur, il doit repenser ses valeurs, sa place dans la société, ses relations avec la femme. Il s'aperçoit qu'il est victime, lui aussi, de la civilisation patriarcale où l'on assassine son *anima*, le privant du meilleur de la vie. L'heure est venue pour l'homme de se libérer de toutes les contraintes qui le rendent malheureux, névrosé, hostile à la femme, étranger aux enfants, ennemi de la vie.

CHAPITRE 2

L'HOMME ET SA MÈRE

Une amie à qui je confiais préparer un livre sur l'homme déclara tout de go : « Les homme, c'est très simple : tous des petits garçons ! ». Elle rejoignait ainsi, sans le savoir, l'opinion d'une illustre psychanalyste américaine, Nancy Friday : « Mes années de recherche ont confirmé que les femmes, même les moins cultivées, considèrent comme un fait acquis que tout homme adulte a en lui un petit garçon qui sommeille et dont il ignore l'existence. »

Cette particularité du garçon d'être conçu, nourri, élevé par une personne du sexe opposé va peser sur son destin et ses futures relations. L'empreinte de la mère sur le petit homme est profonde et indélébile. Je suis toujours impressionné quand je croise une mère portant son garçon dans ses bras : leur amour est total, la relation est charnelle et le regard attentif, voire adorateur de la mère, n'a d'égal que les yeux confiants, voire émerveillés, de l'enfant. Comment ce dernier pourra-t-il aimer une autre femme ?

La première fusion

La vie intra-utérine du garçon représente l'expérience de fusion la plus absolue qu'un humain puisse connaître. Et cela dure de longs mois pendant lesquels le sang de la mère perfuse le corps du fœtus. Chaque cellule du petit est baignée, imprégnée des substances de la mère ; chaque cellule résonne des vibrations du corps de la mère, vibrations liées à sa voix, à ses battements cardiaques, à sa respiration. Ses cellules conserveront la mémoire de ces moments de béatitude où il flotte en apesanteur dans un liquide chaud, où il est préservé de la faim et de la lumière…

La seconde fusion

Sorti du ventre maternel, l'enfant retrouve une autre fusion : dans les bras de la mère voilà qu'il jouit de la même chaleur, des mêmes battements de cœur, de la même douce voix. Il l'apprécie d'autant plus que la naissance a été un choc violent et qu'il a faim et froid. Qui va le sauver ? Sa mère ! Avec elle, il retrouve le bonheur, le paradis. Alors, se crée entre cette femme et ce petit homme une relation étroite et intense. On ne peut encore parler d'amour. Cet attachement est lié à la satisfaction d'un besoin, c'est une dépendance. Et les sentiments de l'enfant sont ambigus : il la ressent comme « bonne », il « l'aime » quand elle satisfait ses besoins ; mais il la déteste dès qu'elle le laisse à sa solitude, à sa faim, à ses douleurs... Nous le verrons, cette ambiguïté de sentiments caractérisera également les relations de l'homme avec la femme.

L'apprentissage du plaisir et du bonheur

Dans les bras de sa mère, l'enfant va découvrir tous les plaisirs de l'existence et en particulier le plaisir oral (manger), le plaisir tactile (toucher), le plaisir anal (soulagement d'évacuer ses déchets) et le plaisir sexuel. Les plaisirs tactiles sont les plus comblants et les plus abondants : toilette, caresses, massages, baisers, mordillements, etc. Ces plaisirs cutanés s'accompagnent des plaisirs de tous les autres sens : l'ouïe se réjouit des mots tendres ou admiratifs de la mère. Le goût par la langue et le palais dégustant le lait maternel. L'odorat enivré d'une mosaïque d'odeurs maternelles. La vue enchantée par les sourires et les mimiques auxquels il répond et tous ces plaisirs sensitifs se combinent pour créer un état global de bonheur.

Les plaisirs sexuels

Ce sont des plaisirs nés au niveau du pénis. Ils s'obtiennent soit par stimulation par le garçon lui-même, c'est la masturbation, soit par stimulation par un tiers – la mère ou toute personne chargée des soins à l'enfant. Les stimulations « innocentes » se déroulent au cours de la toilette intime. Le simple lavage suivi d'essuyage engendre des contacts agréables et déclenche parfois une érection. A fortiori, si l'enfant n'est pas circoncis, les soins d'hygiène du gland qui nécessitent de retrousser le prépuce, sont particulièrement recommandés en cas de phimosis.

Du plaisir à l'épanouissement

L'enfance est bien l'étape où, par l'intermédiaire de la mère, s'apprennent toutes les formes de plaisir qui jouent un rôle fondamental sur le psychisme infantile : il est anxiolytique, c'est-à-dire antiangoisse, antipeur, antistress, antitristesse et énergisant. Le corps-à-corps avec la mère apporte non seulement des sensations agréables, mais aussi un équilibre psychique.

Le garçon aime-t-il sa mère ?

Dans les premiers temps bébé ne peut aimer sa mère car il ne fait qu'un avec elle. Peu à peu, il se différencie, la découvre, apprend à l'aimer. Car elle ne se contente pas de dispenser nourriture et toilette, elle le fait avec infiniment de tendresse. Le geste maternel est un modèle de comportement amoureux fait de sollicitude, d'abnégation. Son corps-à-corps avec l'enfant érotise et épanouit le corps de celui-ci. C'est par la peau que s'apprend l'amour.

Alors la relation de la mère et de son garçon devient la plus dense, la plus intense, la plus intime des relations que des humains puissent connaître. Ce premier amour restera inscrit à vie dans chaque capteur sensitif, dans chaque fibre musculaire, dans chaque cellule de son corps, dans chaque neurone de son cerveau. Toute la vie, le garçon conservera la nostalgie de ce paradis perdu, et il recherchera une relation semblable, fusionnelle, sensuelle, érotique, sécurisante. Jusqu'à 6 ans, sa mère sera la plus belle du monde et il déclarera vouloir se marier avec elle. Toute sa vie, il tentera avec ses amantes de réactualiser un amour semblable.

Le garçon désire-t-il sa mère ?

Dès sa naissance, le garçon a une sexualité vivante : il ressent du plaisir quand on touche sa verge – soit un tiers, soit lui-même – fortuitement ou volontairement. De plus, il a des érections, les unes spontanées, les autres provoquées. Ces érections il les ressent sans doute comme un appel de sa verge à être touchée, à avoir du plaisir. Le ressent-il comme un besoin de pénétrer ? Sa sexualité et sa personnalité psychique ne sont pas assez structurées pour éprouver un tel besoin. Dès lors, on ne peut dire qu'il désire sa mère au sens sexuel du terme.

En revanche, si on situe le désir non dans la sexualité mais dans la sensualité, on peut dire qu'il désire le corps de sa mère pour les milliers de sensations agréables et le bien-être qu'elle lui procure. Dire que « la mère est le premier objet de désir de l'homme » est juste si on se réfère à la sensualité et non à la sexualité. Dire que « la mère joue un rôle central dans la découverte de la sexualité du garçon » est juste aussi si on considère la sensualité comme partie prenante de la sexualité.

Il se peut que le garçon de 4 à 7 ans qui a surpris ses parents en train de faire l'amour, ou qui a vu sur des écrans des scènes sexuelles, puisse fantasmer une relation sexuelle avec sa mère. Par contre, il n'est pas vraisemblable qu'il ait le désir de faire réellement l'amour à sa mère. Le fantasme est justement un arrangement de l'inconscient pour faire l'économie du passage à l'acte. Les fantasmes qui s'appuient sur des souvenirs d'enfance ne montrent quasiment jamais d'activités sexuelles avec la mère.

Le garçon aime sa mère mais pas d'un amour d'amant puisqu'il n'y a pas de désir sexuel. Ce n'est pas non plus un amour de tendresse, comme entre frère et sœur, car il y a beaucoup de charnel dans sa relation avec la mère. En vérité il l'aime d'un amour spécifique qu'on appellera « infantile », fort et charnel comme une passion mais sans participation sexuelle ; cet amour est le prototype de la passion amoureuse : idéal, fusionnel, inconditionnel, exigeant de l'autre qu'il s'oublie, qu'il fasse tous ses caprices, qu'il pardonne toutes ses « méchancetés », un amour jaloux, exclusif.

Devenu adulte, l'homme rêvera d'être aimé ainsi. Pendant l'état de grâce des débuts d'un amour, il le sera, car la femme rencontrée, amoureuse, partage ce rêve fusionnel et inconditionnel. Mais elle en sortira un jour quand elle prendra conscience qu'elle ne veut plus être la mère d'un homme-enfant. D'où déception, désorientation et panique chez l'homme. D'où conflits. D'où, s'ils ne savent pas se réajuster sur un autre niveau que j'appelle le « véritable amour », la séparation est inévitable. Alors, l'homme reprendra sa quête de la déesse-mère et de son paradis perdu.

Au total, dans la relation mère-garçon, celle qui aime vraiment avec abnégation et inconditionnellement, celle qui est dans le « véritable amour », c'est la mère.

CHAPITRE 3

DES ÉPINES DANS L'AMOUR

Néanmoins, les relations du garçon avec sa mère ne sont pas « toujours roses ».

C'est l'heure du coucher, le garçon attend des bisous. Sa maman, en chemise de nuit décolletée le couche, le borde et se penche pour l'embrasser. Il tend la main pour toucher le sein maternel. Alors, elle se recule vivement et, après un baiser furtif va rejoindre papa. Elle qui était tentation se fait soudain répression. Une autre fois, le garçon est seul dans son petit lit. Trouvant le temps long, il se met à jouer avec son zizi. Maman le surprend, paraît mal à l'aise. L'enfant perçoit bien une désapprobation muette.

Ainsi maman, qui est la douceur même, peut subitement devenir distante voire sévère. C'est qu'elle n'est pas seulement dispensatrice de plaisirs, elle est aussi chargée de l'éducation. Or, éduquer c'est contraindre, imposer des règles de propreté (par rapport au pipi-caca notamment) et de bonnes manières : on ne se caresse pas en public !

Décidément, l'attitude de la mère est ambivalente. Elle félicite le gentil mais gronde le mauvais garçon. En retour, son fils l'aime avec colère. Ce sentiment persistera chez l'homme : il aimera les femmes avec colère car, forcément, la femme le frustre parfois. Nous verrons que cette colère est à la base de beaucoup de fantasmes masculins. Et qu'elle vient perturber la relation entre la femme et l'homme.

La mère toute puissante

La mère est omnipotente, elle peut donner ou refuser la nourriture, les caresses. Pire, elle peut rejeter ou abandonner. En cas de frustration, c'est encore de la rage qu'éprouve l'enfant. Une rage qu'il se reproche. Et si sa mère allait se venger ? Aussi cache-t-il son ressentiment. Il s'oblige à faire ce que maman exige. Du coup, il ressent cette omnipotence comme un envahissement, un emprisonnement. L'amour de maman peut être pesant, étouffant, enfermant et lui donner des envies de révolte. Et son ambivalence de resurgir : un amour mêlé de rage. Il découvre ce qui deviendra chez lui une croyance au goût amer : aimer c'est souffrir aussi.

Cette ambiguïté aux multiples facettes persistera chez l'homme face à la femme. Il en cherchera une qui soit bonne comme une mère mais, auprès d'elle, surgira en lui la peur de retomber sous l'emprise d'une femme toute puissante capable de l'annexer ou de l'abandonner. Une femme cherchant à l'emprisonner dans l'espace féminin ou à l'engloutir dans son amour. Et, lui qui cherchait un objet d'amour semblable à celui de sa mère, voilà qu'il le fuit : il redoute toute relation fusionnelle, il craint l'intimité, il appréhende de s'engager…

La mère et le pénis

Une mère nettoie le pénis de son petit garçon. L'enfant manifeste son plaisir mais la mère lui interdit de bouger. Il ne peut se retenir de se tortiller et la mère, gênée et agacée lui dit qu'il est vilain. Et voilà une ambiguïté de plus : spontanément il aimerait son pénis, qui lui procure de si agréables sensations, mais on lui fait sentir qu'il est un organe honteux qu'il faut cacher.

La mère aussi a sa propre ambiguïté ; avoir un porteur de phallus pourrait la réjouir, mais il lui faut cacher son attrait pour le sexe de l'homme. D'une façon générale, les parents considèrent l'enfant comme un être asexué afin de se protéger de leur peur d'être incestueux. De son côté, la mère ne montre à son garçon que son côté maternel. Il arrive même que la femme devenue mère renonce à toute féminité. Pourtant, la voir se comporter en femme vis-à-vis du père aide l'enfant à se sentir du côté des hommes.

Cette attitude plus maternelle que féminine explique l'impuissance des hommes amoureux dans les premiers temps de la rencontre : la tendresse de la femme aimée la place du côté de la maternité et non de la féminité. Elle explique aussi l'impuissance de certains hommes lorsque leur épouse devient mère à la naissance d'un enfant.

« STOP ! JE NE SUIS PAS TA MÈRE ! »

La relation avec sa mère laisse chez le garçon beaucoup de traces imprescriptibles, en particulier des sentiments ambigus : cet amour mêlé de colère, cet attrait mêlé de peur, un besoin de se venger des frustrations subies. Tout ce qui advient à l'homme dans ses relations avec la femme vient de ce que son premier amour, sa mère, avait la couleur d'une femme, l'odeur d'une femme, les formes d'une femme, la peau douce d'une femme. En retrouvant ce même corps dans la femme aimée, l'homme rêve de retrouver le même amour. En toute femme aimée, il recherche la mère. Le fantôme de la mère hante les amours des hommes. Une part de lui attend un amour fusionnel, inconditionnel, où il pourrait être passif et régresser à la félicité première. Mais tôt ou tard il sera déçu car la femme lui dira : « Stop ! Je ne suis pas ta mère ! » Cela se passe souvent à la naissance du premier enfant.

L'influence de la mère peut faire du garçon un être trop sensible, fragile, immature qui se cache souvent sous une carapace de dur.

À l'inverse, c'est l'amour maternel qui enseigne au garçon la façon d'aimer, la sensibilité, la tendresse, la chaleur, la délicatesse, le charme. L'empreinte de la mère est à l'origine de la civilisation, de l'identité humaine, de la poésie, de la culture.

CHAPITRE 4

L'ADIEU À LA MÈRE

C'est vers l'âge de 7 ans que le garçon commence à se détacher de sa mère. Ce détachement s'étale sur une durée relativement longue, parfois sur la totalité d'une vie et ne se déroule pas dans la douceur. Le garçon construit son identité de mâle en s'opposant à la mère et au féminin. Deux démarches concomitantes se mettent en route : la première, sortir de l'attachement érotico-affectif à la mère ; la seconde, sortir du monde féminin.

SE DÉTACHER DE LA MÈRE

Sortir de l'attachement affectif et sensuel qui le lie à la mère est une étape fondamentale dans la vie d'un homme. En termes freudiens, cela consiste à « résoudre son complexe d'Œdipe ». En termes populaires, c'est atteindre « l'âge de raison » sans doute parce que le garçon prend conscience qu'il est déraisonnable de « désirer » sa mère et de vouloir l'épouser.

Enfreindre la morale de la mère en faisant le contraire de ce qu'elle prescrit, voilà qui pose un homme. Être sale, ébouriffé alors que maman nous veut propre et bien coiffé. Dire des gros mots, cracher, faire des concours de jet de pipi alors que maman nous veut bien élevé. Être méchant, cruel, bagarreur, alors que maman nous veut doux. Être indépendant, crier « je ne suis pas un bébé », « je ne suis pas toi », quand maman nous veut soumis. Repousser la tendresse de la mère, ses baisers – surtout devant les copains (qui d'ailleurs se comportent comme lui et l'encouragent dans sa rébellion). Tout cela oui, ça vous pose un homme.

C'EST L'ÉROTISME QUI ÉMANCIPE

L'autoérotisme, autrement dit la masturbation, spécialement quand elle aboutit à l'éjaculation, favorisera l'autonomie du garçon. Il devient seul responsable de l'obtention de son bien-être et de ses plaisirs. Et en particulier de ce plaisir extraordinaire qu'est l'orgasme, extraordinaire par son intensité mais aussi parce qu'il procure un agréable apaisement voire une euphorie. Sa mère n'est plus le seul objet de son désir, la seule source de son plaisir. Lui-même n'est plus l'enfant passif qui attend tout de sa mère. Les premiers orgasmes retirent à la mère le pouvoir qu'elle avait sur l'enfant. Il n'a plus besoin d'elle.

Par ailleurs, l'émission de sperme qui va se révéler comme le symbole de sa masculinité, va le couper de sa mère qui, elle, appartient au monde féminin. Il recommence par plaisir mais aussi pour affirmer sa différence. Les autres garçons font de même et s'en vantent. Il entend aussi que papa et les autres hommes font des plaisanteries graveleuses que réprouve sa mère. Il en vient à penser que décidément maman n'y connaît rien en matière d'hommes.

Ce qui le conduit à ressentir quelque tristesse et culpabilité : tristesse d'avoir à quitter sa mère qu'il aime toujours et culpabilité de lui retirer la propriété de son corps, de l'en déposséder. Ce que confirme bientôt l'attitude du garçon qui se met à refuser les contacts tendres de sa mère, ses baisers, ses câlins.

À la puberté, les garçons commencent à s'intéresser aux filles, d'autant qu'elles leur envoient des signaux. Eux qui se voulaient sales et mal coiffés se mettent à se laver et à se peigner, bref, à être coquets. Une envie leur vient de les toucher. Mais celles-ci font la fine bouche et s'offusquent : « Quelles manières ! » C'est que les filles sont « bien élevées » par les mères qui censurent la sexualité naissante de leurs filles. Retour à la case départ, les garçons retrouvent la mère prohibitive et toujours cette impression – dès qu'il s'agit de sexualité – d'avoir de sales façons.

Prétendre que le sexe est sale est bien le fait des femmes, grandes ou petites. D'où l'idée qui apparaît chez le garçon et se perpétuera chez l'homme, que pour satisfaire son désir, il faut forcer et avilir la femme. Cette découverte est source d'excitation. D'où la nouvelle confirmation que l'on ne peut aimer une femme qu'avec rage.

C'EST LE PÈRE QUI SÉPARE

Jusque-là, le garçon considérait sa mère comme son bien. Il fantasmait de la posséder tout en sachant que son père la voulait aussi. Donc il fantasmait d'éliminer ce rival pour le remplacer. En affirmant sa place auprès de la femme, le père va s'introduire dans la dyade mère-garçon et décoller l'enfant de sa mère. Ce faisant, il applique une loi universelle : l'interdit de l'inceste et déclenche la maturation sexuelle de son fils. Ce rôle, le père le joue par ses attitudes montrant que sa femme est à lui, en affirmant : « Je suis le mari de cette femme et son seul partenaire de lit. Elle est MA femme. La place est prise irrémédiablement. » Ainsi fait-il barrage au « désir » de l'enfant. La mère, de son côté, affiche sa place d'épouse en établissant des limites à son intimité avec le garçon, en lui faisant entendre qu'elle ne peut être tout pour lui.

Le garçon, obligé de renoncer à l'exclusivité de sa mère, entame la défusion. Non sans souffrance. Dès lors, il devra s'intéresser à d'autres femmes, avec le souhait plus ou moins inconscient de retrouver la relation fusionnelle des origines.

L'autre rôle du père est de représenter le masculin auquel s'identifiera le garçon. Il est le mâle idéalisé qui permettra au gosse de se structurer comme homme. Alors ce gosse admettra son incapacité à combler la mère. Il découvrira la signification de son pénis destiné à participer à la création de la vie. Il découvrira aussi que le pénis de son père est à l'origine de sa propre existence. La présence forte de son père lui fera reconnaître « oui je suis comme lui ». Ce qui lui permettra de quitter sa position d'attachement infantile. Se penser homme aide à se soustraire à la mère.

Quand on voit l'importance du père on comprend les conséquences de son absence : constitution d'un couple mère-fils, place du mari prise par le garçon, persistance de l'emprise de la mère, difficulté pour le garçon de maturer affectivement et sexuellement.

SE DÉTACHER DU MONDE FÉMININ

Pour acquérir sa virilité, le garçon doit sortir du monde féminin. Il a vécu 9 mois dans le ventre d'une femme puis passé 7 ans dans les « jupes » de cette même femme. D'autres femmes l'ont immergé dans le féminin, imbibé de féminité, comment pourrait-il ne pas être féminisé ? Et comment se défaire de cette « proto-féminité » pour se construire une masculinité de seconde génération ? Il devra pour cela s'opposer à sa mère et imiter son père et les hommes en général. Il utilisera d'une part des moyens ordinaires que la vie lui offre et, d'autre part, des moyens élaborés, des rituels d'initiation. Cette évolution s'étend de 7 ans à 15 ans et plus : elle couvre la puberté et l'adolescence.

Les moyens ordinaires

Le refus du féminin est constitutif du masculin. Est masculin ce qui n'est pas féminin. Pour exister comme masculin le garçon devra s'arracher du féminin, se rebeller parfois assez violemment jusqu'à fantasmer de tuer. Exprimer sa fureur contre la femme est le premier cri de liberté du mâle en herbe. De là vient peut-être son goût du défi et de la guerre. Voyons les moyens ordinaires qu'utilise le garçon pour affirmer sa masculinité.

Ne pas ressembler à une fille

C'est l'objectif n° 1 (la crainte n° 1 étant d'être pris pour une fille ou un homo). Si bien qu'il s'agit de ne pas être sensible, tendre, mais dur et distant. De ne pas être passif comme un bébé mais hyperactif, agité. De ne pas être calme comme une fillette mais bruyant, etc. La violence et la manipulation d'armes fait partie de cet arsenal de différenciation. Autrefois, les garçons jouaient avec des épées, maintenant ce sont des mitraillettes et autres épées lasers. Dès son plus jeune âge, l'enfant mâle brandit quelque pistolet en criant: « Pan, Pan ». Jouer à la guerre est une façon de s'opposer à la mère et d'affirmer sa virilité. Car c'est une activité dont la mère est exclue, une activité contraire à l'activité maternelle ; la mère est du côté de la vie, le guerrier du côté de la mort. Par ailleurs, l'activité guerrière comporte le risque de mourir au combat ; en disposant de la chose la plus précieuse que notre mère nous ait donnée, la vie, on affirme ne plus dépendre d'elle.

De plus, les armes évoquent la puissance phallique, sa brutalité. D'ailleurs le pénis s'appelle « braquemart » – (épée courte mais large) – arbalète, pistolet, etc. Il est vrai que le pénis a la rigidité des épées et des armes à feu. D'ébat, le coït se fait combat. Le pénis pénètre le corps de la femme comme les lames ou les projectiles pénètrent le corps de l'ennemi. Le pénis doit se manipuler avec habileté comme une arme. Le pénis permet la conquête de la femme en la séduisant ou la forçant. Il permet aussi de se battre à armes égales avec les femmes ensorceleuses : « Tu as le pouvoir d'animer ma verge et, ce faisant, de me mettre sous ta dépendance. Mais moi avec ma lance je vais te transpercer et te mettre sous ma coupe. » Plus violent encore, le pénis, arme absolue, dure et brutale peut devenir l'instrument d'un sadisme phallique.

Au total, les jeux guerriers du garçon entendent reléguer au second plan les jouissances infantiles du petit garçon.

S'allier à d'autres garçons : la bande

Une bande regroupe des garçons d'une même classe d'âge. Elle a pour fonction d'aider à se détacher de la mère et du féminin et à conforter sa masculinité. Elle permet de s'éloigner de la personne de la mère – son affection, son corps – et de s'écarter de la maison (sauf à y revenir pour les repas !). Elle compense l'affection maternelle reniée. Le groupe a une fonction maternante qui consiste à entourer l'enfant, à le soutenir, à le prendre en charge pour l'aider à faire face aux problèmes qui ne manquent pas de se poser à la puberté comme à l'adolescence. Les grandes bandes que sont l'armée, l'Église (la Sainte-Mère), les corporations, etc., jouent le même rôle. Là encore, il s'agit de remplacer le corps perdu de la mère par un corps social.

De plus, grâce à la confraternité des frères d'armes, la bande protège des ensorceleuses qui voudraient annexer l'homme. Elle permet de recueillir les avis des autres garçons à propos des filles et d'en apprendre sur ce que l'on fait avec elles. Inquiété d'avoir à assumer une pénétration ou ébranlé par un échec, le garçon a besoin d'améliorer ses connaissances et de conforter ses fantasmes de puissance. La bande rassure sur les transformations du corps en se comparant et en parlant entre camarades.

La bande est une étape dans la construction de la virilité, un support transitoire avant d'en faire soi-même l'expérience. À noter que les échanges sexuels sont radicalement exclus. Néanmoins on peut considérer qu'il s'agit d'une forme d'homosexualité grégaire et platonique qui ne retient que la dimension affective mais élimine la dimension charnelle.

LES MOYENS EXTRA-ORDINAIRES

Ce sont les rites de passage et les rituels initiatiques.

Pour arracher le garçon à la mère, le débarrasser de son imprégnation féminine et le confirmer dans son identité de mâle, on utilise des moyens élaborés et souvent cruels. Le rituel est le meurtre symbolique de la féminité en chaque mâle. Chaque culture a les siens. À noter qu'ici le père n'a pas la charge de l'initiation qui est confiée à un groupe d'hommes.

Les rites tribaux

Selon les civilisations, ils se pratiquent entre 7 et 12 ans. Le garçon est arraché à sa mère et emmené au loin, souvent dans une forêt, au milieu d'un groupe d'hommes. Son exil peut durer de quelques jours à plusieurs semaines. Il subit alors un certain nombre d'épreuves plus ou moins cruelles selon les tribus. Les douleurs infligées sont d'ordre psychique ou physique. Il y a bien sûr le désespoir dû à la séparation d'avec la mère, mais aussi la peur provoquée par la solitude, la nuit ou par les scènes terrifiantes qu'on lui impose. Il y a par ailleurs les flagellations et les blessures : scarification du corps, incision du pénis, circoncision, etc.

Les épreuves ont plusieurs buts : donner au garçon l'occasion de prouver son courage et son envie de devenir un homme ; le purger, en faisant couler son sang, des fluides féminins et des pouvoirs mis en lui par les femmes ; le marquer de cicatrices qui lui rappelleront qu'il est homme ; le préparer à affronter la femme dans les contacts intimes auxquels le contraindront le mariage et les besoins de la reproduction, sans pour autant être « contaminé ». On peut ajouter un dernier but : donner à l'homme le goût de blesser.

Au retour des rites, il sera souvent interdit au garçon de regarder sa mère, de la toucher ou de parler avec elle jusqu'à ce qu'il devienne père. Ceci afin de lui éviter d'être a nouveau contaminé par elle.

La circoncision

Elle consiste à enlever le prépuce du garçon en le sectionnant avec une lame. Elle se pratique quelques jours après la naissance (8 jours chez les juifs), vers 3 ans ou à l'adolescence.

Le but est de renforcer la masculinité du garçon. Selon les circonciseurs, le prépuce constitue autour du gland une sorte de fourreau analogue à un vagin ; il est un segment de peau d'essence féminine. L'enlever revient à débarrasser le mâle d'une forme de bisexualité. De plus, l'ablation du prépuce exhibe le gland, signe fondamental d'appartenance au sexe masculin. Au total, cette coutume vise pour les hommes à récupérer l'enfant mâle et à le mettre de leur côté. D'ailleurs quand les circonciseurs viennent prendre l'enfant des bras de la mère, ils lui signifient que le garçon leur appartient désormais.

Le geste est douloureux et non sans danger : il arrive que des « prêtres » sectionnent le gland lui-même, provoquant des hémorragies qui peuvent être mortelles, comme je l'ai observé en Afrique du Nord. Tout cela n'est pas sans conséquences sur l'éroticité du gland : il n'est plus protégé des frottements sur les vêtements et sa muqueuse, normalement hypersensible et hyperérogène, se kératinise, c'est-à-dire se transforme en peau ordinaire, infiniment moins sensible. Mais dans la plupart des cas, lorsque l'opération est pratiquée dans de bonnes conditions sanitaires, la circoncision n'a pas d'effet négatif sur la sexualité future du petit garçon.

L'homosexualité

L'homosexualité peut être, dans certaines civilisations, une étape dans le détachement du féminin. L'apprentissage de la virilité se fait alors par le biais de l'homosexualité en vertu d'une croyance ou d'un constat : les hommes qui aiment d'autres hommes seraient plus masculins que les hétérosexuels. Inversement, les hommes qui aiment des femmes deviendraient efféminés. Les Samouraïs japonais, les guerriers Baruya, les Grecs, les Romains et tant d'autres prétendaient que la vraie virilité passe par une relation – y compris sexuelle – entre deux hommes. Ainsi se transmettraient la masculinité, les vertus masculines (le courage, la hardiesse, la maîtrise de soi, etc.) et le savoir masculin.

La chevalerie (XIe – XIIe siècles)

C'est entre 8 et 12 ans que le jeune noble quitte le château familial et donc sa mère, pour accomplir son apprentissage guerrier dans un autre château. Il est alors immergé dans un monde d'hommes. Sa formation achevée, il est « adoubé », promu chevalier par les preux. Alors il se lie à des « frères d'armes, à la vie à la mort ». Le frère d'armes a plus d'importance que le vrai frère et plus encore que l'épouse.

Il faut dire qu'à l'époque la femme était toujours considérée – dans la droite ligne du machisme helléno-romano-judéo-chrétien – comme un être inférieur qu'il n'était pas « pensable d'aimer » autrement que pour assouvir un besoin ou se reproduire. Expression symptomatique : avant sa conversion à l'amour chevaleresque Guillaume IX d'Aquitaine qualifiait ses maîtresses de « montures ».

Les initiations pararituelles

De nombreuses institutions constituées exclusivement d'hommes procèdent à des sortes d'initiation visant à purifier les jeunes mâles de leur féminité. De façon informelle, par le catéchisme, l'Église catholique instille aux garçons une certaine hostilité de la femme en oubliant que Jésus fut le plus féminin voire le plus féministe des prophètes.

L'Armée apprend à ses combattants à tuer la femme en eux. Les internats de Jésuites, les collèges anglais, les clubs sportifs, le scoutisme, sont des espaces où l'on est prié d'oublier toute féminité. Dans ces collectivités, se montrer sensible, tendre ou plein de compassion exposerait à se faire traiter de « gonzesse », la pire des insultes.

La promotion de la virilité se fait aussi par les légendes, les histoires, les biographies de héros, soit dans les livres, soit dans les films. Cela constitue des sortes d'initiation.

Les nouvelles initiations

Devant l'ébranlement voire le désarroi qu'a provoqué chez les homme la remise en cause de leurs valeurs par la révolution féministe, des psychologues cherchent à inventer une nouvelle masculinité et à la diffuser auprès de « groupes d'hommes » qui se rassemblent périodiquement. Les uns proposent de retrouver les vertus du guerrier et insistent sur la fraternité. Les autres soulignent l'importance des relations entre le père et le fils et incitent les hommes à se réunir pour parler d'eux-mêmes.

L'ÉCHEC DE LA SÉPARATION DU GARÇON

Si le détachement s'opère dans de mauvaises conditions ou incomplètement, les conséquences sur les relations de l'adolescent, puis de l'homme, avec les femmes peuvent être plus ou moins graves.

La nostalgie de ce premier amour avec la mère est inévitable mais il arrive qu'elle se change en recherche incessante et déception perpétuelle. Car la relation fusionnelle et absolue caractéristique des premiers temps de l'amour, dits « état de grâce », ne dure pas. Il faudrait alors trouver le second souffle : passer avec bonheur à la seconde étape où l'on vit la fusion par séquences sur un fond d'autonomie.

Autre conséquence : une soumission persistante à la femme, en l'occurrence à la femme aimée, cette déesse toute-puissante. Cela donne des hommes qui se comportent comme de gentils garçons dévoués et apeurés. En un mot de fragiles Peter Pan.

Dernières conséquences : des réactions d'opposition ou de revanche parfois excessives. Opposition à l'omnipotence de la mère qui nous avale dans ses bras et nous ravalerait dans son ventre si elle le pouvait, nous emprisonne, nous rend passif voire nous condamne au néant. Revanche sur les frustrations et la répression infligée par la mère. Excessives, les réactions vont du simple ressentiment au mépris et jusqu'à la haine de la femme et de son sexe, autant d'éléments qui caractérisent le machisme. L'homme peut aussi se venger en prenant la femme pour un objet sexuel ou en versant dans le sadisme sexuel. Mais il peut aussi retourner contre lui son agressivité et devenir impuissant, dépressif, psychopathe, autodestructeur.

Ce qui se passe dans une vie d'homme, s'est déroulé à l'échelle de l'espèce humaine, l'homme y fut en perpétuelle révolte contre la femme. Au cours de la Préhistoire, c'est en se révoltant contre la femme que les chasseurs préhistoriques ont pris le pouvoir et soumis la gente féminine.

Mais quoi que fassent l'adolescent et l'homme, ils ne pourront jamais tuer en eux ni la mère, ni la femme.

DEUXIÈME PARTIE

QU'EST-CE QU'UN HOMME ?

La réponse peut paraître évidente : un homme se définit par un chromosome Y, un pénis, des testicules qui fabriquent l'hormone mâle, la testostérone, qui lui donne entre autres sa voix grave, sa pilosité… Il y a l'homme tel qu'il naît, mais aussi l'homme tel qu'il devient, formaté par l'éducation familiale, le contexte social, religieux : « Sois un homme mon fils ! »

L'homme traditionnel est un dur, un mâle dominant coupé de sa sensibilité pour qui aimer est une « faiblesse ». L'homme nouveau, l'homme de demain, joue souplement avec les parts féminines et masculines que chaque être humain porte en lui. Il peut s'abandonner à l'amour d'une femme sans se sentir menacé ou amolli puisqu'elle est pour lui une partenaire. Entre les deux, on trouve l'homme en crise, déboussolé, sans désir, qui ne sait plus comment se situer. Surtout par rapport aux femmes qui ont tellement changé !

CHAPITRE 5

L'HOMME BIOLOGIQUE

Avant de découvrir et de décrire l'homme érotique, encore faut-il savoir ce qu'est un homme. Il faut distinguer l'homme créé par la nature – l'homme biologique – et l'homme fabriqué par la société – l'homme social.

Sur le plan biologique plusieurs critères le définissent.

L'HOMME GÉNÉTIQUE

Le caryotype de l'homme comporte une paire de chromosomes différents : X et Y. Celui de la femme comporte une paire de chromosomes identiques : X et X. La formule X-Y définit le sexe génétique masculin et détermine la formation d'un être masculin. La formule X-X définit le sexe génétique féminin et détermine la formation d'un être féminin.

Sur le chromosome Y se trouve un gène « décisif » qui provoque la formation des organes sexuels chez l'embryon : c'est le gène SRY (Sex-determining Region Y). Il porte des molécules d'ADN spécifiques qui vont transformer l'ébauche sexuelle primitive (un groupe de cellules neutres, ni mâles, ni femelles) en testicules au cours des cinq premières semaines. Les testicules vont se mettre à sécréter l'hormone mâle, la testostérone, laquelle va masculiniser l'embryon, en particulier le tractus génital primitif (un cordon de cellules) en organes sexuels mâles internes (canal déférent, vésicules séminales, prostate) et en organes sexuels mâles externes (pénis). Au troisième mois le sexe est définitif. En plus, la testostérone, en imbibant le cerveau et tout le corps, va développer une masculinité psychique et morphologique (les signes sexuels secondaires). Pour confirmer la masculinité une autre hormone est sécrétée par le testicule embryonnaire : la AMH (Anti Mulerian Hormone) destinée à inhiber toute possibilité de féminisation.

Certains hommes ont proclamé que la possession d'un chromosome Y démontrait la supériorité de l'homme. Les féministes, elles, ont affirmé que le sexe de base est le sexe féminin et que le chromosome Y n'a fait que détourner la gonade embryonnaire vers le testicule ; ainsi le mâle n'est jamais qu'une femelle modifiée, une construction secondaire, en quelque sorte.

Foin de ces querelles ! Néanmoins, de récentes découvertes nous ont appris la supériorité chromosomique de la femme. Le chromosome X est beaucoup plus grand et porteur de plus nombreux gènes. De plus, le fait de posséder deux chromosomes X est un avantage considérable qui entraîne une plus grande capacité d'adaptation et une protection contre certaines maladies héréditaires qui justement ne touchent que les garçons. Le chromosome masculin Y, qui est déjà le plus petit du génome humain, s'appauvrit progressivement. Il finira par disparaître, et donc aussi les spermatozoïdes. Ce qui ouvre des perspectives abyssales, entre autres la nécessité de recourir dans l'avenir à l'utérus artificiel ou au clonage pour assurer la permanence de l'espèce humaine.

L'HOMME GONADIQUE

Cet homme se définit par le fait de posséder des testicules qui sécrètent de la testostérone et élaborent des spermatozoïdes.

L'HOMME HORMONAL

L'homme sécrète de la testostérone par ses testicules et ses glandes surrénales (celles-ci en petites quantités), la femme en sécrète aussi. La quantité de testostérone produite par l'homme est 20 fois supérieure.

La testostérone détermine la masculinité : les caractères sexuels primaires masculins, c'est-à-dire la possession de testicules, et les caractères sexuels secondaires à savoir les organes sexuels (pénis, bourses, canal déférent, vésicule séminale, prostate), la pilosité propre au mâle, l'implantation des cheveux, le ton de la voix, la force musculaire. De plus la testostérone, sans doute par imprégnation du cerveau, confère au mâle un psychisme particulier : une plus grande agressivité, un instinct de domination, etc.

À l'adolescence, se produit une poussée de sécrétion de testostérone qui transforme la morphologie et le mental du garçon.

Le sexe hormonal est relativement labile : la suppression des testicules ou l'administration d'hormones femelles (les œstrogènes) tend à transformer l'homme en femme, tant sur le plan anatomique que psychique. Inversement, l'administration de testostérone à la femme lui donne l'apparence de l'homme. C'est d'ailleurs par l'administration d'hormones femelles à l'homme, associée à des interventions chirurgicales, qu'on réalise les changements de sexe.

L'homme anatomique

Extérieurement, ce qui indique la masculinité ce sont les signes sexuels primaires, c'est-à-dire les testicules dans les bourses et les caractères sexuels secondaires à savoir : les organes sexuels externes (le pénis), la pilosité, etc.

Intérieurement, ce qui prouve le masculin ce sont les canaux déférents, les vésicules séminales, la prostate.

Bien entendu, subjectivement, c'est la possession d'un pénis qui, avant tout, permet à l'homme de s'affirmer comme mâle. Le pénis est ce qui le distingue le plus de la mère, de la femme. C'est visible – ça crève les yeux – c'est palpable et plus encore en érection. Quand le pénis s'érige l'homme sent de l'intérieur une tension fort agréable, une intense envie de conquérir la femme, un tenaillant désir de la pénétrer. Il en éprouve une fierté, un sentiment de toute-puissance.

Hélas, ce sexe anatomique est également fragile. Le pénis peut perdre de sa superbe à la moindre émotion négative. Il peut même perdre son existence pour peu qu'on lui donne quelque hormone femelle.

Le sexe cérébral

Le cerveau de l'homme est-il différent de celui de la femme ? Jusqu'ici les recherches n'ont pas permis de déceler de différence. Que le poids du cerveau masculin soit plus élevé est sans signification fondamentale (nombre de cerveaux de génies ont un poids inférieur à la moyenne). Quant aux tests psychologiques, ils donnent les mêmes réponses dans les deux sexes sauf en ce qui concerne les tests de langage qui révèlent une plus grande aptitude de la femme à la communication interpersonnelle et les tests d'orientation spatiale qui montrent que les hommes sont plus aptes à se situer dans l'espace. Et encore les différences dans les deux cas sont de 10 % seulement.

Il n'empêche que l'homme et la femme ont un psychisme qui diffère partiellement. Mais cette différence n'est pas innée. Elle est acquise par l'interaction des neurones et du milieu (familial, social et environnemental), à laquelle s'ajoute l'effet des hormones. À la naissance, seuls 10 % des neurones sont connectés et opérationnels, les 90 % restants sont libres de connexions ; les influences externes, en partie différentes pour la femme et pour l'homme, feront s'établir de nouvelles connexions spécifiques à chaque sexe. C'est ainsi que se constituent les psychismes différents.

CHAPITRE 6

L'HOMME SOCIAL

L'homme est aussi homme parce qu'on lui dit qu'il l'est. À sa naissance son père l'a déclaré « de sexe masculin ». Ensuite, durant son enfance, ses parents et tout son entourage l'ont regardé comme un garçon, lui ont parlé comme à un garçon, se sont comportés avec lui comme avec un garçon, l'ont habillé en garçon, lui ont offert des jouets de garçon, lui ont dit : « C'est bien des manières de garçon », « Comme c'est brutal un garçon », « Un garçon ça ne pleure pas ». Il est sans cesse renvoyé à son sexe masculin. Tout le confirme dans cette identité sexuée.

L'identité masculine est le résultat d'un endoctrinement permanent consistant à inculquer à l'enfant un stéréotype masculin qu'il faudrait plutôt appeler archétype tant le modèle imposé est traditionnel et aussi vieux que le patriarcat. La masculinité se fabrique donc progressivement. Le garçon est un homme lorsqu'il a intégré un ensemble de schémas physiques, psychiques et sociaux dits, par convention, « masculins ».

Pourtant tout se passe comme si la masculinité n'était jamais tout à fait acquise. Le garçon, tout comme l'homme, doit sans cesse se convaincre lui-même et prouver aux autres qu'il est bien un mâle en relevant les défis : « Sois un homme », « Un vrai homme ça fait cela, ça ne fait pas ceci » ou, pire : « Si tu es un homme, fais ça », « Prouve que t'es un homme ». Cette incertitude est liée à la longue intimité avec la mère et à l'immersion dans le féminin. Contre ce fait le chromosome Y, la testostérone, les attributs masculins et la déclaration à la mairie pourraient ne pas suffire.

PORTRAIT DE L'HOMME TRADITIONNEL

On peut aussi l'appeler « l'homme ancien » ou « l'homme patriarcal ».

L'homme patriarcal est né au paléolithique, mais il a atteint sa perfection avec la civilisation grecque, phallocratique à souhait ; ensuite les civilisations romaines et chrétiennes perpétuèrent ce type d'homme. L'homme patriarcal subsiste toujours, mais il est peu à peu remplacé par « l'homme nouveau ».

Cet homme ancien est le produit de forces convergentes : la pression de la biologie, c'est-à-dire du chromosome Y et de la testostérone (responsable de la force musculaire, de l'agressivité et de l'instinct de domination), l'impact des fonctions imparties à l'homme (la guerre, la chasse) et enfin l'influence de l'éducation particulière imposée par le patriarcat aux hommes (« Un homme ça doit être comme ceci, être comme cela »).

Le portrait que je vais dresser de l'homme ancien est certes caricatural, tous les hommes n'ayant pas les mêmes caractéristiques, certains ayant même quelques traits féminins. Par ailleurs, toute description de l'homme ne peut se faire sans le comparer tacitement à la femme. Ne s'est-il pas affirmé à l'inverse de sa mère et du féminin ?

L'homme traditionnel est réputé pour sa force. Ne se nomme-t-il pas le « sexe fort » ? Force musculaire, puissance sexuelle, force d'âme. Son agressivité est grande, ce qui le rend courageux, combatif, pugnace, mais aussi – défauts de ses qualités – violent, belliqueux, cruel, destructeur, voire tueur. Son instinct de domination fait qu'il veut toujours avoir le dessus, soumettre les autres et donc détenir l'autorité. Son goût de l'action lui donne de l'ambition, des rêves de grandeur, le besoin de conquérir et de créer. Son esprit d'initiative le fait passer à l'action, sa pensée est plus rationnelle et logique qu'instinctive.

Mais ce qui caractérise aussi l'homme traditionnel, c'est ce qu'il fait de sa sensibilité et de sa sensualité. Sa sensibilité émotionnelle, il la contrôle en permanence, il a une parfaite maîtrise de lui ; il s'interdit d'exprimer ses émotions – amour, peur, douleur, etc. – par le verbe ou par le geste ; ce serait afficher sa vulnérabilité et subir passivement ; un homme se doit d'être insensible, de serrer les dents et d'agir. À force, l'homme devient un être dur, froid, voire impitoyable.

Son affectivité, l'homme ancien la réprime aussi. Il ne se permet pas d'être affectueux, ni tendre ; il fuit la sentimentalité. Quant à sa sensualité, il l'étouffe également ; à trop user de ses sens, on s'amollit. Il doit tout particulièrement se méfier des contacts cutanés, c'est-à-dire des caresses, car elles ont un fort pouvoir alanguissant. C'est pourquoi il doit éviter l'intimité avec la femme qui est un vrai bain de sensualité.

Le langage de l'homme traditionnel est vraiment spécifique tant dans la forme que dans le fond. La forme : l'homme parle en dominant, voire en guerrier ; il parle pour maintenir son statut de supérieur ; sa conversation relève de la compétition voire de l'affrontement. Le fond : l'homme n'évoque pas de problème personnel, ni d'émotion ; il ne fait pas de confidence ; il donne des informations, des conseils, des ordres. Ses thèmes : la chasse, la guerre, la technique, la politique.

Ce tableau de l'homme patriarcal comprend des valeurs universelles qui font la grandeur de l'Humanité. Toutefois, pour ce qui concerne notre sujet, il comporte beaucoup d'éléments défavorables à l'érotisme, entre autres : une insuffisance de sensibilité et de sensualité, une attitude dominatrice, une communication limitée qui risquent de condamner l'homme à une relation sexuelle succincte : je pénètre et j'éjacule, point final. Ce qui a été le cas trop souvent pendant les millénaires passés, en Occident. Mais en agissant ainsi, l'homme s'est privé de beaucoup de bonheur. Si bien qu'on peut dire l'homme traditionnel victime lui aussi de la société patriarcale qui l'a amputé de son héritage maternel et de sa part féminine.

Le père traditionnel

Le père traditionnel est un personnage tout puissant : il représente la loi, celui qui dit ce qui se fait et ne se fait pas dans la société. Il est de ce fait l'autorité, celui qui interdit et punit. Il est le mentor, celui qui connaît les valeurs qui font la virilité et qui sont, selon lui, le labeur, le courage, la prise de risque, la confiance en soi, la ténacité, la responsabilité, l'honneur. Il est l'initiateur. Il a l'expérience de la vie et du métier. Il transmet le savoir et le savoir-faire. Il est le protecteur. Il est l'exemple qu'on admire et désire égaler, voire dépasser.

Le revers de la médaille de ces qualités traditionnelles, c'était l'autoritarisme, le manque de dialogue, une très grande sévérité et une grande distance par rapport aux enfants. Du reste, le père ne s'occupait pas des petits et ignorait carrément les bébés.

CHAPITRE 7

L'HOMME EN CRISE

Depuis le XXe siècle, l'homme traditionnel est fortement ébranlé par une double révolution : la révolution féminine et la révolution économique. Contesté, ayant perdu son pouvoir, ses repères et ses privilèges, l'homme est profondément déstabilisé et vit une véritable crise identitaire. Que doit-il devenir ? Et voilà l'homme en quête d'une nouvelle identité. Les conséquences sur la sexualité sont majeures.

La révolte des femmes

La perte de leur position dominante, de leurs pouvoirs et de leurs privilèges d'une part, la rébellion des femmes, leurs revendications, leurs exigences, leur refus absolu de tout comportement machiste d'autre part, ébranlent les hommes jusqu'à les paniquer. Il y a même des femmes qui se font dures et d'autres dominantes. Il y en a aussi qui les quittent et préfèrent rester seules, quitte à assumer les charges d'une famille monoparentale. Certaines, même, se lient à d'autres femmes. Les rôles s'inversent, les stéréotypes disparaissent. L'homme désorienté fuit à son tour.

Un prestige ébranlé

Comme à la révolte des femmes s'ajoute une révolution économique, l'homme ne peut même plus se réfugier dans le travail. L'homme traditionnel trouvait, dans son rôle de pourvoyeur économique exclusif de la famille, son autorité de chef de famille et sa fierté, voire son prestige. Les femmes, maintenant, travaillent et pourvoient également à leurs propres besoins et aux besoins de la famille. Parfois, même, l'homme étant au chômage ou désireux de rester à la maison, c'est la femme qui assure les rentrées d'argent.

L'homme tirait aussi son autorité et son prestige de l'exercice d'un travail qui exigeait de la force, du courage et qu'une femme n'aurait pu réaliser. Or, maintenant, les femmes accèdent à des postes autrefois réservés aux hommes, où elles sont appelées à commander des hommes. Par ailleurs, les travaux qui réclament de la force musculaire ou les travaux dangereux se raréfiant, les hommes n'ont plus autant l'occasion de confirmer leur virilité et de recueillir quelque prestige.

Une autre occasion de confirmer leur virilité échappe actuellement aux hommes : d'antan, ils ne fréquentaient presque exclusivement que d'autres hommes ; on vivait entre chasseurs, entre frères d'armes, entre compagnons, entre ouvriers, entre membres de clubs ; le monde du travail était majoritairement masculin. Maintenant, on y trouve autant de femmes que d'hommes. À la maison, les hommes qui, autrefois, se tenaient à distance de l'épouse et des mouflets, sont maintenant plongés dans l'étroite intimité de la famille. Au total, ce sont le plus souvent des femmes qui jugent de leur virilité et non plus d'autres hommes.

NOTRE PÈRE QUI ÊTES ANXIEUX

Nous l'avons assez dit : pour affirmer sa masculinité, le fils se réfère au père, or les pères sont en crise. Le pater familias qui était tout puissant jusqu'à avoir droit de vie et de mort sur sa famille, voit son autorité contestée par sa femme et ses enfants. Il doit désormais partager légalement le pouvoir avec son épouse.

Il n'est plus l'exclusif pourvoyeur de sa famille. Pire encore : il arrive qu'il soit sans travail. Et, quand il en a, ce travail n'est pas pour la majorité des hommes aussi glorieux que celui de chasseur, de laboureur ou de tailleur de pierres. Cet affaiblissement du père n'aide pas le fils à se construire et aggrave le malaise des hommes actuels.

Mais il y a plus grave qu'un père affaibli, c'est le père absent. Or, les pères absents sont de plus en plus nombreux, soit que leur travail les absorbe trop, soit qu'ils aient quitté le foyer. La première catégorie comprend les managers, les commerciaux, les techniciens plus souvent au bureau, en déplacement ou sur les chantiers qu'à la maison. Et quand ils sont à la maison, surmenés, ils négligent leur fils.

Les vrais absents sont les pères divorcés et ceux qui ont abandonné leur famille parce que la charge était trop lourde. Les fils de ces hommes ont quelques difficultés à construire leur virilité par manque d'éducation virile, manque de repères ou même mauvais repères (père alcoolique, délinquant...). Dans ces derniers cas, le mépris qu'ils ont pour leur père les empêche de s'identifier à lui. Restés aux mains de leur mère, ils ont d'autant plus de mal à se différencier d'elle pour forger leur identité masculine.

Ces garçons mal structurés, non sécurisés, manquent d'assurance, d'estime de soi et éprouvent un sentiment de solitude intérieure. Leur sensibilité est toute féminine. Ils vont compenser leur mal-être en s'engouffrant corps et âme dans le travail ou en s'adonnant outrancièrement à la musculation pour se donner plus de puissance virile. Ils vont aussi fantasmer sur des modèles de substitution que leur offrent les fictions : chanteurs de rap, héros de série TV et autres footballeurs. Les plus chanceux trouveront de vrais modèles : un oncle, un grand frère, un enseignant.

Avec les filles, ces garçons sont gentils. Ils aiment séduire mais ne s'engagent pas à vivre avec elles. Ils multiplient les relations sexuelles et collectionnent les ruptures. En vérité, leur attitude envers les filles est infantile : la maturation de ces hommes-enfants passe par le travail personnel. Il leur faut couper le lien avec leur mère et se réconcilier avec leur masculin, ce qui suppose de se réconcilier avec leur père et de lui pardonner.

Les états d'âme du pénis

S'il est une circonstance où l'homme pourrait démontrer sa virilité et rester maître du jeu, si l'on en croit certains hommes, ce serait l'acte sexuel. N'y aurait-il plus que le lit pour prouver qu'on est un homme ? C'est sans doute l'avis de ceux qu'obsède leur érection – « Je bande donc je suis » –, la taille de leur verge et l'orgasme à procurer absolument à leur partenaire, orgasme qui leur conférera leur brevet de bon amant, et les rassurera sur leur virilité, orgasme qui devient le but impérieux et unique de la relation aux dépens de toute autre forme de sensualité, orgasme qui contraint à courir la performance et à pratiquer l'escalade du hard. Il faut dire que la femme a sa responsabilité dans la course à la performance : certaines femmes dominatrices et exigeantes n'acceptent pas de défaillance au lit.

Las, il arrive que le pénis renâcle, c'est la débandade, le flop et la panique. Adieu puissance phallique, orgasme de la partenaire, adieu virilité. L'homme est K.-O. Ici aussi, la femme a une part de responsabilité : loin de cet instant fatidique, avant même de la retrouver dans le lit, son attitude, ses contestations à son égard, ses remises en cause avaient ébranlé l'homme. Il ne se sentait plus sûr de lui. Sans doute est-ce cela qui avait rendu son pénis vulnérable. Ensuite, quand ils furent au lit, cette « femme nouvelle », avait manifesté son droit à prendre des initiatives, à être active, à jouir comme elle l'entendait et à jouir beaucoup. Mais face à une femme gourmande, l'homme traditionnel craint de ne pas être à la hauteur ou, pire, d'être jugé comme à un examen. Et face à une femme entreprenante, il redoute de ne plus être seul maître à bord. C'est cette double peur qui a fait vaciller le pénis. Désormais, doutant de son pénis, l'homme doutera de lui-même.

Il faudra que l'homme apprenne l'art érotique afin de ne plus craindre les femmes gourmandes et d'accueillir une femme entreprenante comme une bénédiction car, alors, il n'a plus à être hyperactif, il peut goûter au bonheur de se laisser faire.

L'homme a-t-il été un jour le maître en matière de sexualité ? À vrai dire, c'est toujours la femme qui est maîtresse du jeu : c'est elle qui donne ou non son cœur, c'est elle qui donne son corps ou pas, c'est elle qui désire ou pas, c'est elle qui mouille ou pas, c'est elle qui jouit ou pas.

Il n'est qu'une circonstance où l'homme a l'impression d'être le maître, c'est le viol : viol conjugal, viol criminel, viol des armées conquérantes. Dans le viol, l'homme court-circuite les arcanes, il se passe de séduction, de permission, de question, de contribution et de bénédiction. Le seul maître c'est son érection.

Une difficile transition

Entre l'ancien monde – le patriarcat – et le monde à venir, l'homme vit mal cette transition. Les anciens repères sont dépassés, les nouveaux en cours d'invention. Comment être dans la vie ? Et surtout comment être avec la femme ? Certains hommes réagissent en étant plus machistes encore. Beaucoup sont désorientés, voire désemparés, en souffrance, et s'enlisent dans la haine d'eux-mêmes. De plus en plus d'hommes ont des problèmes sexuels et leur impuissance redouble la haine qu'ils se portent. Face à ces hommes déstabilisés, les femmes ne montrent guère de compassion : les femmes aiment les hommes forts. Forts, mais pas macho, forts mais sensibles. Pas facile d'être un homme aujourd'hui.

CHAPITRE 8

LE NOUVEL HOMME

Il lit *Psychologies Magazine* ou *Féminin Psycho*. Il s'habille de couleurs. Il va chercher sa petite fille à l'école et lui donne son goûter, ce qui ne l'empêche pas d'être pilier de rugby dans le club local ou pompier volontaire dans sa commune… L'homme nouveau est en train de s'inventer. On peut esquisser son portrait.

D'abord, l'homme nouveau est celui qui se réjouit de la libération de la femme et de son accès à l'égalité avec lui : « Qu'elle soit mon égale tant mieux, nos relations, nos conversations seront plus riches, plus profondes et plus vraies que ne le sont celles entre un maître et son esclave ; et j'aime trouver dans une femme une amie aussi. Qu'elle soit indépendante tant mieux, elle ne sera plus une charge ou une prison, et ce qu'elle apprendra en dehors de moi elle me le rapportera pour mon plus grand profit. Qu'elle se considère coresponsable de notre vie sexuelle tant mieux, j'en avais assez de prendre les initiatives, de tout faire, de tout inventer ! »

Libérer le féminin de l'homme

L'homme nouveau est celui qui laisse émerger et s'épanouir sa part féminine ; ce que Jung appelait « l'*anima* » et les taoïstes le « yin ». Cette part féminine est partie intégrante de la nature de l'homme. Au cours de son enfance, elle se développe au contact de la mère. Ensuite, à l'adolescence, le garçon la combat et l'enfouit au plus profond de lui, afin de se détacher de sa mère et d'affirmer sa virilité ; il se conforme alors aux stéréotypes de l'homme patriarcal. Quand il se fera homme nouveau, cet homme traditionnel opérera ses retrouvailles avec son féminin naturel et se réconciliera avec sa femme intérieure. Il découvre alors que le féminin n'est pas une faiblesse mais une richesse.

On pouvait le prévoir : ce que l'homme nouveau s'efforce de développer, c'est sa sensibilité. Il se permet de ressentir et d'exprimer ses émotions jusqu'à pleurer, sans avoir peur de montrer sa vulnérabilité. Il ose être affectueux, doux, tendre voire maternel sans avoir peur de perdre son autorité. Inversement, il ose laisser paraître son besoin d'affection et de tendresse sans craindre de paraître faible. L'homme nouveau est authentique. Inspiré par sa sensibilité, l'homme nouveau agit avec délicatesse, raffinement. Et surtout, fait majeur, il découvre la compassion et l'amour, ou plutôt il les laisse monter du fond de lui.

Parallèlement, l'homme nouveau décide de libérer sa sensualité, de laisser vivre son corps. Il ouvre largement ses récepteurs sensoriels, afin d'en jouir mieux et avec raffinement, c'est ainsi, par exemple, qu'il devient sensible aux caresses.

Par ailleurs, l'homme qui recontacte son féminin essaye de transformer sa façon de communiquer : être plus dans l'écoute, plus attentif à la parole de l'autre, spécialement à celle de la femme qu'il cherche à comprendre vraiment. Dans le même esprit, il cherche à résoudre toutes les oppositions par le dialogue.

À l'écoute de la femme et de son propre féminin, l'homme nouveau s'ouvre à la vie intérieure, se donne le temps et les moyens de l'approfondir, c'est ainsi qu'il chemine vers plus de sens et de transcendance. Le féminin est source de spiritualité ; éveiller l'homme au divin a toujours été le rôle de la femme.

Enfin, de façon plus prosaïque, assurer sa part féminine c'est prendre sa part des travaux habituellement attribués aux femmes : les soins aux enfants et les tâches ménagères.

PRENDRE LE MEILLEUR DU MASCULIN : RENONCER AU PIRE

Renoncer à l'agressivité, à la violence, au bellicisme, certes, mais conserver la combativité, le courage, l'ambition, l'esprit de conquête quand la cause est bonne. Et quand il y a conflits, gagner par l'esprit et le cœur et non par la force. « Avoir des couilles » pour le nouvel homme renvoie à la force d'âme, à la force de caractère, en un mot à la vaillance.

Renoncer à la domination, au goût du pouvoir et à l'exploitation des autres évidemment, mais demeurer un entraîneur. Et plus : devenir un libérateur et un champion du partage du pouvoir.

Renoncer aux privilèges et, au contraire, veiller à l'application d'une juste égalité entre la femme et l'homme.

Renoncer à conquérir et à envahir mais persister dans le goût de l'action et de la création en s'efforçant que, l'une et l'autre, soient au service de l'humain et de la vie.

Conserver les vertus dites masculines (que beaucoup de femmes possèdent aussi) : goût du risque, volonté de se surpasser, maîtrise de ses émotions dans les circonstances critiques, résistance à l'oppression.

Les noces du masculin et du féminin

L'homme nouveau allie les qualités du masculin et celles du féminin. Il marie son *animus* avec son *anima* pour former un être androgyne, c'est-à-dire un être en plénitude. L'homme nouveau n'est pas le produit d'une féminisation d'un homme qui aurait renié sa virilité. C'est un homme qui développe sa part féminine sans réduire sa part masculine. Il conjugue force et douceur, solidité et sensualité. Il sait être guerrier et poète ; désirant et respectueux, instinctif et empreint de spiritualité. Il est puissant mais pas macho, charmeur mais pas séducteur, protecteur mais pas inquisiteur, tendre mais pas mou. L'homme nouveau est un équilibre entre le masculin et le féminin, il n'est ni trop masculin, ni trop féminin.

Selon les circonstances, l'homme nouveau fait jouer l'un ou l'autre de ses deux pôles : sa polarité féminine et sa polarité masculine. Ainsi d'un comportement viril qu'il adopte au sein d'une équipe de handball, il passera à une attitude tendre lorsqu'il aura la charge d'un bébé.

Le nouvel homme érotique

Sensible, tendre, affectueux, raffiné, actif, créatif, communiquant, ouvert à la spiritualité, l'homme nouveau a tout de l'amant rêvé, tout pour être l'homme érotique parfait. D'autant qu'ayant contacté sa propre féminité intérieure, il peut aisément rencontrer la femme extérieure, la comprendre, saisir ses besoins. Et puis, il aspire à entendre les désirs et les attentes de cette femme.

Il sera particulièrement attentif à corriger les dissymétries qui existent entre la sexualité de la femme et celle de l'homme. Ici aussi, sa part féminine ouverte lui facilite la tâche. Il sait – première dissymétrie

– que la femme met plus de temps que lui pour parvenir à l'orgasme, aussi il prolongera la durée de la pénétration par la maîtrise de son réflexe éjaculatoire. Il sait – seconde dissymétrie – que sa compagne peut répéter ses orgasmes pourvu que la relation dure assez longtemps, aussi l'allonge-t-il en contrôlant de même son éjaculation. Il sait – troisième dissymétrie – que son amie aime étendre l'échange sexuel au-delà des organes génitaux, aussi élargira-t-il ses caresses et ses baisers à tout le corps. Il sait enfin – quatrième dissymétrie – que sa partenaire préfère que la relation sexuelle s'accompagne de sentiments et ait un sens spirituel, aussi donnera-t-il plus de place au cœur et sera-t-il attentif à ce qu'il y a de sacré dans l'échange amoureux, moyennant quoi l'union sexuelle se fait union de deux âmes autant qu'union des corps. C'est ce que j'appelle « passer de l'orgasme à l'extase ». Ce n'est possible qu'à l'homme qui a laissé émerger son *anima.*

L'homme nouveau sait recevoir autant que donner. L'homme ancien croyait qu'il était seul responsable du plaisir de la femme et seul à devoir être actif, jusqu'à se démener ; l'homme nouveau sait qu'il a le droit de ne rien faire, d'être passif et de s'abandonner aux plaisirs que lui offre sa compagne, il n'a plus à être tendu vers le but unique : la pénétration performante. Finie l'obligation de bander encore et toujours, il a le droit de n'être pas en érection s'il n'en a pas envie, s'il est fatigué, soucieux. Il ne se sent pas moins viril pour autant. L'homme nouveau peut s'abandonner parce qu'il a dépassé les vieilles peurs masculines : peur de régresser dans une position infantile, peur de tomber aux mains de la femme.

Le nouveau père

Le nouvel homme de la première génération est déjà ou deviendra un nouveau père, lequel donnera naissance, en s'alliant à une femme nouvelle, au nouvel homme de la seconde génération. Celuici – véritable mutant – ayant échappé au stéréotype patriarcal portera tous les espoirs d'un monde nouveau.

Le nouveau père est proche de ses enfants et cela dès le premier âge. Il passe beaucoup de temps avec eux, participe pleinement à leurs soins et à leur éducation. Il n'hésite pas à leur manifester son amour par mots et par gestes, vivant dans une belle intimité avec eux.

Le nouvel homme sait parfaitement materner bébé (le laver, le changer, le langer, donner le biberon). Il lui suffit de mobiliser sa féminité et de faire appel à ses souvenirs d'enfant plus ou moins enfouis, à cette proto-féminité dont sa mère l'avait imprégné.

Passés les premiers âges, le nouveau père se montre plus masculin avec son fils, de façon à lui transmettre sa virilité. Il se fait son guide, son mentor, son entraîneur tout en restant affectueux, tendre et libre d'exprimer ses émotions. Son petit garçon, l'homme nouveau le promène par la main ou le porte dans ses bras. Son grand fils, il le prend dans ses bras. Son autorité sera d'autant mieux acceptée qu'elle sera exercée dans l'amour et que le fils se sentira digne d'amour. Ainsi, il bénéficiera d'un bon équilibre psycho-affectif.

Faut-il craindre qu'un tel garçon dont le père et la mère jouent des rôles semblables ait des problèmes d'identité sexuelle ? Si le père a bien intégré sa masculinité, s'il se fait mentor suffisamment tôt, s'il n'est pas homme mou, le danger n'existe pas. L'inconscient de l'enfant perçoit bien les énergies masculines que le père dégage : c'est une façon d'être, de respirer, de parler, de se déplacer, c'est l'odeur de son corps, le timbre de sa voix, sa pilosité. Alors le garçon peut se dire qu'il est du genre masculin comme papa.

Nous sommes loin ici des rites d'initiation barbares qui ne visaient qu'à tuer la féminité et à pérenniser un type d'hommes qui ne permettaient pas à la civilisation, en général, et à l'érotisme en particulier, d'évoluer.

Ce n'est pas facile

Ce n'est pas facile d'être un homme nouveau. Les femmes exigent toujours des hommes qu'ils soient de « vrais » hommes : virils, solides, amants performants, sécurisants, quelqu'un sur qui elles puissent s'appuyer. Et en même temps, elles les veulent sensibles, tendres, sensuels, authentiques.

Comment être viril sans être macho ? Comment contacter sa féminité sans être efféminé ? Comment être sensible sans sensiblerie ? Comment être tendre sans être mou ? Comment être authentique (dire ses peurs et ses doutes) sans paraître fragile ?

Oui, il n'est pas facile de trouver le dosage harmonieux entre son yin et son yang. Parfois c'est le yin qui est surdosé. C'est le cas de « l'homme mou ». Voilà un homme qui a pris conscience de l'horrible et injuste attitude des machos et a donc pris fait et cause pour les femmes. Pour se situer à l'opposé des machos et plaire aux femmes, il adopte des comportements féminins, il est doux, tendre, gentil, prévenant, délicat, bref, adorable. Mais, dépossédé de sa masculinité, il se révèle, mou, passif, sans vitalité, il pleure trop facilement, il tremblote devant les femmes car elles le terrorisent. Inutile de dire que les femmes détestent les hommes mous.

Il y a aussi le cas du « fils à sa mère ». Le garçon élevé par sa seule mère, en l'absence du père a lui aussi un yin surdosé et un yang mal armé. Il est hypersensible, passif et, en plus, insécurisé. Parfois, il devient Peter Pan. Les femmes s'en éprennent quelque temps mais finissent par se lasser de cet homme-enfant.

Le « métrosexuel » est aussi un avatar de la libération de la femme intérieure. C'est un hétéro urbain qui s'inspire des gays, de leur look sophistiqué de dandys (chemises à fleurs, jabot, chaussures de couleur, bijoux). Comme les homos, ils sont gentils envers les femmes et savent les comprendre ; comme eux, ils vont droit au but en matière de sexualité : ils draguent et proposent sans détour une relation sexuelle ; ils ont plusieurs amantes, ils pratiquent l'échangisme. La modernité de leur look (tellement plus vivant que les habits funèbres de l'homme traditionnel) et leur compréhension de la femme sont appréciées du beau sexe et plus spécialement des femmes branchées.

Il faut être très vigilant à maintenir une différence entre les sexes, sur tous les plans, c'est ce qui crée l'attirance réciproque et donne du piquant à la vie. C'est ce qui fait circuler au mieux l'énergie d'amour.

Ne tirez pas sur l'homme nouveau

Il arrive que les hommes nouveaux soient pris à parti sans discernement par des femmes en révolte contre le patriarcat, en particulier par des femmes à l'*animus* hyperdéveloppé, autrement dit masculines et dures. Que ces Amazones sachent distinguer où sont leurs véritables ennemis, car les hommes nouveaux, très sensibles, souffrent de leur injuste comportement. D'autant qu'ils sont déjà assez agressés par les mâles de la jungle patriarcale auxquels ils sont confrontés dans le monde économique.

Il faudrait que toutes les femmes encouragent les hommes dans leur évolution, l'avenir heureux de l'humanité en dépend. En chaque femme sommeille une Isis, cette princesse égyptienne qui a ressuscité et reconstitué son époux assassiné et coupé en morceaux.

TROISIÈME PARTIE

L'HOMME, L'AMOUR ET LE SEXE

Les effets conjugués de leurs caractéristiques biologiques et de siècles d'oppression masculine (car le patriarcat en fut une pour eux aussi) font que les hommes abordent l'amour et le sexe d'une manière qui leur est propre : dissociation plus facile du sexe et de l'amour, mise à distance des sentiments, tendance à la polygamie, dichotomie entre Madone et Putain, attirance pour la femme en kit : Ah ! ces seins, cette bouche !

Les hommes ont donc des goûts mais aussi des désirs. Dans cette partie, vous saurez tout ce que les hommes attendent des femmes. Voici ce qu'ils aiment, ce qu'ils n'aiment pas du tout (au lit et alentour) et ce qu'ils adoreraient que vous leur fassiez, disiez… Petit détour par l'éternel masculin et ses rêves secrets.

CHAPITRE 9

L'HOMME ET LES SENTIMENTS

Les hommes ont-ils un cœur ? Les hommes sont-ils doués pour l'intimité ? Peuvent-ils faire l'amour sans aimer ? Sont-ils vraiment polygames ? C'est à ces questions que nous allons réfléchir. Nous parlerons de l'homme en général, mais il existe nombre d'hommes qui se comportent différemment. En outre, les hommes étant en pleine mutation, on en trouve qui se comportent à l'ancienne et d'autres qui sont en pleine évolution.

Classiquement, on considère l'homme comme étant peu sentimental, peu doué pour les relations affectives et la communication interpersonnelle. Il serait un « handicapé affectif ».

Pas d'états d'âme, des trophées !

En vérité, la majorité des hommes sont sentimentaux. Voyez à quel point ils sont affectés, voire brisés, par une rupture affective et souvent durablement ; suggérer que c'est la manifestation d'une névrose d'abandon qui les fait régresser dans des douleurs infantiles, n'enlève rien à la profondeur des sentiments qu'ils éprouvent. La vérité est que les hommes cachent leurs émotions et s'interdisent d'exprimer leurs sentiments. Pourquoi ?

On retrouve ici les méfaits de la civilisation patriarcale qui oblige l'homme à se montrer insensible. Ressentir des émotions et des sentiments, les dire, les confier, c'est risquer d'être pris pour un être faible et vulnérable, en un mot : pas viril. Destiné à commander, à faire régner l'ordre, à faire la guerre, voire à tuer, l'homme ne peut être sentimental. Et, en effet, à force d'étouffer sa sensibilité depuis des millénaires, il se peut que certains soient devenus génétiquement insensibles. D'autant que, dans son enfance, l'homme n'a pas connu de dialogue intime et affectueux avec son père. Celui-ci ne lui parle que de ses résultats scolaires et sportifs qu'il exige toujours meilleurs. « Pas d'états d'âme, des trophées ! », tel est son discours.

Pourtant les hommes sont sensibles et sentimentaux mais ils font taire leur sensibilité pour se protéger des autres et principalement de la femme. Admettons qu'il tombe amoureux et déclare sa flamme, alors il risquerait d'être rejeté par celle qu'il aime, ce qui non seulement est une souffrance, mais aussi une défaite. Et puis, pense-t-il, être trop amoureux et le dire, revient à se mettre dans une position inférieure par rapport à la femme. À vrai dire l'homme est plus vulnérable que ne le laisse croire son attitude de dominant. Sans doute prend-il cette apparence dominatrice pour cacher ce qu'il est au fond.

Toutefois, quand il est en confiance avec une femme, l'homme ose retirer son armure et révéler son besoin d'affection et sa subtile sensibilité. C'est la part humaine de l'homme, celle que l'homme nouveau n'hésite plus à exposer, pour le plus grand bonheur des relations entre la femme et l'homme. Dommage que l'homme qui a osé se découvrir soit parfois vivement et injustement blessé par une femme d'un féminisme aveugle.

L'homme est-il tendre ?

L'homme et l'amour

Quelle importance l'homme donne-t-il à l'amour dans sa vie ? Dans l'enquête de Pietropinto, qui date de 1977, à la question : « Que pensez-vous du fait d'être amoureux ? », nous trouvons les réponses suivantes : « C'est la chose la plus importante de la vie: 38,4 %. C'est bien mais on peut très bien vivre sans : 25,2 %. Si vous êtes amoureux, le rapport sexuel est plus satisfaisant : 21,5 %. » Vu la date de l'enquête on peut considérer que ce sont des hommes anciens qui ont répondu.

Une enquête récente donne des résultats plus réjouissants ; il faut dire qu'elle s'adressait à des hommes de 25 à 35 ans comprenant sans doute une grande proportion d'hommes nouveaux. Ces jeunes accordaient une grande importance à l'amour. Les hommes confessent leur besoin d'affection et disent à quel point l'amour d'une femme les valorise et les encourage. Beaucoup se révèlent même très romantiques. « Être amoureux, disent-ils, nous transforme, nous fait grandir afin d'être dignes de l'admiration de la femme, pour pouvoir la combler et la protéger. » Ce qui est un discours qu'aurait pu tenir un chevalier du XIe siècle. Que l'amour ait un pouvoir extraordinaire d'éveil est une vérité universelle.

À explorer l'homme amoureux, on découvre des faits remarquables. Par exemple qu'il ne tombe pas amoureux de n'importe qui : son inconscient lui fait retrouver quelqu'un qu'il avait connu. Mais où ça ? Dans l'enfance : c'était maman ou la grande sœur ou la marraine. Bref, une femme chère et idéalisée dont il a conservé « l'empreinte » (au sens de Konrad Lorenz). La femme qu'il a élue au présent est celle qu'il a pu mettre dans le creux de l'empreinte du passé ; la femme élue est aussi celle sur laquelle il a projeté son portrait-robot de la femme idéale fantasmée au fil des ans. Ici encore, comme dans toutes les phases de la vie amoureuse ou sexuelle de l'homme, on voit ressurgir le petit garçon.

Autre fait notable : tomber amoureux, c'est pour l'homme, retrouver aussi sa féminité infantile que l'acquisition d'une identité masculine lui avait fait oublier ; c'est à partir de cette proto-féminité qu'il s'attache à une femme précise. La féminité de l'homme, jointe à celle de la femme, est ce qui fait la qualité et la solidité des histoires d'amour. Inversement, le libertinage qui fait sauter d'une femme à une autre traduit une peur du retour de cette féminité et le besoin de conforter sa puissance phallique.

Autre découverte : la parole d'amour de la femme est plus qu'une simple narcissisation de l'homme, c'est une double réparation : celle du silence de la mère sur la sexualité du garçon et celle de l'absence de féminitude de la mère qui se cachait derrière la maternité.

Enfin, rappelons-nous ce que nous avons dit à propos de l'ambivalence des sentiments de l'enfant à l'égard de sa mère. À l'âge adulte, d'autres faits vont alimenter ce paradoxal amour-détestation. L'homme nouveau pourra sortir de ce paradoxe en passant de l'amour égotiste au véritable amour.

Sexe et sentiments

« Les femmes font l'amour pour être aimées, les hommes aiment pour faire l'amour », c'est presque un dicton. Il signifie que l'homme saurait bien se passer d'aimer pour prendre une femme mais que celle-ci ne saurait se donner sans penser à l'amour. Autrement dit, l'homme saurait mieux que la femme dissocier la sexualité des sentiments. Est-ce vrai ? Est-ce encore vrai ?

Une enquête récente révèle qu'en effet, affectivement, l'homme s'investit moins dans l'activité sexuelle que la femme. À la question : « Peut-on avoir des relations sexuelles sans aimer ? », 2/3 des hommes répondent « oui » contre 1/3 des femmes (exactement 63,8 % et 35,9 %). Cette même enquête montre qu'au cours d'une vie l'homme aura en moyenne 11 partenaires dont 4,5 seront aimées, tandis que la femme aura 3,3 partenaires et en aimera 3. On voit aussi dans cette enquête que 33 % des hommes ont été très amoureux de leur première partenaire contre 64 % des femmes.

Ainsi, il est bien vrai que dans leur activité sexuelle, la majorité des hommes accordent moins d'importance à l'aspect affectif et relationnel que la femme. Celle-ci ne s'épanouit que s'il y a participation affective et intellectuelle, autrement dit si elle aime et est aimée. On aura remarqué toutefois qu'un tiers des hommes a besoin d'aimer pour faire l'amour : c'est que la statistique est récente et a dû concerner un pourcentage d'hommes nouveaux.

Pourquoi l'homme peut-il faire un distinguo entre sexe et amour ? Pourquoi sait-il distinguer plus facilement besoins et sentiments ? C'est qu'il a une vue plus profane, plus matérialiste de la sexualité. C'est lui qui, quand il regarde une femme, regarde instinctivement ses zones érogènes. Lui qui consomme les films pornographiques. Lui, qui a une mentalité de pénétrant fugace : prendre, posséder l'autre et se retirer pour fumer ou même vaquer à ses occupations, ce que permet et impose son plaisir explosif et bref suivi d'une phase réfractaire.

Mais « est pris celui qui croyait prendre ». Il arrive que l'homme qui, au départ, n'envisageait qu'une simple relation sexuelle, s'attache ensuite à la femme, passant ainsi du sexe à l'affectif. L'intensité du plaisir ressenti le lie à la femme qui le lui a procuré. Désormais, il « l'a dans la peau ». « Reconnaissance » disent les uns, « dépendance » rétorquent les autres : ce sont les endomorphines et autres molécules de volupté qui créent le lien. Mais la biologie n'est qu'un aspect – réducteur – de la reliance. Au-delà de la chimie des corps, il y a l'alchimie des consciences. Au commencement était le désir, ensuite vint l'entente, puis l'attachement. Le désir fonde, le plaisir lie, l'amour couronne.

Bien entendu, ce qui vient d'être écrit concerne la femme et l'homme traditionnels. L'homme nouveau, lui, revendique, le droit aux sentiments. Les relations limitées au sexe l'intéressent moins. Il préfère associer au sexe le cœur et l'âme, bref, de la profondeur. Il reconnaît son besoin d'amour et de sécurité affective. Actuellement, il n'y aurait plus que la moitié des hommes qui pourraient faire l'amour sans sentiment. Inversement, les femmes de maintenant revendiquent le droit de faire l'amour sans aimer. Elles font des expériences de rapports sexuels purement physiques, exerçant leur liberté fraîchement acquise.

Mais après quelque temps d'amour libre, les uns et les autres reconnaissent que la qualité de l'union sexuelle, sa volupté, le bonheur qu'on en retire, sont supérieurs lorsque les partenaires s'aiment. C'est plus de sourires, plus d'attention, plus de patience, de gentillesse, de tendresse, de générosité, de communication, de créativité, de confiance, de tolérance, de complicité. Une absence de limites.

L'homme est-il polygame ?

Il est incontestable que l'homme traditionnel a des tendances polygames. L'histoire du monde et des religions le prouve. Les prophètes hébreux avaient une multitude d'épouses (David avait huit femmes ; Salomon eut sept cents épouses et trois cents concubines…) Les califes musulmans régnaient sur des harems, les rois collectionnaient les favorites, les bourgeois entretenaient des demimondaines. Les lupanars, les maisons closes, la prostitution en général existeraient-ils si l'homme n'était pas polygame ?

Pour expliquer cette tendance, on peut faire appel à la transmission génétique : nous descendons d'un singe polygame. Autres explications, biologiques celles-ci, l'homme par nature et par mission doit disséminer ses spermatozoïdes (qu'il possède par millions), aux quatre vents de la planète féminine, afin d'assurer la survie de l'espèce humaine. Enfin, l'hormone mâle, la testostérone, confère à l'homme une irrésistible envie d'aller explorer et conquérir le monde féminin.

Quant à l'explication psychologique, elle serait la suivante : l'homme veut se prouver qu'il est bien devenu adulte, c'est-à-dire sorti de l'enfance et de l'emprise de la mère. Le libertinage le conforterait dans son identité de mâle. Accessoirement, ce serait une façon d'exorciser toute suspicion d'homosexualité qu'il considère comme une séquelle de féminité.

Ce qui permet à l'homme cette polygamie, c'est sa faculté de dissocier le sexe de l'amour et de réduire la relation sexuelle à la satisfaction de sa verge. Ce non-investissement dans la relation l'autorise à papillonner. Cependant, comme il a besoin d'une sécurité affective, il a adopté un système qui semble lui réussir : à la maison, la femme « légitime », à l'extérieur, les extras.

Il est curieux de constater que c'est l'homme lui-même qui a limité sa polygamie en créant le mariage monogame avec obligation de fidélité. C'est que les hommes du patriarcat craignaient que la richesse sexuelle de la femme ne trouble l'ordre public par les convoitises, les jalousies et les rivalités qu'elle engendrait. De plus la monogamie leur donnait l'assurance que leurs fils étaient bien ceux à qui ils pouvaient transmettre leur nom et leurs biens. Notons que si les hommes ont exigé de leur femme, la monogamie, ils ont continué à se comporter eux-mêmes en polygames. La femme, inversement, aurait une tendance monogamique...

Bien sûr, il en va tout autrement du nouvel homme et de la femme nouvelle. Beaucoup d'hommes, et spécialement des hommes jeunes, se prononcent en faveur de l'amour unique et de la fidélité. « Tromper ma copine, c'est lui manquer de respect ». « Je souffrirais si ma copine me trompait donc je ne voudrais pas lui infliger la même douleur. » « Moi je suis plus dans les sentiments que dans le cul. » La loyauté (re)devient une valeur. Inversement, la femme nouvelle se met à diversifier ses partenaires. Elle vient de conquérir sa liberté, le droit au plaisir et la contraception, elle vient de dépasser tous les tabous qui la bloquaient et devient aussi infidèle que l'homme l'est ou l'était.

Les tendances polygamiques des uns et des autres peuvent rendre le couple plus fragile et l'harmonie entre partenaires plus difficile. Pour contrebalancer les forces centrifuges, il faudrait parfaire le bonheur qu'il y a à vivre à deux : établir une meilleure communication, offrir un meilleur érotisme, donner plus de sens à la réunion d'une femme et d'un homme.

Les intouchables et les putains

Dans l'esprit de l'homme traditionnel, s'est installé un distinguo entre deux catégories de femmes : les madones, ou intouchables, et les putains. En vertu d'un tabou universel, le tabou de l'inceste, il est interdit à l'homme de désirer et a fortiori de faire l'amour avec sa mère, avec ses sœurs et avec les femmes avec lesquelles il est allié. Ces femmes font partie de la catégorie des intouchables, des respectables, en un mot ce sont des « Madones ». On peut dire que l'homme les considère comme asexuées.

Les autres femmes, celles avec qui il n'est pas allié, sont, elles, sexuées et peuvent être désirées et « consommées ». Elles ne sont pas « respectables ». Si elles sont particulièrement séduisantes, séductrices voire provocatrices, si elles sont habiles à donner du plaisir et gourmandes à en recevoir, bref si elles sont le contraire d'une bonne mère, elles sont considérées comme des « putains » et l'homme peut en faire ce qu'il veut. C'est du moins le point de vue de l'homme patriarcal.

Quand une femme se révèle aimante, tendre, distinguée, réservée, elle rappelle à l'homme sa mère, alors en matière de sexualité, il agira avec retenue. Plus tard, lorsque cette épouse devient réellement mère, qu'elle se dévoue si admirablement au service de son bébé, elle atteint pleinement le statut de femme respectable et intouchable ; dès lors il devient difficile, sinon impossible, à l'homme de la désirer farouchement et de la prendre sauvagement. Avec elle, il pratiquera le service sexuel minimum. Pour satisfaire complètement ses besoins, il ira voir une femme extérieure de la catégorie des « putains », maîtresse ou prostituée, avec qui il n'aura pas de limites.

Nombreux sont les hommes qui empruntent une autre voie : au lieu de chercher la putain à l'extérieur, ils la mettent dans l'épouse et, pour pouvoir l'utiliser ainsi, ils la dégradent par le geste et la parole, la traitent de « garce » ou de « salope », emploient des mots vulgaires, la frappent ou exercent quelque acte sadique.

Reste une troisième voie, celle qu'emprunte le nouvel homme : sortir de la dichotomie femme respectable et femme « consommable », et faire de la femme en amour – femme excitante et excitée, femme désirante et désirable, femme jouissante ou faisant jouir – une femme respectable, mieux une femme adorable, voire un déesse. À l'instar des civilisation orientales où toute femme qui s'unissait corps et âme à un homme atteignait le statut de Shakti, c'est-à-dire de divinité. Pourquoi une femme voluptueuse devrait-elle être une putain et non une divine ?

En effet, pourquoi l'homme patriarcal pense-t-il qu'une femme qui aime la sexualité est une putain, une salope, « un bon coup » ? Pourquoi n'est-elle pas respectable, elle aussi ? Pourquoi la salir ? Cette attitude est une manifestation de cette « mâle peur » qui saisit l'homme ancien dès que la femme déploie sa puissance. Or, puissant est le désir de la femme, puissant son pouvoir d'attraction, puissant le plaisir qu'elle procure comme celui qu'elle ressent. Pour exorciser sa peur, il faut à l'homme abaisser la femme.

L'homme et l'intimité

S'il est un être que rien ne prédispose à l'intimité c'est bien l'homme patriarcal. Ayant cadenassé sa sensibilité, son affectivité, sa tendresse, sa sensualité, s'interdisant d'exprimer ses émotions et ses besoins et de faire des confidences, incapable de s'abandonner et d'être passif et par ailleurs préoccupé, pour ne pas dire obsédé, par le coït et l'orgasme, cet être ne peut pas être à l'aise dans l'intimité. Un être dur et froid, hyperactif et agressif ne peut trouver le bonheur dans un doux et tendre laisser-faire.

En outre l'intimité réveille en l'homme traditionnel moult peurs : peur d'être à nouveau englouti dans les bras d'une femme. Peur d'être démasqué dans sa profonde vérité car, dans l'intimité, on est nu de corps et d'âme. On s'expose à révéler le moins brillant de soi – ses craintes, ses faiblesses, ses blessures –, ce qui risquerait de nuire à son autorité sur la femme et à l'admiration qu'elle lui porte. Peur de s'amollir et de devenir plus sensible, plus tendre et donc d'être moins actif, moins agressif, ce qui nuirait à son autorité et à son activité. Peur d'être épuisé car l'intimité conduit à la sexualité et la femme étant gourmande, il faut dépenser beaucoup d'énergie pour la satisfaire, ce qui risque ici encore d'affecter son autorité et son activité. Peur, enfin, de tomber amoureux et donc de s'aliéner à la femme, de s'y attacher et d'en perdre la maîtrise de son destin. Peut-on faire confiance à une femme ?

En revanche, l'homme nouveau, lui, est parfaitement prédisposé à l'intimité : sensible, sentimental, sensuel, tendre, caressant, communiquant, attentif, aimant se confier et recueillir les confidences, ayant reconnu son besoin vital d'intimité, n'étant nullement obsédé de pénétration automatique, ni donc contraint à bander en permanence, il est dans l'intimité comme un poisson dans l'eau. Car l'intimité c'est aimer se blottir, s'embrasser, se caresser, s'entendre réciproquement respirer, sentir les cœurs battre, se dire des choses douces, des choses intimes et des secrets ; et se sentir compris, accepté, soutenu. L'intimité, c'est l'assurance qu'une personne au moins s'intéresse profondément à nous et nous témoigne plein de sollicitude.

CHAPITRE 10

FASCINATION POUR LA NUDITÉ

La vue du corps de la femme fait plus que réjouir l'homme : elle le fascine. Chez lui, voir passe avant les autres sensations.

Prédominance de la vision chez l'homme

Cela remonte à 10 millions d'années probablement. En ce temps-là, nos lointains ancêtres se balançaient de branche en branche dans les immenses forêts tropicales de l'Afrique de l'Est. Un jour, un grondement sourd et puissant se produisit tandis que la terre tremblait et que les arbres étaient pris de violentes secousses : la plaque tectonique qui portait l'Asie vint télescoper la plaque qui soutenait l'Afrique. La partie Est du continent africain s'enfonça et une vaste faille le fissura du Nord au Sud sur 4000 km. Alors, les vents d'Ouest porteurs de pluie ne purent plus atteindre cette zone. Les forêts qui la couvraient se desséchèrent, faisant place à une savane où la nourriture est rare.

Pour survivre, nos ancêtres durent s'adapter. D'une part, ils modifièrent leur alimentation : de frugivores, ils se firent omnivores. De cueilleurs, ils se firent cueilleurs et chasseurs. D'autre part, ils se redressèrent sur leurs pattes arrière afin de mieux parcourir les hautes herbes et mieux explorer du regard les lointains pour y découvrir quelques baies ou bestioles à manger. Ce qui eut deux conséquences fondamentales : l'acquisition de la station debout, qui est le premier pas vers l'hominisation, et l'acquisition d'une vision performante, plus aiguë que celle de la femme. Celle-ci, demeurée au gîte pour élever bébé, l'être le plus fragile au monde et le plus dépendant, développa son toucher.

Voilà pourquoi, Mesdames, depuis des millions d'années, l'homme adore vous regarder et particulièrement regarder ce qui vous fait femme.

Les signaux sexuels

Ce qui vous fait femme, c'est ce qu'en biologie on appelle les « caractères sexuels secondaires » dont vous êtes redevable à la folliculine, votre hormone féminine. Ce sont essentiellement vos formes qui sont le résultat d'une « répartition spécifique de la graisse » et vos longs cheveux contrastant avec l'aspect glabre de votre peau résultat d'une « répartition spécifique de la pilosité ».

À vrai dire, ces signes sexuels secondaires sont des « signaux sexuels » que la femme émet à l'adresse du mâle pour le captiver. Le point commun de tous ces signaux est la rondeur : rond est le sein, rond est le ventre, rondes sont les fesses, ronde l'épaule, rond le genou et ainsi de suite.

Cependant le rond le plus efficace, la botte secrète de la femme, c'est sa pupille : quand la femme entre en désir, avant même qu'elle en prenne conscience, sa pupille se dilate, se met en mydriase. L'homme à son insu reçoit ce signal et est irrésistiblement attiré. Elles le savaient les belles patriciennes de la Rome Antique qui s'instillaient dans les yeux des gouttes de belladone – belle dame –, un extrait de plante qui dilate les pupilles.

Quel est l'impact de ces signaux chez l'homme ? Captés par ses yeux, ils vont frapper son archéo-cerveau ou hypothalamus, l'étage primitif de son cerveau où gîtent les pulsions primaires : boire, manger, se battre ou faire l'amour. Ici, c'est la pulsion sexuelle qui est éveillée. L'homme aussitôt sent un frisson parcourir son échine, une bouffée de bonheur l'emplir, un élan d'énergie redresser son torse, une envie de prendre animer ses bras et, si l'impact est vif, un généreux afflux de sang gagner son pénis, le déployer, le tendre.

Vues des terrasses

La prééminence de la vision chez l'homme et l'existence de signaux sexuels chez la femme expliquent que les mâles déshabillent des yeux les passantes. C'est le plus vieux jeu du monde, un jeu de devinettes. En se parant de robes moulantes, en raccourcissant leurs jupes, en élargissant leur décolleté, les femmes facilitent l'imaginaire masculin. Inversement, en en montrant trop sur les plages – du monokini au zérokini – elles court-circuitent cet imaginaire ; ce n'est plus du jeu, il y a banalisation et mithridatisation (insensibilité par habitude). Le chasseur préhistorique qu'est resté l'homme, n'aime pas que la proie lui tombe toute nue dans les yeux, c'est moins excitant.

Pièces détachées

À propos de la vision qu'a l'homme du corps de la femme, il faut savoir qu'il a la particularité de le voir et de l'appréhender en pièces détachées. Autrement dit, l'homme ne perçoit pas la femme dans sa totalité, mais il la détaille, la compartimente. Il voit de beaux yeux, de belles fesses, de belles jambes, de beaux seins, etc. À partir de ces « segments », il peut s'emballer, s'enflammer, tomber amoureux. Il peut donc se lier, voire épouser une femme qui ne lui convient pas, simplement parce qu'elle a de beaux seins. Il épouse les seins en quelque sorte. Le malheur est qu'il s'apercevra un jour que la porteuse de ce signal sexuel n'est pas vraiment quelqu'un avec qui il peut être heureux. Ou que ces seins sont en silicone. Le malheur est aussi qu'en faisant l'amour avec des pièces détachées, l'homme ne trouve pas la plénitude qu'apporte l'union des corps.

Les seins et le visage

Une enquête récente de l'Observatoire Vania sur « L'intimité de la femme » portant sur 750 hommes est particulièrement instructive. À la question : « Quelle est la partie du corps des femmes qui vous séduit le plus ? », 23 % des hommes répondent les seins, 20 % les yeux, 20 % le visage, 13 % les fesses, 5 % les jambes, 1 % les mains. Ces résultats montrent à quel point les hommes évoluent et ne sont plus instinctivement, « animalement » attirés par les signaux les plus sexuels tels que les fesses.

À voir l'attrait qu'exercent les yeux et le visage féminins, on peut penser que l'enquête a concerné nombre d'hommes nouveaux. Ce que confirme la répartition des opinions selon les âges : les seins sont désignés comme préférés par 34 % des 50-60 ans, contre 9 % des 15-18 ans ; le regard par 31 % des moins de 25 ans contre 15 %

des plus de 45 ans. La proportion d'hommes nouveaux est logiquement plus grande chez les jeunes.

Quant à la première place accordée aux seins, elle ne traduit pas seulement l'attirance pour un signal sexuel remarquable mais aussi l'attrait pour un lieu où, enfant, l'homme a connu un état paradisiaque : contacts doux, moelleux, chauds, enveloppants où il entendait la voix charmeuse de sa maman, où il était bercé, où s'apaisait l'angoissante faim, l'affreux cauchemar, l'atroce colique, ou la rage de dents. Bien sûr, pour l'adulte qu'il est devenu, cette merveille que constitue le sein est aussi un site érogène majeur : par lui, la femme éprouve des sensations agréables jusqu'à des plaisirs extrêmes ; par lui, la femme se prépare à se donner à l'homme ; par lui, l'homme entre en désir jusqu'à ériger son pénis.

Dans l'enquête citée, les yeux et le visage venaient respectivement en deuxième et troisième positions. Or, c'est bien là que s'expriment le cœur et l'âme de la femme, ce qui pourrait être réconfortant en ces temps d'obsession sexuelle. Mais, c'est oublier que le visage comporte aussi des signaux sexuels : les pupilles dont nous avons déjà parlé et les lèvres d'autant plus « sensuelles » qu'elles sont pulpeuses. Les lèvres féminines font partie de l'arsenal séducteur des femmes, c'est pourquoi celles-ci veillent à renforcer leur séduction en les coloriant de si vive façon. Certaines même, pour paraître plus attirantes, se font épaissir les lèvres par injections de silicone.

Magique nudité

C'est une véritable ivresse qu'éprouve l'homme face à la nudité de la femme. Aussi, l'art féminin de se déshabiller devant lui est-il vieux comme l'humanité. Il peut se pratiquer en public – c'est l'actuel strip-tease – mais c'est dans l'intimité, quand la femme aimée ose s'effeuiller avec ostentation pour les beaux yeux de son amant, que l'événement prend toute sa dimension. Le bonheur et la reconnaissance de l'homme n'ont d'égales que l'audace et la générosité de la femme. Encore faut-il que la nudité des aimants n'ait pas été banalisée.

Hélas, trop souvent dans la vie quotidienne, les gens se vêtent et se dévêtent, et s'exposent nus de façon ordinaire, comme si l'autre était absent ou comme si on était au gymnase. Pire dans la salle de bains, ils se lavent fesses, dents et sexe sous le regard devenu indifférent de l'autre. De grâce, usez de la nudité avec parcimonie, de façon à sauvegarder le pouvoir érogène et magique du nu. Ici, la pudeur est l'alliée de l'érotisme. Ne vous dénudez devant l'autre que dans le but de servir le désir. Réservez la vue de vos seins, de vos fesses, de vos cuisses, de votre toison à l'instant privilégié que vous aurez choisi. Alors, déshabillez-vous avec éclat, offrez-vous avec faste. Mais conservez ce qui souligne votre nudité : un bracelet ou une touche de parfum. Alors, l'homme adorera votre corps toujours nouveau.

Les troubadours et autres chevaliers de l'amour courtois – de son vrai nom « cortezia » – vouaient un véritable culte à la nudité de la femme, alors même que cet amour se voulait platonique. Avant l'avènement de la cortezia, au XIIe siècle, les hommes avaient peu d'estime pour la femme qu'ils considéraient comme un être inférieur jusqu'à lui contester la possession d'une âme. Les troubadours ont renversé la situation et fait de la femme un sujet d'amour et d'adoration. Ils ne voulurent plus que les relations entre l'homme et la femme se réduisent à la seule lubricité, ils voulurent que les cœurs et les âmes y participent. Aussi inventèrent-ils « le long désir », un désir dont l'assouvissement est toujours remis et qui dès lors se transforme en « fin amor » qui est un amour d'âme mais non désincarné toutefois. La Dame accordait au chevalier méritant des « récompenses ». La première est « la contemplation de la Dame nue » : le soupirant avait le droit d'assister au déshabillage et au coucher de sa Belle. La seconde est « l'assag » ou essai : le prétendant avait le droit de s'allonger sur la couche de la Dame, tous deux étant nus ; il l'enlaçait, mais ne pouvait faire plus.

Dans toutes les civilisations, le corps nu de la femme a un pouvoir magique qui « enchante » le mâle. Cette magie est à la fois d'origine esthétique et d'ordre sacré. La magie esthétique est liée au rond qui est la forme parfaite, celle qui inspire les artistes depuis l'aube de l'humanité. Quant au pouvoir sacré du nu, c'est ce qui inspire de la révérence à l'homme et l'amène à un niveau de connaissance élevé. La plupart des Primitifs prêtaient au corps féminin des effets particuliers. Nous percevons bien d'instinct que cette nudité a à voir avec la métaphysique et la transcendance. Appréhendé sous cet angle, le désir des mâles de contempler la femme nue et l'acte de dénudation de la femme acquièrent une autre dimension et apporte un plus grand bonheur.

De diverses conséquences

La prééminence de la vision chez l'homme a d'autres conséquences : tout au long de la relation sexuelle, l'homme tient à voir la femme et, bien sûr, spécialement lors de la jouissance zénithale. La vision de la femme jouissant transporte véritablement l'homme. Il faut dire que la beauté particulière qui apparaît sur le visage féminin en extase est bouleversante. Le visage est lumineux, diaphane, les yeux ouverts sur on ne sait quel monde qui relève de l'universel et de l'éternité. Oui, ce regard est impressionnant pour l'homme et le remplit de respect.

L'homme est fasciné par tout ce qui met en valeur les formes féminines, tout ce qui l'habille ou l'enveloppe : ses robes, ses jupes, ses chemisiers, ses déshabillés, ses collants et autres lingeries, ses escarpins, ses colliers, ses bracelets et tutti quanti.

Obnubilé par ces formes, il aurait tendance à juger les femmes sur leur apparence. Les femmes, à l'inverse, bien que sensibles à l'extérieur des mâles, tiennent aussi compte de leurs qualités profondes, ce qui est plus sage.

Les hommes aiment le « porno »

La plupart des hommes aiment les clichés et les films pornographiques. Pourquoi ? Justement parce qu'ils aiment voir et parce qu'ils savent dissocier le sentiment du sexe. D'ailleurs ces films sont faits par des hommes pour des hommes.

Les productions pornographiques ne sont pas sans quelques effets positifs : elles peuvent servir d'apprentissage (hélas déformé) pour des hommes inexpérimentés. Elles peuvent aider au déblocage d'homme bloqués, elle peuvent réactiver les hommes assoupis sexuellement, elles peuvent compenser – virtuellement – le « manque » des hommes solitaires.

Cependant, les effets négatifs sont nombreux aussi. Dans un premier temps le film excite les hommes, leur donne envie de faire l'amour. Mais quand le film est fini, ils ressentent une impression de manque et de solitude plus grande encore. Souvent, ils se masturbent, ce qui les apaise mais renforce leur impression de solitude lorsqu'ils sont seuls.

Ces films leur donnent des complexes voire des angoisses. Les acteurs de porno ont des pénis géants et capables d'être en érection permanente ; ils réalisent sans faillir des copulations multiples, dans de multiples positions, avec des partenaires multiples. Ce qui constitue des performances physiques inatteignables pour un homme normal. Ce qu'on ne dit pas, c'est que ces grands pénis sont des raretés de la nature et que leurs érections sont entretenues artificiellement par des pompes à vide ou des injections intracaverneuses.

L'attitude des hommes envers les femmes y est caractérisée par un manque de considération et de respect. Les femmes sont chosifiées, ce sont des objets sexuels, pas des êtres humains. De plus, les hommes y sont dominateurs et souvent violents. En tous cas, ils ne sont jamais tendres. Les partenaires, aussi bien les femmes que les hommes, y sont réduits à leurs organes sexuels, ou à un segment de leur corps. Ils n'ont pas vraiment de visage, non plus que de voix. La relation entre la femme et l'homme n'y est pas une « relation » interpersonnelle et humaine. L'échange sexuel est loin de l'échange tel qu'il se passe entre un homme et une femme réels. Par exemple, tous les hommes n'éjaculent pas automatiquement sur le visage de leur partenaire.

Les rapports sexuels y sont rapides et multiples, ce qui ne peut être le cas dans la réalité et ce qui, de toute façon, est insatisfaisant pour les partenaires et la femme en particulier. Les femmes s'y déshabillent et s'y offrent dans les plus courts délais. Elles font l'amour sur-le-champ et jouissent très vite. Ce qui ne se produit pas dans la réalité, sauf exception – où un minimum de temps est nécessaire pour s'approcher, se séduire, se donner et jouir. Il n'y a pas d'avant (la cour, les préliminaires), ni d'après (les postludes, les câlins, l'apaisement, la plénitude) et rarement les ébats prennent un caractère ludique. Les protagonistes n'ont pas de personnalité, de sentiments, de ressort psychique, d'esprit et ce qu'ils font n'a pas de sens. Enfin, les scènes sont stéréotypées et les films se répètent. C'est d'une grande indigence sur le plan de l'imaginaire. Il n'y a ni scénario, ni dialogue.

Le drame est que ces films servent de références à beaucoup d'hommes et, pire, à beaucoup d'adolescents. Or, ils donnent une image falsifiée, non humaine, de ce que sont les comportements sexuels et de ce que devrait être une relation intime entre des êtres civilisés.

CHAPITRE 11

ILS AIMENT
ILS AIMERAIENT
ILS N'AIMENT PAS

Ils aiment

La femme idéale est physiquement jolie, « bien faite », ce qui signifie « bien roulée », mais pas trop sexy, quelque peu réservée et plutôt distinguée. Psychologiquement elle est sensible, douce, tendre, affectueuse, attentive à l'autre, sincère, intelligente, généreuse, équilibrée, sûre d'elle sans ostentation.

L'homme traditionnel insiste sur les services que cette femme peut lui rendre : il la veut attentive à ses désirs, dévouée, se préoccupant de lui, le comprenant, faisant tout ce qu'il veut. Cet homme tient également compte des peurs qu'elle pourrait lui inspirer : elle n'est pas trop coquette, pas effrontée, pas dominatrice, pas infidèle.

L'homme nouveau, lui, insiste sur les qualités intérieures de cette femme et les fait passer avant ses qualités physiques. Il la veut ouverte, vivante, naturelle, communicante, indépendante. Et il souhaite que sa vie intérieure soit riche.

L'un comme l'autre insistent sur la propreté ; il faut qu'elle soit soignée en particulier au niveau du sexe.

Dans la sexualité

En ce qui concerne la sexualité et le rôle de la femme, l'homme ancien et l'homme nouveau sont d'un avis divergent, le premier étant encore atteint de « mâle peur », le second étant en voie de guérison.

L'homme ancien souhaite que la femme soit vierge afin de voir l'initier : lui faire découvrir les plaisirs et lui apprendre les diments de l'érotisme, autrement dit la « faire à sa main ». Cette volonté d'être le premier s'explique par une peur : si elle était déjà « formée », elle pourrait être « déformée », c'est-à-dire trop « chaude », exigeante et elle risquerait de faire des comparaisons. S'il la veut vierge, il ne la veut pas « innocente », nigaude, plutôt bonne élève et attentive afin de bien participer.

Toutefois la bonne élève ne devra pas dépasser le maître : ne pas être trop active, ne pas prendre d'initiatives, ni de décisions, n'être pas trop gourmande. L'homme sait bien qu'il est limité quant au nombre de ses orgasmes et à la tenue de son érection, alors que la femme est sexuellement illimitée. Ici transparaît le spectre de la femme insatiable. Ce que craint l'homme, c'est d'être épuisé, de ne pas savoir satisfaire l'autre ou de devenir son esclave sexuel. Il craint par-dessus tout d'être trompé ou abandonné si la femme était trop gourmande et, lui, trop insatisfaisant.

Le nouvel homme, lui, veut une femme libérée qui ait de l'expérience, qui ait autant de désir que lui, qui jouisse autant qu'elle le fait jouir, qui réagisse et extériorise son plaisir, qui soit active, entreprenante, qui ait de l'audace, qui donne autant qu'elle reçoit, qui soit inventive, qui innove, qui varie, qui demande ce dont elle a envie, qui s'efforce de comprendre ce que l'homme attend, qui s'intéresse à son plaisir, qui n'ait pas de fausse pudeur, tout en restant pudique.

L'homme en a assez d'être seul actif, d'avoir tout à faire, à prendre toutes les initiatives, à mener tous les ébats. C'est anxiogène, c'est épuisant. Il aimerait lui aussi pouvoir s'abandonner. Il veut en finir avec cette conception occidentale selon laquelle la femme doit être passive, n'a rien à faire, tandis que l'homme est le seul responsable des plaisirs, tout reposant finalement, sur sa capacité érectile. Bien entendu, la femme n'est pas coupable de son inertie, ce sont les hommes des temps passés qui lui avaient imposé l'immobilité et interdit la volupté : « Une femme honnête n'a pas de plaisir ». Bouger, jouir, crier, c'était bon pour les putains.

Beaucoup de femmes encore n'osent pas faire un geste vers l'homme par peur de passer pour des gourgandines, beaucoup n'osent pas demander ce qu'elles aimeraient de peur de vexer l'homme, beaucoup se retiennent de crier pour ne pas apeurer leur partenaire. Il est vrai qu'une femme entreprenante peut encore faire peur à certains

ne pas être à la hauteur, peur qu'elle aille voir
r peut provoquer des inhibitions et en particulier
ion.

uvent l'homme nouveau dépasse ses peurs et veut
active. Elle le peut, son côté yang le lui permet. Elle l'a fait en particulier en Orient où, pendant des millénaires, elle a été l'initiatrice des Empereurs et de tous les mâles. Être active c'est faire, demander, exprimer. Mais il ne s'agit pas non plus que la femme fasse tout et redevienne la « préceptrice du sexe ». Dans un couple harmonieux, la femme et l'homme seront cocréateurs de la volupté et ils alterneront les rôles actifs et les rôles passifs.

Cette métamorphose de la femme, son émancipation sexuelle, rendront caduque la dialectique madone-putain. La femme pourra être « respectable » tout en étant libre de son corps jouissant (ce qui se disait être une « putain »).

Encore faut-il que l'homme se métamorphose et sorte de ses peurs : peur de ne pas être à la hauteur et qu'en conséquence la femme le trompe ou le quitte, et peur d'être épuisé en essayant de la satisfaire, toutes peurs à l'origine de la « mâle peur ». C'est la maîtrise de l'éjaculation qui permettra à l'homme de combler la femme totalement et sans se fatiguer. Alors c'en sera fini de ses craintes.

Ils aimeraient

Quand on demande aux hommes ce qu'ils aimeraient que les femmes leur fassent plus souvent ou mieux en matière d'érotisme, ils énumèrent un certain nombre de souhaits. Une vraie litanie.

Que les femmes soient intéressées par la sexualité. Toutefois, beaucoup d'hommes reconnaissent qu'elles le sont de plus en plus.

Qu'elles y prennent plus de plaisir et qu'elles le manifestent plus.

Qu'elles soient plus actives : initient plus, participent plus, innovent plus.

Qu'elles parlent plus, en particulier qu'elles encouragent et admirent leur homme. Et surtout, qu'elles parlent pour lui apprendre leur corps sexuel et son fonctionnement : la situation du clitoris et du point G, la meilleure façon de les caresser, de les stimuler, les positions qu'elles préfèrent et les mouvements les plus aptes à les faire jouir. Qu'elles n'hésitent pas à guider l'homme de la voix et du geste.

Qu'elles disent ce qu'elles veulent et ne veulent pas.

Qu'elles ne « foncent » pas sur leur verge, ne « l'attaquent » pas d'emblée, même si elle se dresse. La difficulté des hommes – surtout des anciens – est de résister à l'impérieux appel de leur pénis qui les empêche d'étendre l'érotisme à l'ensemble des corps.

Qu'elles s'occupent plus et mieux du pénis : qu'elles lui donnent plus de caresses, plus de baisers, plus de succions (« fellations ») et de meilleures.

Qu'elles acceptent et réclament plus de baisers vulvaires (« cunnilingus »).

Qu'elles initient ou acceptent plus de « positions ».

Qu'elles s'occupent mieux de leurs propres orgasmes et n'en laissent pas l'unique responsabilité à l'homme. En tout cas, qu'elles ne simulent jamais. Feindre empêche tout progrès, alors que dire la vérité oblige à rechercher les causes et à améliorer ses façons d'être et de faire.

Qu'elles fassent plus souvent l'amour. Rappelons les fréquences moyennes pour des adultes de 25 à 35 ans, 6 % des couples font l'amour tous les jours, 70 % deux fois par semaines, parfois trois, 21 % une fois par semaine, 2 % une fois par mois, 1 % encore moins. Ces moyennes ne sont pas une obligation, chacun a le droit d'avoir son tempérament, son rythme, et s'en trouvent bien.

Qu'elles fassent l'amour plus souvent en dehors des créneaux horaires habituels qui, selon des enquêtes sont : le matin au réveil pour 12 % des couples (sans doute à cause du « réveil triomphal » de l'homme, autrement dit de son érection en fin de nuit), à la sieste pour 13 %, le soir au coucher pour 48 %. Les hommes voudraient faire l'amour plus souvent l'après-midi ou dans le courant de la nuit.

Inversement, qu'elles acceptent sans ressentiment que les hommes n'aient pas envie de faire l'amour et qu'ils ne puissent bander.

Les hommes nouveaux revendiquent le droit de ne pas bander systématiquement. D'une façon générale, ils voudraient que les femmes les libèrent de l'obligation de performance.

Qu'elles fassent plus de strip-teases avant de venir les rejoindre pour le corps-à-corps.

Enfin, qu'elles vantent et chantent à leur tour la beauté du corps et du sexe de leur compagnon, qu'elles louent sa nudité – comme les hommes le font avec la nudité féminine – qu'elles apprécient telle ou telle partie, qu'elles contemplent, tel ou tel détail, qu'elles admirent sincèrement l'organe mâle, après tout c'est bien l'acteur de leurs plus grandes joies et de leurs voluptés suprêmes. Qu'elles en finissent avec leur ressentiment envers ce phallus coupable d'avoir instauré la phallocratie. Le nouvel homme a tourné la page du machisme, que les femmes lui accordent son pardon.

Ils n'aiment pas

Il y a des comportements féminins que l'homme n'apprécie pas et qui lui donnent envie de fuir.

Les hommes n'aiment pas les femmes qui manquent de féminité, ou pire celles qui sont grossières et vulgaires.

Ils ne supportent pas les femmes possessives qui épient ou espionnent.

Ils supportent mal les femmes dominatrices ou agressives et celles qui menacent leur liberté ou leur personnalité.

Ils n'aiment pas les femmes qui parlent trop de leur ex-amant, surtout quand elles font l'éloge de ses capacités érotiques. Ça les met en situation de compétition, ce qui réveille leur peur de ne pas être à la hauteur.

Ils ne sont pas à l'aise avec les femmes très intelligentes surtout si elles se montrent suffisantes. Mais ils s'ennuient avec les idiotes.

Les trop bavardes les agacent et les assomment.

Les désemparées et autres paumées, après un premier élan de compassion protectrice, finissent par les lasser.

Les femmes faciles, ils en usent éventuellement, mais ne les épousent pas.

Les hommes n'aiment pas les femmes trop maigres, ni les trop grosses, celles qui négligent leur apparence, les inélégantes, les mal vêtues, les mal maquillées, mal peignées, les poilues du visage ou des jambes, celles qui se laissent aller.

Mais, par-dessus tout, ils détestent les malpropres, dont la bouche, les aisselles ou le sexe émettent des odeurs de négligé.

Enfin, ils n'aiment pas, sur le plan sexuel, les femmes passives, froides, qui ne montrent pas d'intérêt pour le sexe.

CHAPITRE 12

L'HOMME ET LES CARESSES

Toutes les parties du corps ont une potentialité érogène, et peuvent être sources de sensations agréables, voire voluptueuses. Le domaine érotique est infini. À nous de l'explorer par l'entremise de la caresse. « Le génie de l'espèce humaine lui a fait inventer la caresse », écrit Gérard Zwang auteur de *La fonction érotique*. Encore fallait-il que l'extrême bonté de la Nature lui ait offert la main.

Par commodité, j'ai classé les caresses en trois catégories « géographiques » réparties en trois cercles concentriques. Au centre du corps est le premier cercle qui comprend les organes sexuels – quelques centimètres carrés de muqueuses hypersensibles. Autour d'eux est le deuxième cercle qui comprend le pubis, la face interne des cuisses, le périnée et la marge de l'anus – quelques dizaines de centimètres carrés de peau assez sensible. Au-delà se trouve le troisième cercle, l'immense surface cutanée qui va de la plante des pieds au cuir chevelu et totalise 2 000 cm^2 d'une sensibilité plus grande qu'on ne croit. Je rattache au deuxième cercle les seins, dont la sensibilité est exquise, toutefois plus chez la femme que chez l'homme, sauf exception, et en connexion avec les organes sexuels.

L'homme un être sexo-centré ?

Classiquement l'homme ne serait pas très amateur de caresses – en donner comme en recevoir – ; chez lui la sexualité se réduirait à la séquence pénétration-éjaculation du pénis, séquence rapide, brève et quasi compulsive, séquence rétrécie au premier cercle et sans fioritures, séquence où l'action l'emporte sur le ressenti.

Il est vrai que l'homme, en raison de son type d'érection, ressent une envie impérieuse, quasi irrésistible, de s'engouffrer dans le corps de la femme. Mais une femme révélée peut également ressentir un vif besoin d'être pénétrée, consécutif à la turgescence du manchon vasculaire qui entoure son vagin et qu'on peut aussi appeler « érection ».

D'autre part, de nombreux facteurs culturels ont détourné l'homme des caresses de la peau. L'homme ancien évite de s'en remettre aux mains d'une femme de peur d'en devenir esclave. À l'inverse, chez la femme, des facteurs culturels la prédisposent aux caresses. D'une part, il est admis que les femmes soient sensibles et caressantes ; d'autre part, la maternité est une école de caresses. Le fait que les hommes s'occupent de plus en plus de leur progéniture contribuera à éveiller un peu plus leur peau.

Enfin, les rôles et les travaux auxquels étaient confrontés les hommes les empêchaient d'aiguiser leur sensibilité cutanée. C'est la civilisation et la division du travail qui ont donné aux chasseurs, aux guerriers, aux cultivateurs, aux bâtisseurs, un cœur de pierre et des mains de fer.

Toutefois, si on la regarde au microscope, la peau de l'homme a la même structure et le même nombre de capteurs sensitifs que celle de la femme. D'ailleurs, avec la disparition des travaux manuels, on ne sait plus toujours distinguer à la vue et au toucher la main d'un homme de celle d'une femme. Apparaissent à l'horizon ces hommes nouveaux au cœur de soie et aux mains de velours.

Au cours de stages de « réhabilitation du toucher », j'ai pu faire des observations étonnantes.

Si, au cours des premiers séminaires des années 1988, les hommes étaient 1 ou 2 pour 8 ou 9 femmes, au cours des séminaires des années 1995 et suivantes, leur nombre atteignait 4 à 5 pour 6 femmes. C'est dire que la proportion d'hommes nouveaux croît joyeusement.

Au cours des premiers séminaires, il arrivait assez souvent que des hommes « craquent » : ils étaient pris d'angoisse, leur cœur s'accélérait, la tête leur tournait, il arrivait qu'ils vomissent. Ces faits sont devenus plus rares. Explication : l'homme porte dans son inconscient collectif, depuis des milliers d'années, l'interdit du toucher, interdit qui a été renouvelé dans sa vie individuelle ; quand on le touche, il supporte mal la révélation du bien-être et du plaisir que ça lui apporte et prend conscience du manque abyssal qui est en lui depuis sa naissance. C'est surtout le cas d'hommes dont la mère ou la compagne se sont montrées très frustrantes. On voit à quel point les hommes ont été tenus loin du toucher.

Ayant demandé aux participants de ces stages de se bander les yeux, je leur ai proposé de donner une note de 1 à 5 quant à l'agrément (bien-être, douceur, magnétisme) que leur procureraient les mains successives qui toucheraient et masseraient leurs propres mains. Il s'est avéré que la note supérieure était attribuée aussi bien à un homme qu'à une femme, ce qui prouve que fondamentalement l'homme est aussi apte à toucher que la femme.

LES HOMMES CHANGENT

Les hommes changent et changent la sexualité masculine. Les hommes prennent conscience que le terrorisme de la « virilité » patriarcale les a mutilés de leur *anima* – leur yin –, a étouffé leur sensibilité et rétréci leur sensualité, le tout aboutissant à une relation sexuelle réduite à une éjaculation obtenue en deux minutes. Ils rêvent de sortir de la « génitalité » : élargir l'échange sexuel à l'ensemble du corps, explorer toutes ses facettes, découvrir ses multiples zones érogènes et y percevoir d'autres sensations. Ils rêvent aussi de n'avoir plus à se contraindre au seul rôle actif et de pouvoir goûter à la réceptivité et à l'abandon. Et de ralentir le temps jusqu'à le suspendre. Ceux qui commencent à réaliser ces rêves, à découvrir des bonheurs sensuels plus doux, plus subtils et à les savourer.

L'homme qui se convertit à cette forme de relation s'aperçoit qu'il est plein de créativité. Comme si sa vraie personnalité se révélait et qu'il voulait se rattraper des années perdues. Finie la routine, voilà qu'il imagine toute sorte de variétés de caresses, voilà qu'il est attentif à chaque centimètre carré de peau.

Alors, il se situe dans un autre érotisme, plus total, plus partagé, qui apporte non seulement plus de plaisir, mais aussi un ressourcement et un apaisement. Ressourcement : les sensations multiples et étendues, en faisant circuler l'énergie et en la répartissant à chaque point du corps, effacent la fatigue physique et psychique. Apaisement : les endorphines libérées par la stimulation de la peau lèvent la tension nerveuse et allègent le stress. Bien souvent, quand les hommes sont préoccupés ou fatigués, ils disent « qu'ils n'ont pas la tête à ça » et refusent de se laisser toucher ; mais ce faisant, ils refusent le traitement même de leurs tensions nerveuses et de leur fatigue. Qu'ils décident donc à cet instant de se laisser toucher ou masser : au niveau des trapèzes par exemple, cette zone qui va du cou aux épaules et qui porte le poids des tracas ; ou bien au niveau du cuir chevelu ; ou bien au niveau des pieds. Alors, ils constateront au bout de quelques minutes qu'ils se détendent et se régénèrent miraculeusement.

Enfin, l'homme qui accède à cet érotisme total découvre que l'union sexuelle avec la femme aimée est plus complète, qu'elle est une vraie communion et qu'il en reste, après l'échange, une harmonie heureuse et durable.

God save the Queen !

Les femmes ont reçu du Destin toutes les prédispositions à la tendresse et à la caresse. L'immense majorité d'entre elles les ont utilisées pour offrir aux enfants et aux hommes des trésors de bonheur. Quelques-unes, toutefois, les ont négligées et ne s'appliquent guère à faire jouir à la perfection la peau (ou le sexe) de leur compagnon. La gente féminine ne comprend pas qu'elle a ses douées mais aussi ses rapides, ses égoïstes, ses malhabiles, ses ignares, ses paresseuses.

La récente libération de la femme a causé quelques « dommages collatéraux » sur le plan de la caresse. Dans leur juste révolte contre le statut infamant que leur avait imposé le patriarcat, les femmes ont dû développer leur *animus* ; hélas, certaines ont cru devoir aussi éteindre leur *anima*, ce qui les rend moins tendres et moins caressantes. Au même moment, les hommes tentaient de développer leur *anima*. Cette divergence d'évolution n'est pas bonne pour l'harmonie entre les deux parties de l'humanité. S'il vous plaît, que chacun laisse s'épanouir sa part féminine ! La féminité n'est-elle pas l'avenir de l'humanité ?

La peau, un tissu extraordinaire

Les caresses du troisième cercle concernent toute la surface cutanée, c'est-à-dire la peau (les marges des sexes et les sexes eux-mêmes faisant partie respectivement du deuxième et du premier cercle).

On a longtemps cru qu'elle était un simple tissu d'emballage du corps, une sorte de cuir. En fait, elle est aussi un organe sensoriel : elle contient le sens tactile – ou toucher – qui se révèle être le sens le plus étendu et le plus riche. En effet, il s'étend sur 18 000 cm^2 et est riche de 1 500 000 récepteurs sensitifs (chaque cm^2 en contenant

5 à 135 selon les sites). La peau n'est donc pas un sens grossier, contrairement à ce que l'on croit, elle est aussi fine que les sens dits « nobles », telles la vue et l'ouïe. Bien sûr, c'est la peau des mains, et tout particulièrement celle de la pulpe des doigts, qui est la plus sensible. Ici, la densité des récepteurs atteint 135 au cm^2.

Il est important de savoir que la surface que représente la main est aussi vaste que celle que représente l'addition du tronc, des bras et des jambes ; c'est dire que le nombre de neurones sensitifs qui partent de la main est presque aussi important que le nombre de ceux qui partent de la surface totale du corps (moins la bouche). C'est dire aussi combien le toucher – les caresses, les étreintes, les massages, etc. – aura d'impact érotique et psychique.

La peau est le siège d'une énergie que la science occidentale ignore, mais que les médecines orientales ont bien étudiée et utilisée. Cette énergie provient de l'énergie universelle qui parcourt le cosmos – le Ki – ; elle circule à travers le corps, et spécialement à travers la peau, où elle emprunte des voies propres : les méridiens. La bonne santé dépend de la quantité totale d'énergie et de sa libre circulation. Nul doute que le toucher amoureux met en œuvre cette énergie : entre les peaux des partenaires, particulièrement celle de leurs mains, se produisent des échanges énergétiques qui entraînent des charges, des décharges ou des mouvements d'énergie.

Sans doute, ces multiples échanges d'énergie qui se produisent dans l'intimité, sont-ils à l'origine de l'effet antifatigue et réénergisant que l'on ressent dans les contacts entre les corps. Aussi, les hommes qui rechignaient autrefois aux caresses et autres massages, sont actuellement les premiers à les réclamer depuis qu'ils s'en trouvent revigorés.

Un autre rôle de la peau, c'est d'être émettrice d'odeurs. Or les odeurs ont un rôle considérable dans l'érotisme. Elles ont des répercussions émotionnelles profondes, soit agréables (bouffées de bonheur, bien-être, attirance, etc.) ou désagréables (mal-être, répulsions, etc.). Intervient ici la mémoire des odeurs – mémoire olfactive qui siège dans l'amygdale limbique – qui fait qu'une odeur actuelle nous renvoie à une odeur du passé, laquelle peut être associée à un événement heureux (un fait lié à notre mère, un amour d'enfance, la première fille caressée, etc.) ou pas.

Certaines odeurs, constituées de molécules odoriférantes appelées « phéromones », font office de messagères du désir. Inhalées, elles stimulent, par muqueuse nasale interposée, le centre de la pulsion sexuelle – situé dans l'hypothalamus. C'est ainsi que naît le désir.

L'homme a toujours été sensible aux odeurs de la femme (odeur de sueur, odeur de sécrétion vulvaire, etc.). Toutefois, les odeurs cessent d'être aphrodisiaques lorsqu'elles vieillissent – trop – car des bactéries dégradent les molécules.

Le besoin de stimulation cutanée

Les hommes ont moins de réticences envers les caresses depuis qu'ils savent que le besoin de stimulations cutanées est un besoin biologique fondamental aussi vital que le besoin d'air, de nourriture et d'eau. De nombreuses observations ou expérimentations ont prouvé que, faute d'être touchés, les petits des animaux ne peuvent pas se développer normalement. De même, de multiples observations – dans les maternités, les orphelinats, les hôpitaux – montrent que les humains, les enfants comme les adultes, ne peuvent jouir d'une bonne santé et d'un bon équilibre psychique s'ils ne sont pas touchés affectueusement.

La stimulation de la peau a de nombreux effets positifs, entre autres : elle accroît la vitalité, elle décontracte les muscles et les viscères, elle active la circulation veineuse, etc. Mais ses actions les plus importantes concernent le psychisme, ce sont ses effets psychotropes : elle est relaxante, tranquillisante et antidépresseur. Ces effets sont dus aux endomorphines que l'hypothalamus sécrète quand la peau est caressée agréablement. On peut aussi les expliquer par le fait que le toucher constitue un langage qui exprime la sollicitude et la tendresse que le partenaire nous porte et qui rompt notre angoissante solitude.

La caresse d'amour gratuite

La caresse peut se donner en prélude au coït, ou en postlude succédant à l'union, ou s'offrir gratuitement sans intention de coïter. La caresse gratuite a pour seul but d'offrir du bien-être à son partenaire sans envisager la pénétration. Après tout, ce que l'on cherche dans l'union sexuelle c'est la volupté et l'apaisement, or une séquence de caresses et de massages apporte l'un et l'autre. Certes la volupté n'est pas d'un mode explosif, mais elle atteint souvent l'euphorie.

Bien entendu, quand les partenaires souhaitent une séance de caresses gratuites, la femme devra éviter d'aborder le pénis, sinon, celui-ci affriolé réclamera son dû, c'est-à-dire le soulagement par éjaculation (par branlage, par fellation ou pénétration). Et c'en sera fini de la caresse, car l'homme assouvi n'a plus ensuite, le plus souvent, envie de caresser la peau.

La caresse de préliminaires

Pendant longtemps, en Occident et dans la majorité des pays du monde – en particulier ceux sous influence occidentale – la plupart des hommes « prenaient », « sautaient » les femmes sans demander leur avis et sans les caresser préalablement, c'était des formes de viols, des « viols conjugaux ». Ce peu de considération pour la femme et pour son plaisir était le résultat d'une misogynie ambiante d'une part, et de la répression sexuelle instaurée par les religions chrétiennes d'autre part. Par contre, en Orient, depuis plus de 6 000 ans, les arts érotiques enseignaient l'importance des préludes et les décrivaient avec poésie et force détails.

Depuis « l'émancipation » de la femme qui a acquis le droit au plaisir, depuis la libération de la sexualité et depuis l'avènement de la sexologie, les hommes savent bien qu'il faut préparer la femme à l'union. Préparer signifie accroître son envie de faire l'amour (au cas où son désir somnolerait), provoquer sa lubrification afin que l'échange se passe bien pour les deux partenaires et améliorer la turgescence de ses corps érectiles (clitoris, vulve, gaine vaginale) afin que son plaisir soit optimum.

Toutefois, il existe deux sortes de préludes en fonction de la mentalité de l'homme : d'une part, les préludes de tacticien qui visent à exciter la femme dans le but de faire tomber la place. C'est plutôt le cas des hommes anciens. D'autre part, les préludes d'amoureux qui visent à préparer la femme afin qu'elle ait plus de confort et de plaisir. C'est le cas des hommes nouveaux.

Ce qu'il y a de neuf avec le nouvel homme n'est pas seulement qu'il pratique les préliminaires, mais qu'il prenne plaisir à les offrir, qu'il les prolonge et y mette autant de tendresse que d'art. Il est d'ailleurs récompensé car la femme bien prête accueille merveilleusement le pénis dans un vagin bien ouvert, lubrifié et brûlant, ce qui augmente la volupté de l'homme. Ensuite, elle jouit plus facilement et plus fort, ce qui réjouit l'homme. Enfin, elle atteint plus facilement l'orgasme, ce qui comble l'homme.

Mais il y a quelque chose de plus neuf encore avec l'homme nouveau en matière de préliminaires, c'est qu'il en veut pour lui-même : il veut des baisers et des caresses sur toute la surface de son corps et en tire beaucoup d'agrément et de plaisir. Bien sûr, au début, son pénis se tend et trépigne, mais lorsque les caresses s'étendent à tout le corps, il se détend. S'il le faut, la femme peut aider le pénis à s'apaiser et à patienter : qu'elle le saisisse prestement et le serre dans sa main, sans le branler et qu'elle lui donne quelques baisers subtils en lui parlant : « Rassure-toi, je vais m'occuper de toi… Patiente, je vais faire le tour de ton propriétaire et je reviens. » Après avoir offert ses caresses à toute la surface de l'homme, elle reviendra au sexe. Alors, l'homme atteindra un niveau d'orgasme bien supérieur.

Les caresses de postlude

Ce sont les cajoleries que les partenaires se donnent après avoir communié dans l'orgasme. Autrefois, on les négligeait. Toutes les confidences des femmes contiennent les mêmes plaintes : après avoir « tiré son coup », l'homme ancien se détache, roule sur le côté et plonge dans un profond sommeil, à moins qu'il ne s'asseye dans le lit pour fumer une cigarette, pire, se lève pour se laver et aller vaquer à ses occupations.

• Que l'homme s'endorme peut se comprendre, il vient d'accomplir un effort physique plus ou moins prolongé (entre 5 et 45 minutes). De plus la volupté qu'il a obtenue a déversé dans son cerveau une bonne quantité d'endomorphines dont on connaît le pouvoir sédatif. Enfin, la fameuse phase réfractaire qui suit son orgasme est marquée non seulement par une chute de son érection et de son désir, mais aussi par une certaine apathie mélancolique.
• Que l'homme se détache s'explique par les mêmes raisons. Mais il faut y ajouter une raison de plus : le guerrier qu'il est resté au fond, n'aime pas ces moments où le cerveau ivre, le corps las et le sexe mou, il s'effondre dans les bras de la femme, comme si la femme l'avait vaincu. C'est encore la « mâle peur » qui transparaît ici.
• Que l'homme soit triste se conçoit aussi : en lui, plus ou moins conscient, il y avait ce rêve de fusion absolue, de retour au paradis perdu (la vie fœtale, la vie infantile). Il a jailli quelques instants à ce zénith, puis il en est retombé s'écrasant sur le non-sens de cet

acte uniquement mécanique à propos duquel le médecin grec Galien écrivait : « Tout animal est triste après l'amour… »

Il en va autrement pour l'homme nouveau. L'union sexuelle, il la pratique comme une longue communion sur le mode de la « caresse intérieure » (rendue possible par l'art du contrôle de l'éjaculation). Son orgasme, il en a fait une extase et lui a donné un sens élevé. Donc, au lieu d'être fatigué, il est revigoré et comblé. Alors il reste niché contre sa compagne pour prolonger le temps de la fusion où on ne fait qu'un, le temps de l'euphorie où l'on se trouve dans un état de conscience extraordinaire.

CHAPITRE 13

GÉOGRAPHIE SENSUELLE

Je ne vais pas vous dresser un atlas érotique complet, mais vous décrire quelques agréables itinéraires au pays du plaisir. Votre imaginaire ensemencé, « l'esprit caresse » inculqué vous pourrez joyeusement parcourir le monde de la peau et y cueillir tous les bonheurs possibles.

Un principe : prenez votre temps, faites tout lentement. Un conseil : n'hésitez pas à vous exprimer, à dire ce dont vous avez envie, comment il faut faire, n'hésitez pas non plus à guider de la main. Petit truc : la façon dont l'autre vous caresse, vous indique comment et où il aimerait être caressé.

La main peut agir de cent manières, le massage en est une. Le plus souvent la main masse sans le savoir, c'est-à-dire spontanément, d'instinct. Mais elle peut le faire savamment : on peut apprendre à masser, il existe des méthodes et endroits nombreux où on peut se former ; il est indéniable que cela apporte un plus. Mais il faudra intégrer la méthode dans l'échange amoureux et noyer la technique dans la tendresse et l'érotisme.

Le bain

Donner un bain à son aimé, c'est sans doute une des façons les plus complètes et les plus suaves de le caresser.

Voilà votre aimé plongé dans l'eau chaude parfumée. Relaxé, abandonné, il est à vous. Commencez par le shampooiner à deux mains ce qui revient à lui offrir un merveilleux massage du cuir chevelu que vous pourrez étendre au cou et au visage. Le savon et sa mousse facilitent les mouvements de vos mains, qui alors glissent dans les cheveux. Massez, frictionnez, grattez. Prenez toute la tête, du front à l'occiput en passant par le sommet, en tournant sur les tempes. Débordez sur le cou, enveloppez le visage. Puis rincez. Plaisantez, riez. Allez embrasser son front, cette fois tout ruisselant. Ajoutez-y sa bouche toute mouillée. Maintenant, séchez sa tête avec une serviette éponge. Frictionnez hardiment ses cheveux, tamponnez doucement son visage, essuyez délicatement ses oreilles. Il tend sa bouche, mordez-la lui.

Demandez ensuite à votre homme de s'asseoir et occupez-vous de savonner ses épaules, ses creux axillaires, ses bras, ses mains, tout à la suite, puis allez sur le torse et lavez-le en large et en travers ; enfin, partez sur le dos, et après l'avoir fait se pencher, astiquez-le le plus sensuellement possible. C'est l'occasion de glisser vos mains sur toutes ses facettes, ses arrondis, ses creux, ses plats, de les explorer, de les bien sentir, d'en profiter. Chaque détail est agréable, je ne peux les citer tous. Par exemple : savonner en palpant ses pectoraux, savonner en les enveloppant et en les étirant. C'est délicieux pour votre homme, c'est extrêmement savoureux pour vous. C'est une façon autre de vous offrir et de vous prendre.

Que votre homme s'allonge désormais et s'immerge. Priez-le alors de vous tendre ses jambes, l'une après l'autre. Savonnez d'abord ses pieds, en vous attachant à bien appuyer sur les plantes avec la pulpe de vos doigts de façon à réaliser une sorte de massage. Remontez ensuite le long de sa jambe en la tripotant aussi consciencieusement. Gagnez enfin la cuisse en la pressant à pleines mains, en tournant autour. Prenez votre temps, faites durer le plaisir qui est un délice pour vous deux. C'est particulièrement excitant pour la femme de manier ces membres noueux, musclés, puissants, ces membres sur lesquels l'homme s'arc-boute pour s'ancrer en elle à l'instant de se conjoindre. Ici aussi, chaque détail vaut son pesant d'or, mais s'il fallait en retenir un, c'est le savonnage des pieds sur toutes leurs facettes que je retiendrais. Il faut l'exécuter (comme on dit d'une œuvre de musique) posément en détaillant chaque note, alternant la subtilité et la fermeté. N'oubliez pas de glisser vos doigts entre les orteils, de saisir chaque orteil entre pouce et index, de le tordre légèrement, de le tirer carrément. Résisterez-vous alors à l'envie de sucer les orteils un à un ? Et même de les mordiller de l'extrême bout des dents ?

Ayant reposé ses membres inférieurs dans l'eau, allez imprimer un gros baiser sur la bouche de votre homme, il en a bien besoin et vous aussi. Une fois tous deux bien repus, demandez-lui de se mettre à genoux dans la baignoire. Et entreprenez le savonnage le plus excitant qui soit, celui de toute la zone centrale : le ventre, le pubis, le pénis, les testicules, l'entrecuisse, le sillon inter fessier avec en son fond l'anneau anal et enfin les fesses. Tout est enivrant. Bien évidemment, les passages sur le pénis et l'anus sont les points les plus forts.

Réservez la toilette du pénis pour la fin et donnez auparavant tous vos soins à l'astre anal. Savonnez consciencieusement le vestibule qui le précède, puis l'orifice lui-même et ses plis radiaires. Ce ne sont pas tellement des sensations érotiques que votre homme ressentira mais plutôt une impression de redevenir un petit garçon que sa mère lave avec amour. Une forme d'abandon-régression très émouvante pour tous les deux. Vous pouvez enfin en venir au pénis. Sans doute le trouvez-vous quelque peu dressé ou même carrément bandé à fond. Alors, rien n'est plus exquis pour lui et savoureux pour vous que de faire coulisser votre douce main ensavonnée sur le fût mâle tendu vers vous. Sentir le contact de la verge gorgée, brûlante, glissante au creux de votre main vous excite magnifiquement. Quant à votre homme, de sentir son membre viril aller et venir dans votre paume bien huilée le transporte d'allégresse. C'est alors, qu'une envie irrésistible vous saisit : après l'avoir rincé derechef, vous vous penchez pour prendre cette merveille provocante dans votre bouche et la déguster suavement ; ce faisant, vous risquez gros : que votre homme, arrivé au même degré de flamboyance érotique, vous saisisse et vous bascule dans la baignoire.

Si votre homme se maîtrise, séchez-le comme un bébé. La prochaine fois, c'est lui qui vous donnera votre bain.

Ô VISAGE RADIEUX

Elle le dévisage, suivant les lignes et les reliefs de son visage, s'abîmant par instant dans son regard. Faut-il aimer pour regarder ainsi ! Faut-il se sentir aimé pour se laisser regarder autant ! Et quand leurs yeux se croisent, ils se sentent remplis l'un de l'autre. Faut-il s'aimer pour se voir si fort. Il n'y a rien d'autre à voir que l'amour qu'ils se portent et la confiance et la transparence.

C'est alors qu'elle tend une main vers le visage de l'homme et refait avec son index le chemin qu'avait fait son regard. Du bout de son doigt elle suit l'arcade sourcilière d'un côté, puis de l'autre, puis la crête du nez, la lèvre supérieure, la lèvre inférieure. Du bout de son doigt elle le redessine. Maintenant, elle contourne l'arrondi du menton, remonte sur les mâchoires puis sur le front, qu'elle traverse et redescend de l'autre côté. Tel un fusain qui trace le trait, son médius repasse plusieurs fois sur les saillies du visage.

Mais voici que d'esthète, la main se fait taquine. Elle veut maintenant éveiller quelques sensations friponnes. Lentement, légèrement la pulpe glisse sur l'ourlet des lèvres, celle d'en haut, celle d'en bas et sur les commissures. Des frissons, des chatouillis naissent à fleur de lèvres. Elle, elle voit bien la chair trémuler et après quelques tours, elle n'y résiste plus, se penche et pose un baiser subtil sur les frissons. Puis de la pulpe de l'index ou du médius, elle va jouer sur les sourcils, les lissant ou les rebroussant, sur les tempes où elle tourne quelques arabesques, sur les joues où elle trace quelques tendresses. L'homme est aux anges. Alors la femme va embrasser ses sourcils, ses tempes, ses joues. Baisers appuyés. Gourmands baisers.

Sous les doigts, sous les lèvres, le visage se détend, s'ouvre, s'offre. Plus aucun muscle n'est crispé, plus aucune peau n'est plissée, plus aucune ombre posée. On n'y lit plus de méfiance, de prudence, de retenue, de douleur, de rancœur. C'est le visage d'un homme avant que la vie ne l'érafle, ne le creuse, ne l'effraie, ne le déçoive. « Oui, je crois en toi. Oui, je te laisse entrer au plus près de moi ». Et l'homme de révéler son visage d'enfant.

Voilà que la femme réunit ses doigts et élargit sa main, et la passe sur les joues de l'homme, la passe et la repasse, sur l'endroit, sur le revers, lentement. Sur le front elle fait de même, tandis que ses yeux se glissent dans les yeux de l'homme. Alors, les yeux de l'homme se mouillent. Ils voient le visage de la femme à travers le prisme de leur eau. Visage d'une infinie douceur, visage même de l'amour. Le temps se brouille, le temps se perd, le visage tremble. Et tout se mêle. D'un temps sans âge monte un bonheur sans limite. Et tout se confond.

Combien d'hommes les femmes verraient-elles pleurer si elles osaient toucher tendrement les joues de leur aimé. Là, sous le masque du guerrier, du blessé, du blasé, sous la persona de la vie quotidienne, elles trouveraient l'enfant. Qu'elles s'offrent le luxe, par une indépassable tendresse, de le laisser sourire un instant.

L'AMOUR EN TÊTE

Question caresses, les hommes, il ne faut pas les prendre de front. Ils rentrent à la maison, le soir, sur leur lancée professionnelle. L'intellectuel est encore tout dans la tête, loin de son corps, cette contingence indigne de son intelligence ; de sa part, penser à des caresses, ou pire en réclamer, c'est inconcevable. Le manuel, lui, est encore tout dans l'action, son corps est fait pour fonctionner, pour transformer ; les caresses il n'y pense même pas, c'est le contraire d'agir, c'est la passivité même. Et pas loin, derrière ces raisonnements il y a des restes de préjugés machistes : un homme ça ne s'abaisse pas à la tendresse, ça ne se prête pas à la sensibilité, ça reste à distance de tout ce qui peut amollir, faire se pencher, faire s'en remettre.

Pourtant, que les femmes n'oublient jamais que, quoi qu'ils disent, les hommes aiment qu'on les touche, que leur peau est avide et jouisseuse. Alors quand ils rentrent, qu'elles les laissent se poser, se décanter, s'apaiser. Ensuite, elles l'introduiront subrepticement dans le jeu.

Et puis il y a de plus en plus d'hommes nouveaux, ces hommes subtiles dont la peau n'est pas ou n'est plus enfouie sous une épaisseur de cerveau ou de technique ou de machisme. Ceux-là vont vers vous, la femme, vous prennent dans leurs bras, vous cajolent la nuque et les reins. Et disent : « Viens s'il te plaît, viens j'en ai plein le dos. Viens me caresser, viens me masser. »

Faites asseoir votre homme sur une chaise ou sur le bord du lit et posez vos mains sur sa tête. D'abord, sans bouger, comme si vous lui imposiez les mains. Vous respirez calmement. Vous respirez ensemble d'un même souffle paisible, dans le silence. Entre vos mains et le crâne de cet homme quelque chose passe, qui rassure, qui décante. Ses idées s'apaisent ? Il rentre en lui, il se rassemble, il se met à l'écoute de lui.

Alors vos mains s'éveillent. Là où ils sont, vos doigts s'activent, ils se plient et se déplient massant du bout de leur pulpe le cuir chevelu à travers les cheveux. Déplaçant vos mains, vous massez de la même façon un autre pôle du cuir. Et voilà que le sang et l'énergie qui stagnaient ici et là se mettent à circuler. Ce cuir qui était comme mort ou engourdi se remet à vivre. Il chantonne et rit. Des idées légères, des idées heureuses lui passent à l'intérieur.

Vous, son amie, vous allez de vos mains du sommet du crâne à l'occiput tout derrière et de l'occiput au front tout devant. Puis tournez autour du crâne, tantôt massant franchement, tantôt griffant légèrement. Passant au-dessus des oreilles, vos mains font quelques pas sur place. Glissant dans les fossettes de la nuque, elles y patinent gaiement. Les fossettes sourient et leur sourire se projette dans la tête, dans le cou, dans le dos.

Maintenant, vos doigts, s'écartant nettement, se courbent et tel un peigne passent dans les cheveux, ébouriffant leurs mèches, labourant leurs racines. Puis ils se resserrent et, réunis, massent à pleines mains, cette fois le sommet de la tête et toute sa couronne. Les sensations sont délicieuses, remplissant la tête, et même le corps, de bien-être, de paix, d'euphorie. Arrivés à hauteur des oreilles, voilà qu'ils descendent vers elles et les recouvrent. Puis les prenant entre pouce et grands doigts, ils les palpent et les froissent comme ils feraient d'un échantillon de tissu, voilà qu'ils les pressent et les « repassent » comme s'ils voulaient les déchiffonner. L'homme est sidéré. Impression bizarre et joyeuse qu'aucune partie de son corps n'est étrangère à cette femme. L'oreille, c'est fait pour entendre, pas pour être heureuse. Et pourtant cette caresse insolite la rend heureuse et l'homme heureux. D'un bonheur en écho. Qui donc m'a déjà touché l'oreille ?

Odeur de savon. Voix de femme. Douceur d'éponge. Et la douce serviette qui essuie le creux de l'oreille et passe derrière. Et les copains qui appellent dans le jardin. Et la mère : « Attends donc, tu n'es pas sec ! » Et la tête du gamin qui file entre les plis de la serviette. Et les cris de joie qui l'accueillent dehors.

Gros bras et fins plis

Même si votre homme est un gros bras, un costaud des Batignolles, ou un lanceur de poids, il a sur les bras une faiblesse, une zone fragile ou plutôt un point sensible. Quand il roule des mécaniques face à la faible femme que vous êtes, quand il rentre « remonté à fond » contre un arbitre, ou contre son patron, n'essayez pas de le contrer par de vaines paroles. Il n'y a rien à dire, il n'y a qu'à faire.

Entre les biscotos du bras en haut, et ceux de l'avant bras en bas, il y a un pli, le pli du coude. La peau y est glabre et fine. Sans rien dire et sans avoir l'air d'y toucher, posez-y la main bien à plat. D'abord ne la bougez pas. Toute posée qu'elle est, elle agit déjà, soyez en sûr. Par la chaleur qu'elle irradie, par le magnétisme qu'elle dégage, et grâce à l'extrême réceptivité du pli. Regardez : votre homme était affirmatif, il avait le verbe haut, maintenant sa voix a baissé d'un ton, ses gestes se sont ralentis.

C'est le moment de le guider vers une chaise. Il s'assied et vous vous asseyez près de lui. Alors, votre main peut se mettre en chemin. De la pulpe de vos doigts glissez sur le pli, en travers puis en long dans l'axe du bras. Très lentement. Maintenant, remontez un peu plus haut sur le bras, puis descendez un peu plus bas sur l'avant du bras. Frissons et soupirs garantis. Votre homme se détend, ses épaules s'arrondissent, son thorax se relâche. Il ne dit plus rien du tout. Il souffle. Mais à la longue, ça pourrait le chatouiller, ce qui deviendrait plus agaçant que voluptueux. Alors, il vous faut sortir un ongle et gratter ou plutôt rayer la fine peau du creux, en large et en travers et remonter à nouveau sur le biceps et descendre aussi sur l'avant bras. Toujours, il faut diffuser les sensations. Votre homme soupire de plus belle et vous regarde langoureusement.

Mais ce n'est pas tout. Glissez votre main derrière son bras et promenez-la sur la face postérieure puis à l'intérieur entre bras et thorax. Là est une peau d'une grande finesse, lisse et d'une sensibilité chavirante. L'homme en frissonne et à chacun de ses frissons il suspend sa respiration, halète. C'est le moment pour la femme d'imprimer ses ongles dans la tendre peau, puis de les déplacer en rayements continus (« la luge ») ou en empreintes discontinues (« le pas du canard »). Mais la femme sait qu'il ne faut pas laisser le temps à l'homme de s'habituer à une sensation, aussi voilà qu'elle pétrit le triceps (le muscle de derrière le bras). Bientôt elle retournera au pli du coude, y alternera des effleurements et des griffures, des frôlements et des pinçons.

Mais voilà que l'homme se lève de sa chaise, tire sa femme par la main, la mène dans la chambre, l'allonge dans le lit. Laissons-les, ils sont aux mains de l'amour.

Réplique au poignet

L'autre faiblesse, ou plutôt l'autre zone de bonheur du bras masculin, est le pli du poignet. Même peau glabre et sensible. Là, entre son puissant avant-bras et sa main qui craque des noix comme des bulles de savon, s'alignent quelques fines stries. On dirait sur sa peau quelques rides de sable laissées par la marée. Passez doucement dessus la pulpe d'un doigt et allez au-delà : remontez sur l'avant-bras, puis descendez dans la paume. Il faut, quand vous entamez une caresse, déborder l'épicentre et intéresser le voisinage ; ce n'est qu'ensuite qu'il faut se concentrer sur le pli exquis. Vous y êtes : de la pulpe du médius cascadez sur les plis, d'avant en arrière et retour, très lentement, plusieurs fois. Faites-le ensuite dans toutes les directions. Remplacez maintenant la pulpe par l'ongle et tracez les mêmes figures. Puis frottez cette zone du poignet de votre ami avec la même zone de votre propre poignet, doucement. Vous vous donnez des douceurs tout en procurant à autrui.

Le moment est venu de poser votre bouche sur les plis. Appuyez longuement comme le ferait une nonne sensuellement mystique sur une médaille de Jésus. Puis faites ce que celle-ci ne ferait pas : sortez un bout de langue et titillez les plis. Frissons garantis chez votre haltérophile qui commence à baisser la garde. Pendant que vous y êtes, glissez votre langue dans le creux de sa paume, qu'elle y fasse quelques pointes effrontées, qu'elle s'y applique en ferventes et troublantes léchettes. Votre homme soupire, vous avez trouvé juste. Alors battez la chair pendant qu'elle est chaude : allez glisser votre langue dans les espaces entre les doigts, sur les ébauches de palmes, c'est très sensible et la sensation insolite. Cette peau de main est très honorée par votre attention et trouble l'homme. Poussez votre avantage et n'hésitez pas à embrasser et suçoter les doigts ; ça a quelque chose de très intime qui achèvera de troubler votre homme, ce qui entraînera de sa part quelques réactions dont vous serez la bénéficiaire. Comme de sentir, par exemple, ses bras puissants se refermer sur vous.

Torses et tétons

La femme adore promener sa main sur le torse de l'homme : muscles carrés, toison bouclée, c'est fort de virilité. Et ça se soulève puissamment comme un soufflet de forge avec un bruit de vent sous les portes. Envie de taper du poing comme sur un tamtam. Envie de passer les doigts entre les boucles. Envie de frotter les pointes de ses propres seins et d'écraser les tendres globes sur le pelage du mâle.

La main féminine s'avance sur le thorax, s'y pose, se laisse soulever par les profondes inspirations. Puis se met à lisser les poils et à les peigner en recourbant les doigts. La femme frémit de tout son yin. L'homme est fier de tout son yang.

La femme découvre les tétons sous le pelage. Envie de les titiller, aimera-t-il ? Selon les enquêtes 30 à 50 % des hommes apprécient cette caresse, qui agace ou est même désagréable aux autres hommes. En vérité 99 % des hommes finissent par aimer et même par en tirer de grandes jouissances : il faut insister. Toutefois, le mamelon de l'homme étant moins pourvu de terminaisons sensitives que celui de la femme, il ne peut procurer les mêmes plaisirs extrêmes.

Votre ami renâcle ? A vous de tenter avec quelque insistance de le convertir aux voluptés mamelonnaires. N'attaquez pas d'emblée les petites baies, commencez par caresser les pectoraux tout autour d'une main légère qui décrit des cercles et des spirales. Puis malaxez l'ensemble du sein et de son pectoral sous-jacent. Après seulement, occupez-vous du mamelon. Commencez par l'effleurer par petites touches brèves et légères. Ce n'est qu'ensuite que vous l'aborderez franchement : pincements, étirements, torsions entre pouce et index alterneront, d'abord subtils puis s'intensifiant progressivement. Voilà que les mamelons s'érigent, alors vous pouvez insister car, une fois dépassé les premières impressions possiblement désagréables, le plaisir se révèle. C'est le moment de les lécher, titiller avec la pointe de la langue, presser avec les lèvres, sucer, mordiller. Et un jour, ce jour peut-être, des plaisirs exquis surgiront. L'homme s'excitant, sa verge se dresse. Continuez, ces plaisirs peuvent s'entretenir longtemps.

Si, dans une même séquence, après avoir insisté raisonnablement, le plaisir ne vient pas, ne forcez pas au-delà. Vous reprendrez l'initiation une prochaine fois. Il faut parfois un très long temps avant que le sein de l'homme ne s'éveille et devienne réceptif.

Et puisque, certes pour son bien, vous avez quelque peu énervé votre homme, offrez-lui une de vos caresses suprêmes, particulièrement apaisante et réunifiante : un massage de tout son corps avec tout votre corps. Votre ami est allongé sur le dos, nu. Vous êtes entièrement nue aussi. Massez-le avec toute la surface de votre corps. Approchez-vous de lui, à plat ventre. Frottez-vous sur son côté. Puis montez sur lui et frottez-vous sur toute sa face antérieure. Puis descendez sur son autre côté et frottez-vous sur son autre côté. Faites plusieurs va-et-vient sur lui de droite à gauche et vice-versa. Choisissez maintenant une partie de votre corps et massez-le avec cette partie. Vous avez choisi vos cheveux eh bien allez caresser de votre chevelure son visage, sa poitrine, son ventre, son pénis, ses genoux, etc. Vous avez choisi vos seins et bien allez offrir leur époustouflant massage au visage de votre ami, à son thorax, à son ventre, à son pénis, à ses cuisses, à ses genoux, etc. Vous ferez de même avec votre ventre, avec votre périnée. Je vous laisse imaginer la sidération et l'exultation de votre homme lorsque votre vulve s'appliquera à masser son visage, son torse, etc. Sans oublier le passage sur la verge. Un homme qui n'entonnerait pas des hymnes à la gloire de la femme au cours d'un tel massage serait un ingrat de la pire espèce.

Pour terminer votre éblouissante prestation allongez-vous à nouveau sur le corps transporté, quasiment en lévitation, de votre homme. Et roulez sur lui comme un rouleau à pâtisserie, de droite à gauche et réciproquement. Puis mettez-vous sur le dos et roulez sur lui à plat dos cette fois. Pour finir, allongez-vous à côté de lui, sur le dos et faites le basculer sur vous, qu'il vous masse de tout son poids tandis que vos bouches se mordent.

Beau dos, large dos

Comme il est large le dos de l'homme, lorsqu'il est couché sur le ventre, la tête tournée sur le côté, le bras au-dessus de celle-ci. De ses aisselles monte l'odeur mâle, encens mâtiné de matou, qui émeut tant sa compagne. Elle, de son regard, parcourt toute la surface du torse, d'une épaule à l'autre, descend par le centre vers la taille et de celle-ci ricoche sur les fesses. Fesses d'hommes, étroites, fermes, nerveuses rien qu'à voir.

Elle avance la main en direction du dos de l'homme, la pose bien à plat entre les deux omoplates, se faisant attentive à tout ce qui en émane et aux réactions de l'aimant. Elle sent l'ample respiration qui soulève les côtes et déplisse le poumon. Souffle de forge au ralenti. Paix et puissance. Elle s'apprête à cheminer à travers l'immense étendue dorsale, plaine beauceronne aux horizons lointains.

Elle remonte de la main la gouttière au centre du dos jusqu'à l'occiput. Sous ses doigts, les reliefs des vertèbres se succèdent de bas en haut. Elle gratte un peu dans la fossette occipitale puis dans les petites cuvettes de chaque côté. L'homme fait un « humm ! » de contentement. Ces fossettes sont chaudes et onctueuses. Les animaux aussi aiment bien qu'on les gratte là : ils ne bougent plus et prennent un air pensif, comme les hommes.

La femme hésite entre descendre tout droit le long de la colonne ou emprunter la courbe des muscles trapèzes. Ce sont les trapèzes qui attirent sa main. Haubans de muscles tendus de l'occiput à chaque épaule, le soir ils en ont assez de tenir la tête droite contre vents et marées. Les doigts de l'aimante passent leur pulpe légère sur eux de haut en bas puis de bas en haut, plusieurs fois. Ils font de même de l'autre côté. Puis les ongles remplacent les pulpes sur le même trajet, griffant juste pour taquiner. Mais les contractures sont telles qu'il vaut mieux masser : suivant sa courbe, la main palpe le trapèze, le pince entre pouce et doigts, le pétrit du talon de la paume pour déloger quelques crispations retranchées, quelques douleurs scellées. Ça fait mal et ça fait du bien en même temps, les haubans se détendent et bientôt le cou se croit en vacances. Ce n'est plus le poids du monde qu'il a à porter mais un ballon à jouer. L'homme soupire d'aise.

Alors la main de la femme peut emprunter la gouttière de la colonne vertébrale, cascader doucement sur ses petites bosses, glissant tantôt sur la pulpe des doigts, tantôt sur le bout des ongles. Arrivée au creux des reins, la main marque le pas. Elle sait que là, en contrebas, à la jonction entre les reins et le sillon interfessier est une zone d'une sensibilité très particulière : quand on la masse quelque peu du bout des doigts, une impression de bien-être en monte qui gagne tout l'organisme tandis qu'une envie de faire l'amour pointe le bout de son nez. C'est là qu'est la charnière autour de laquelle le corps de l'homme se plie et se déplie quand il se joint et s'articule au corps de la femme. Mais ce n'est pas présentement ce qu'ils veulent, aussi pose t elle simplement sa main à plat sur la charnière ; aussitôt chaleur, bien-être et paix s'installent dans le bas du dos de l'homme.

Ensuite, la main de l'aimée emprunte à nouveau, en remontant, la gouttière du dos ; mais cette fois elle va s'en échapper pour excursionner sur les côtés : sur la taille, sur les côtes. Toute sorte de figures se tracent en tous points de l'esplanade du dos : arabesques avec la pulpe ou l'ongle d'un doigt, larges caresses d'une pleine main posé à plat, rayement en râteau d'une main repliée, larges pincements en peau de lapin de la peau généreuse des flans, discrets pincements de la peau chiche des côtes ! etc.

Et voilà que les lèvres de l'aimante sont avides d'aller ensemencer ce grand plateau. La femme se courbe sur le dos révéré autant que désiré dans un mouvement de prosternation. Sa bouche se pose en un point où la colonne transparaît et appuie longuement. Puis elle gagne un autre point au-dessus, puis tous les points jusqu'au cou. De là, elle redescend en suivant ces mêmes points jusqu'à la taille, jusqu'aux reins. Ici, elle atteint avec ravissement cette charnière que la main avait déjà sollicitée. La bouche, en s'appuyant, procure le même bonheur, le même bien-être et cette même envie de plier et de déplier la colonne, comme dans le geste d'aller et de venir dans la femme. Maintenant, c'est de tout son visage qu'elle farfouille l'immense plaine dorsale, la labourant de la bouche, du nez, du front. Et voilà qu'elle se plante dans le creux axillaire ; là, excitée par les arômes du mâle, elle se lance dans de profondes inhalations pour en jouir au maximum. Plus excitée encore, elle s'en va mordre les rebords du cou de l'homme et souffler de l'air chaud dans sa chevelure. Alors, n'y tenant plus, elle se hisse vers les lèvres masculines, écrasées là-haut sur l'oreiller. Les bouches se rencontrent, les dents mordillent. Les amants se retrouvent face à face pour un dîner de bouches.

Les hommes aussi ont des fesses

Pleines, rondes, limitrophes du saint des saints – le vagin – que l'on peut aborder par l'arrière aussi bien que par l'avant, les fesses de la femme occupent toute l'avant-scène de l'érotisme et de l'esthétique. En comparaison, les fesses des hommes sont les parents pauvres, on ne les vante pas, ne les chante pas, ne les caresse pas. En plus, les hommes ne tiennent pas à ce qu'on s'y intéresse. Ça les gênerait qu'on regarde leurs fesses, qu'on en parle : ils ne sont pas des femmes, ni des homos.

La réhabilitation des fesses masculines vient des femmes : désormais, il y en a qui, depuis les terrasses des cafés, les regardent et les notent. Et même en dehors des terrasses. Et il y en a qui les caressent et qui aiment ça. Et il y a des hommes qui aiment ça, de plus en plus d'hommes.

Ces fesses-là sont fermes à voir et à palper, creusées d'un méplat sur le côté. Et nerveuses, c'est-à-dire promptes à se contracter au moindre effleurement, comme les muscles d'un étalon sous sa robe. Pour la main d'une femme, c'est attirant, c'est surprenant, c'est amusant. Elle les taquinerait bien mais ce quelque chose de sauvage qu'elles ont, rend circonspecte la main de la femme.

Il est vrai que les fesses de l'homme sont sensibles. Lui frôler fait un effet fou à son propriétaire mais il les serre aussitôt. Premièrement, il a peur de passer pour une « gonzesse ». Deuxièmement, il a des peurs d'ancien combattant : en tout homme il y a un guerrier qui veille depuis 20 000 ans ; or un guerrier a peur d'être surpris par derrière, en traître ; un guerrier a l'arrière sur le qui-vive. Ceux qui viennent par derrière, il faut s'en méfier, soit ils portent une arme cachée, soit ils dissimulent un pénis bandé prêt à effracter. Non merci.

Toi la femme tu montres patte blanche, mais quand même, laisse-moi m'habituer à toi, à l'approche de ta main.

Sa main, la femme l'a posée au sommet de la fesse masculine. Et voilà qu'elle la palpe et l'apprécie : « C'est du béton, ça ! » L'homme est rassuré. Il contracte ses fessiers un peu plus, pour confirmer. La femme resitue le contexte : « J'ai vu, tu peux te relâcher. Laisse tes muscles, écoute ta peau plutôt ». Elle avance sa main sur l'épiderme, d'abord une main bien pleine, bien appuyée, épousant les contours. C'est bon cette chair si dense, si vivante. La femme se régale. Et l'homme y prend goût, c'est bon la main de cette femme.

Celle-ci maintenant soulève un peu sa main et détache un doigt qu'elle promène en arabesques sur l'hémisphère. La peau frissonne d'aise, l'homme aussi. Le doigt en cet instant tourne de façon concentrique sur les fesses et dessine un colimaçon ou une cible. Puis il se met sur son ongle et raie doucement l'épiderme en tous sens. L'homme envahi de douceur s'abandonne. Mais voilà que la femme reprend la fesse à pleine main, la massant et la palpant. Douée entre toutes, l'aimée sait qu'il faut alterner tous les types de caresses : effleurer avec la pulpe, rayer avec l'ongle, palper à large paume, et même frôler avec le dos du poignet, etc.

Mais la bouche frémit, s'impatiente et, n'y résistant plus, elle s'abat sur l'hémisphère et lui imprime un baiser soutenu, suivi d'une pluie de bécots. Surprise, la fesse masculine se contracte soudain. « Détends-toi ! » lui dit la femme dont les lèvres glissent maintenant lentement sur la peau en long, en large et en travers. Quelques tours plus loin, elle arrête son périple pour darder une pointe de langue, puis reprend sa marche, s'interrompant régulièrement pour offrir une léchette. La langue est un peu râpeuse à la fesse, la fesse un peu rugueuse à la langue, ils vont bien ensemble.

L'homme ne sait pas encore à quelle ivresse son amie va le conduire, mais il est trop bien pour ne pas s'abandonner. Alors la femme, tout en laissant sa bouche posée sur la fesse, glisse subrepticement, une main aussi légère qu'une aile de pinson, sur le versant interne de la fesse. Cette peau est d'une extrême sensibilité. L'homme suspend son souffle. Va-t-il laisser faire ? C'est trop tard, c'est trop bon. Il est à la femme. Celle-ci descend encore un peu sa main de sorte qu'elle est l'aplomb du sillon interfessier et contacte et frôle à la fois les deux berges de la faille. Double sensation explosive. Oui, il ne lui reste qu'à se rendre aux mains de cette aimante. « Femme, fais de moi ce que tu veux ! » dit l'homme au fond de lui.

La femme a entendu ce qui n'a pas été prononcé. D'une main, elle tire une fesse d'un côté pour agrandir l'espace interfessier, de l'autre, elle entreprend un grand frôlement qui part du périnée en avant, passe dans un doux rase-mottes sur la marge de l'anus et aboutit en arrière à l'extrémité du sillon interfessier. Ses doigts sont des ailes, ses pulpes des plumes. Ils vont, ils viennent, ils virevoltent, se posent une fraction de seconde, repartent, c'est à en perdre la tête. Mais cette fois s'étant posé sur la marge de l'anus, le doigt n'en part plus et taquine durablement l'orifice ; petits mouvements de la pulpe, chatouillis mine de rien. À un moment donné, de façon tout juste perceptible, l'astre étant oint de salive ou d'une huile, le petit bout de doigt s'introduit extrêmement lentement. C'est un petit bonjour en passant. Le doigt est à peine coquin : des micromouvements pour dire son bonheur d'être reçu. L'astre, toujours surpris doit se faire à cette sensation puis se détend et apprécie l'intériorité et la force de cette caresse.

Mais il ne s'agit pas d'y séjourner, l'heure est à la fesse et plus précisément au sillon interfessier qui, ayant connu des flatteries digitales, voudrait goûter aux buccales et en particulier à celle de la langue. Celle-ci n'écoutant que son bon cœur entreprend de taquiner, lisser, lécher les versants internes des fesses, commençant par le haut et descendant progressivement jusqu'à atterrir immanquablement sur l'astre. Toujours très curieuse et insatiable, la pointe de la langue le titille subtilement puis y pénètre insolemment. L'homme n'a rien à dire, il n'a qu'à jouir, son plaisir est si fort que ses fesses tremblent, que son corps frissonne, que sa respiration halète.

Alors, la femme s'allonge sur le dos de son homme, le recouvre entièrement et se met à lui mordre la nuque, à lui souffler de l'air chaud dans le cou, à lui poser des baisers brûlants dans le haut du dos et sur les épaules. L'homme sent les crins du mont de Vénus crisser sur ses fesses, les chatouiller. La femme fait rouler de plus belle son pubis sur les fesses de l'homme, tandis que ses dents vont mordre le lobe de l'oreille gauche du mâle.

Un mâle qui n'en peut plus, qui se retourne d'un bloc faisant glisser la femme sur le côté, puis l'escalade et la recouvre à son tour avidement, joyeusement. La femme sent sur elle le pénis qui a pris des allures d'Obélisque. « Du calme mon ami, il ne s'agissait que de simples caresses. »

Les royaumes de la langue

Il y a sur le corps de l'homme quelques endroits où la langue fait des merveilles. À caresses subtiles, plaisirs exquis. À offrir aux hommes raffinés qui savent le déguster. Et qui en perdront la tête.

Les oreilles

Les oreilles sont faites pour la langue et la langue pour les oreilles. Mais ne vous précipitez pas d'emblée dans le creux de la conque, le plaisir est trop vif pour un début. Commencez par le pourtour du pavillon : passez la pointe de la langue le long de son bord, côté convexe, c'est-à-dire à l'extérieur du garde-boue, faites plusieurs passages. Refaites de même le long de son rebord concave, c'est-à-dire à l'intérieur du garde-boue, faites-le plusieurs fois. Toujours de la pointe linguale allez faire une excursion sur la face externe du pavillon, dans l'interstice entre oreille et tempe ; donnez-y quelques coups de sonde de la pointe de la langue ou suivez lentement le sillon sur la ligne d'attache.

Vos pas vous mèneront forcément sur le lobule de l'oreille. Avec votre langue passez dessus, passez dessous, c'est délicieux. Avec la pointe de votre langue, amusez-vous à la balancer en avant, en arrière. Puis prenez entre vos lèvres ce morceau de choix et sucez-le : c'est une sensation irrésistible de chair tendre, flottante, fraîche. Sensation irrésistible aussi pour l'homme que des vagues de frissons submergent des pieds à la tête. L'excitation croissante de l'homme stimule l'appétit de la femme qui alors prend le lobule entre ses dents, le mordille, le machuque. L'homme se débat, la tête lui tourne, toute sa peau se couvre de chair de poule, des vagues de frissons hautes comme des immeubles s'abattent sur son corps.

« Grâce, grâce, arrête ! » supplie l'homme. N'arrêtez pas, serrez les dents sur le lobule, l'homme ne pourra pas se dégager. Demandez-lui, la bouche pleine : « Est-ce que tu aimes ? » – « Oui ! » répond-il – Vous rétorquez : « Dis : je t'aime ! » – Lui : « Je t'aime ! » – Vous : « Je t'aime fort ! » – Lui : « Je t'aime fort ! » – Vous : « Fort comment ? » – Lui : « Zut ! »

Alors, vous lâchez son lobule et au moment où il croit être quitte, vous plantez la pointe de votre langue dans le trou de sa conque, autrement dit le conduit auditif, bien au fond et vous titillez sans relâche. Il se débat, qu'importe il jouit. Farfouillez tout l'intérieur de la conque. Il redemande grâce, n'arrêtez pas. Prenez son oreille entière dans votre bouche, sucez-la, machuquez-la, entre langue et palais. Je vous laisse inventer les suites de cette tendre guerre.

N.B. : Ne faites jamais de baiser dans l'oreille, sauf extrêmement fin, ne parlez jamais dans le creux de l'oreille sauf très doucement. Le contraire pourrait infliger des douleurs très vives.

Les plis, c'est exquis

Plis des coudes, plis des poignets, plis derrière les genoux, plis sous les fesses, les plis sont des mines de plaisir. Votre homme est haltérophile. Sur ses bras et avant-bras saillent de sacrés muscles. C'est l'homme d'acier qu'un quintal d'acier n'effraie pas. Mais vous, vous savez où sont les défauts de cette cuirasse ou plutôt là où sont demeurées ses zones d'exquise sensibilité, pour son plus grand bonheur. Parmi elles, il y a les plis de ses coudes et de ses poignets déjà admirés au chapitre précédent. Voyons ici ceux derrière ses genoux et ceux sous ses fesses.

Les plis derrière les genoux

Ils présentent aussi le contraste d'une zone très sensible au centre d'un membre puissant. Qu'y a-t-il de plus fort que les colonnes qui portent le corps, le déplacent dans sa marche, le propulsent dans la course. Mais qu'y a-t-il de plus friand de frissons ? Et qu'y a-t-il de plus tentant à caresser ? Voici. Un homme qui, se reposant couché sur le ventre, offre à la vue les fameux plis des genoux. Son aimante ne peut laisser passer l'occasion de le faire frissonner.

D'une main, elle fait un premier passage sur l'arrière du membre. Elle commence par le mollet, c'est velu, c'est noueux, c'est sauvage, ça émoustille l'aimante. Elle tâte le triceps, elle passe ses doigts dans les poils. Puis elle remonte dans le creux du genou dit « creux poplité ». Quel contraste ! C'est glabre, c'est plat, c'est calme. Et ça paraît attendre. La main traverse les plis lentement, en apprécie la douceur. Les plis commencent à se réjouir, mais ils attendront bien encore un peu, il faut aussi visiter et caresser les cuisses. Fermes, hirsutes, larges, elles attirent aussi la main. Ses doigts se faufilent entre les soies, les ongles grattent entre les racines.

L'ensemble du membre reconnu, la femme revient se recueillir sur le creux poplité. Posément, lentement elle effleure les plis qui aspiraient tellement à être touchés, flattés. Des frissons passent sur ce membre comme une brise sur l'herbe des marais. L'homme soupire, la femme chantonne, tous deux se délectent. Maintenant les ongles entrent en piste, griffant tantôt subtilement, tantôt plus profondément, en tous sens. Après ces taquineries aériennes ou pointues, il est agréable de passer une pleine main arrondie, moulée sur le cylindre du membre, sur le dôme poplité et de déborder sur le pilier de la cuisse et sur le fuseau du mollet. Et de donner de ci, de là une petite pression entre pouce et grands doigts.

Il arrive toujours un moment où la bouche réclame son dû et où la peau pleure après la bouche. L'aimée se penche et pose ses lèvres sur les plis. Ceux-ci jubilent aussitôt. Au pays des muscles, au pays de la force, là est le lieu de la finesse. Le membre qui d'habitude porte et emporte, à cet instant se recueille et se laisse envahir de douceur. La femme sait son attente et le couvre de baisers. Puis, plus orfèvre encore, elle sort la langue et en touche un pli puis un autre. Agacé, l'homme se trémousse et murmure de plaisir. Pour l'apaiser quelque peu, la femme parcourt tout le membre d'une large main, le pressant, le palpant. Puis elle reprend ses insoutenables léchettes, mais l'homme s'énervant à nouveau, pour le calmer, elle promène cette fois sa bouche aux lèvres éversées selon le même trajet, en dépit des poils qui grattent les tendres muqueuses.

Alors, l'homme se retourne, pivote et saisit la femme entre ses jambes, tandis que ses bras impératifs l'attirent sur lui, comblant la femme qui, au terme de tant d'émoustillements, souhaitait ce fort corps-à-corps.

Les plis sous fesses

Entre fesses et cuisses voyez ces plis. Ils n'ont pas l'air excitants, pourtant, ce sont les plus terribles. La peau en-deçà et au-delà est d'une incroyable sensibilité. L'effleurer de l'extrême bout des doigts, met un homme comme sur un gril, si on en croit ses gigotements et ses prières d'arrêter. Il faut qu'il cesse de se défendre, qu'il se mette dans un état de réceptivité, d'acceptation, alors, il pourra profiter pleinement de ces délices, les savourer et savourer la suite. Voici que la femme porte la pointe de sa langue sur les plis et y joue de joyeuses partitions. Puis, l'aimante, d'un doigt plus ou moins innocent, suit le pli lorsqu'il descend à l'intérieur de la cuisse où, non loin, se trouvent des voisins prestigieux : le périnée avec les bourses l'avant et l'astre anal à l'arrière. Pour leur dire simplement bonjour, mais ce bonjour-là vaut le détour.

Les plis des paupières

Fermons les yeux pour offrir les paupières. Celles-ci adorent être parcourues par la langue. Soit la langue taillée très fine, passe et repasse sur leur bord cillé, sur leur convexité et dans le creux sous les sourcils. Soit la langue étalée lèche largement l'ensemble. La langue aime le contact de la peau fine de la paupière, la paupière aime la chaleur mouillée de la langue.

QUATRIÈME PARTIE

AUTOUR DU PÉNIS

Pour des raisons culturelles, la plupart des hommes sont très pudiques. Ils parlent peu d'eux, de leur corps, de leur intimité, de leur sexualité. Pourtant quel bonheur ce serait d'entrer quelques instant dans la peau d'un homme, d'avoir son pénis, ses fantasmes, ses pensées, d'éprouver ce qu'il ressent quand il se caresse, quand il vous pénètre, quand il jouit !

Eh bien, dans les chapitres qui vont suivre, votre rêve va se réaliser. Je vous dirai tout sur ce que ressent un homme de l'intérieur. Je vous dirai ce qu'il pense de son pénis qui le remplit de tant de fierté ou… de honte. Je vous dirai quelles sont les zones les plus délicates, les plus sensibles, les plus subtiles. Vous saurez ainsi comment caresser ce pénis qui vous fascine (et/ou vous déroute), comment l'appâter, le branler, le prendre en bouche pour faire monter votre homme au Paradis. Et de toutes les manières possibles !

CHAPITRE 14

LES CARESSES DU « DEUXIÈME CERCLE »

Les caresses que j'appelle du « deuxième cercle » concernent les abords immédiats du pénis, c'est-à-dire tout ce qui est alentour : le bas du ventre, le pubis, les cuisses, les bourses et les testicules, le périnée, les fesses et la marge de l'anus.

Les hommes déplorent que trop de femme sautent sur leur pénis sans autre forme de préambule. Sans doute paient-ils leur réputation, de nos jours dépassée, de « ne penser qu'à ça », c'est-à-dire à leur sexe et à la façon de l'introduire dans les meilleurs délais dans le vagin de leur amie. Maintenant que les femmes osent prendre des initiatives et être actives, certaines agissent comme les hommes l'ont fait pendant des siècles : elles vont droit au but.

Et si on passait un contrat entre nous, les femmes et les hommes ? Sauf urgence commune débouchant sur un joyeux coït à la hussarde (surexcités, haletants, on se renverse, on se prend), convenons de ne pas « attaquer » d'emblée le sexe de notre partenaire, mais de toujours passer par le troisième cercle ou au moins par le deuxième. C'est de l'intérêt de chacun et son souhait aussi. Il y a à cela trente-six raisons : c'est meilleur, ça nourrit de plaisir l'ensemble du corps, ça fait circuler l'énergie des pieds à la tête, ça renforce l'excitabilité et l'intumescence des organes sexuels, ça augmente la durée de la relation charnelle, ça double le volet sexuel d'un volet sensuel auquel tous les sens participent, ça multiplie les échanges entre les partenaires et ça renforce les liens entre les amants.

Et puis un corps ne peut se réduire aux quelques centimètres carrés des organes sexuels, les êtres ont aussi un visage, un dos, des pieds… qui réclament d'être touchés, caressés, cajolés.

VENTRE D'HOMME

Admiratif du ventre féminin, je conçois bien l'émotion d'une femme devant l'abdomen de l'homme. De forme globalement carrée, recouvert d'une toison, sous-tendu de muscles aux bords linéaires, il évoque plutôt la force et l'animalité. C'est pourquoi la femme y avance une main aussi avide que craintive, comme envers un fauve. Elle effleure prudemment la toison, tourne dessus en cercles, se laissant agréablement chatouiller la paume par les poils, mais n'ose guère descendre plus bas que l'ombilic. Belle délicatesse que l'homme apprécie. Enfin, elle pose franchement la main à hauteur d'estomac, la laisse quelques instants immobile à sentir monter la chaleur de la chair mâle, puis la promène aux alentours. Le pelage glisse sous ses doigts. Elle s'enhardit et descend jusqu'à l'ombilic qui l'émeut. Alors, elle ose explorer le ventre dans tous les sens, faufilant ses doigts entre les boucles…

À cet instant le pénis commence à se déployer. L'aimée suspend ses caresses et le regarde croître. Sa main est prise d'une lancinante envie de gagner le pubis et de saisir la verge à sa base. Mais chaque chose en son temps, il faut résister au phallocentrisme et à l'automatisme des manifestations érotiques masculines et tout goûter du deuxième cercle.

Alors, tout en surveillant l'irrésistible érection du phallus, elle reprend son périple sur l'abdomen, effleurant, griffant, pinçant la peau, palpant les muscles. Mais partout et toujours, la bouche a envie d'appréhender ce que la main vient de connaître. Voilà que l'aimée se courbe, baise l'ombilic, décoche une pointe de langue en son creux. Mais tout cela est bien trop poilu pour les tendres muqueuses de ses lèvres et de sa langue. Par contre, cette verge effrontément tendue, cette chair lisse et palpitante dressée vers son visage appelle sa bouche.

Mais il ne faut encore rien précipiter. Au contraire, il faut faire durer le plaisir des alentours. C'est le jeu, le plus merveilleux des jeux.

PUBIS ET CUISSES DE MÂLE

Alors sa main gagne la petite motte du pubis, socle de la colonne pénienne. Elle y joue à effleurer et à effilocher les poils, à gratter l'humus à leurs racines. Immanquablement elle frôle le pénis, mais résiste encore à le prendre à pleines mains. « Patience mon beau, mon fringuant, te ne perds rien pour attendre. » Le fringuant a compris et s'apaise quelque peu.

Alors la femme d'une main incite l'homme à écarter largement les cuisses. Aussitôt s'offre à sa vue tout le panorama de l'intimité masculine et tout l'Éden érotique du mâle : l'intérieur des cuisses, les bourses, le périnée et au creux des fesses, l'astre anal. Un arôme aux senteurs multiples monte de ce paysage et trouble un peu plus la femme.

Dans sa main gauche l'aimante rassemble les bourses et leur précieux contenu, les testicules, et les tire doucement vers la gauche afin de dégager la face interne de la cuisse droite. Elle sait bien que la peau y est d'une finesse et d'une sensibilité exceptionnelles. Les doigts le sentent aussitôt et s'appliquent à lui offrir des caresses exemplaires : doux effleurements de pulpe, raies taquines et autres affriolances ; ils n'oublient pas de visiter le sillon entre le haut de la cuisse et les bourses, sillon particulièrement amateur – et créateur – de sensations fines.

Les fameuses bourses

De la cuisse aux bourses, il n'y a qu'un petit pas. C'est donc au tour des « valseuses » (c'est de l'argot mais l'image est élégante) d'accueillir les câlineries. La main gauche de l'aimée qui les tenait, les libère pour se saisir maintenant de la verge et la tirer vers le haut : il s'agit cette fois de dégager les bourses et de les remonter pour les bien présenter aux caresses et aux baisers. De la main droite l'aimante se met à effleurer le scrotum – la peau des bourses –, à le pincer et à le palper entre pouce et index, à le tirailler doucement. Peau très élastique, très extensible, elle se prête à tous ces jeux, sous réserve de ne pas attenter aux délicates boules, qu'elle contient.

Une idée géniale vient à l'aimante : penchant la tête, elle se met à lécher cette remarquable peau. D'abord petites léchettes, qu'elle disperse sur toute la rondeur, sans oublier – c'est très exquis – les interstices entre bourses et cuisses. Ensuite grandes lèches du plus large de la langue sur toute la surface du scrotum. Voilà quelque chose de particulièrement jubilatoire : impression très spéciale, très réjouissante, suave, râpeuse, mouillée, chaude. On sent que les testicules au fond de leur nid apprécient. Pourquoi ce bonheur instinctif ? Réminiscence d'une mémoire animale ? Tous les petits des mammifères ont eu le périnée et ses émonctoires soigneusement léchés par leur mère.... Béni soit qui bien y pense.

Le moment est venu de s'occuper des précieuses boules. Avec une extrême délicatesse. D'abord quelque chose de tout simple à faire et qui remplit l'homme de bonheur : prendre, ramasser dans une main l'ensemble bourses-testicules et les tenir fermement mais doucement. L'homme en éprouve un bien-être, une détente incroyable. Comme si ses testicules étant bien soutenus, bien réchauffés, bien protégés, bien reconnus, tout allait bien pour lui. Alors, puisque vous n'avez rien d'autre à faire pour le rendre heureux que de les tenir, tenez-les-lui tendrement.

Ensuite, l'aimante peut les masser de son mieux. Attention, faut-il le répéter, rien n'est plus sensible qu'un testicule : toute pression excessive, toute manipulation vive, a fortiori tout heurt sont extrêmement douloureux. Masser oui, mais avec des doigts de fée, comme s'il s'agissait de bulles de savon. Cela dit, n'hésitez pas à le faire : ça stimule la sécrétion des spermatozoïdes, de la testostérone et subséquemment la libido, la virilité, en un mot, l'énergie vitale. Faites rouler les testicules entre vos doigt, sans les tordre, faites-les rouler sous la paume de vos mains sans les presser. Pour être à l'aise, veillez à ce que les cuisses de votre aimant soient bien écartées.

Vos caresses seront spontanément facilitées par la contraction, sous l'effet de l'excitation, des deux groupes de muscles inhérents aux bourses : les dartos, qui ramassent le scrotum, et les crémasters, qui tirent les testicules vers le haut.

Les points secrets du périnée

Le périnée est l'espace compris entre la base de la verge et l'anus. Il est en partie masqué par le scrotum (la peau des bourses), qui s'y attache. Mais, les doigts le palpent bien à travers cette peau. Toute la surface du périnée est sensible et agréable à toucher, mais il faut appuyer assez fortement. Trois points sont particulièrement aimables : le point A, le point B et le point H (voir annexe).

Le point A, comme je l'ai appelé dans *Le traité des caresses*, se trouve à la face inférieure de la verge, un peu avant son implantation sur le périnée. Pour le repérer et le stimuler il faut presser nettement avec la pulpe du médius en la faisant rouler et tourner sur la profondeur. À un moment la pression déclenchera une sensation plus agréable, là est le point A. Il correspond au corps spongieux. L'intérêt de cette stimulation est de provoquer une érection ou de la renforcer.

Le point B (*Le traité des caresses*) se situe un peu plus en arrière, dans la racine de la verge. Il correspond à l'extrémité interne du corps spongieux, là où il s'ancre dans le périnée. Pour l'exciter, il faut appuyer avec la pulpe d'un ou de deux doigts, fermement et par petits coups comme sur un bouton de sonnette ; ou bien faire rouler les doigts sur la racine qu'on sent saillir ; cette stimulation tient plus du massage que de la caresse. Elle provoque également un renforcement de l'érection.

Encore plus en arrière, à mi-distance entre la base de la verge et l'anus est une zone plus intéressante encore. On l'appelle « le point G de l'homme », ou « le point P » (P comme prostate) ou « le point H » (H comme homme selon une proposition de Brigitte Lahaie). Comment la femme peut-elle repérer ce point et le caresser ?

LE POINT H

Qu'elle vise le milieu de la distance entre l'implantation du pénis et l'orifice anal ; là, qu'elle palpe franchement et profondément le périnée avec la pulpe de son médius soutenu par son index – c'est aussi un vrai massage. Elle y rencontrera une petite zone, dépressible, autrement dit un petit creux. Elle se fera très attentive aux réactions de l'homme ; celui-ci se mettra à l'écoute fine de ses sensations et sera prêt à les manifester lisiblement. Au moindre petit « tilt » de l'homme, la femme saura qu'elle est sur le bon point. A l'avenir, ça sera plus facile car plus il aura été stimulé, plus le point sera chatouilleux. Pour l'instant, que la femme entreprenne d'exciter le point qu'elle a décelé en y exerçant toutes sortes de pression : pressions alternées en intensité (les unes fortes, les autres plus subtiles), pressions alternées en extensives (pressions ponctuelles sur place, pressions en petits cercles). Quand ses doigts fatiguent, elle peut les relayer par la paume de la main, voire par le poing, avec souplesse toutefois. Elle réglera ses gestes en se fiant aux expressions de son homme et à sa propre intuition.

La stimulation est très agréable. Elle peut même, après beaucoup d'entraînement et en associant d'autres stimulations (comme nous allons le voir) procurer des orgasmes. Pourquoi ? Parce que la prostate se trouve un peu au-dessus, à la verticale et que cette glande a une chair sensible et est pourvue d'un potentiel orgasmique. La difficulté est, qu'entre votre main et la glande il y a une bonne épaisseur de tissu (la peau assez épaisse et un tressage de muscles qui constitue le fond du bassin). La solution : appuyer très fort, comme du reste vous l'avez fait. On a pu dire que ce geste était un massage indirect de la prostate.

Au diable l'avarice : à ces caresses du point H, l'aimante pourra associer d'autres caresses qui amplifieront les joies de son homme, le propulsant dans l'allégresse. En effet, et comme toujours en matière de volupté, un plus un n'égale pas deux mais égale dix. Les plaisirs ne s'additionnent pas mais se multiplient. Bienheureuse arithmétique de l'érotisme et de l'amour. La femme associera par exemple une caresse-massage du point A ou du point B. Ou bien encore une caresse de la zone anale. Mais bien sûr c'est en associant une stimulation du pénis qu'elle procurera à son homme le plus extrême plaisir.

De ce pénis, qu'elle fasse ce qu'elle veut, qu'elle le prenne en main, qu'elle le prenne en bouche mais toujours elle devra s'efforcer de coordonner les stimulations du pénis avec celles du point H, et cela sur un rythme plutôt lent. Cette association est particulièrement recommandée pour les hommes débutants, le plaisir ressenti au niveau du pénis renforçant les sensations ressenties au niveau du point H. En tout cas il ne faut pas mener l'excitation pénienne jusqu'à l'éjaculation, sinon en vertu de la phase réfractaire, le pénis se met au repos et c'en est fini du travail d'association entre point H et pénis. Il faut donc arrêter la stimulation de la verge au point d'imminence de l'éjaculation, avant le point de non-retour, et ne la reprendre que le danger passé. Ce qu'il faut, c'est maintenir l'excitation pénienne à son stade en plateau pour qu'elle soutienne l'excitabilité du point H. À la longue, celui-ci se montrera de plus en plus excitable jusqu'au jour où il révélera son potentiel orgasmique. Patience, constance, écoute de son corps, écoute de celui de son partenaire et un jour mon orgasme viendra… et se répétera, car cet orgasme sec a la faculté de se renouveler.

Ajoutons que pour vous femmes, le « travail » sur le point H vous donne l'occasion d'offrir beaucoup de plaisir à votre aimé et de l'avoir à votre merci : entièrement remis à vous, tout jouissant entre vos mains, vous en êtes le maître : avant l'orgasme, il vous supplie de ne pas arrêter, à l'orgasme, il hurle que vous pouvez faire de lui ce que vous voulez. N'en abusez pas !

Pour les Orientaux, le périnée était le siège du Chakra de base, ou premier Chakra. Ils le situaient en arrière, juste devant l'anus. C'est lui qui détenait la plus forte énergie. Pour le stimuler, les tantrikas utilisaient, entre autres, une balle de bois sur laquelle ils s'asseyaient. En revanche, quand ils voulaient se relaxer, c'est un massage du périnée qu'ils pratiquaient. Il est vérifié que ces massages procurent une profonde détente.

Des fesses à l'astre

Puisque vous êtes dans la région périnéale, n'hésitez pas à faire un détour vers l'arrière-pays. Un détour soft comportant quelques menues réjouissances. L'homme étant toujours allongé sur le dos, cuisses écartées largement et pliées, vous pouvez aller de la main palper ses fessiers, les effleurer d'une pulpe douce, les griffant d'un ongle superficiel.

Insensiblement vous abordez l'étroite vallée qui mène à la marge de l'anus. Ici la peau est sensible et toujours prête à délivrer des bonheurs de sensations. Il suffit que vous la titilliez de l'extrémité d'un doigt pour faire réagir votre homme. Il aime beaucoup, mais comme il a toujours peur de passer pour un homo, il proteste. « Laisse faire, mon chéri, les mâles ont le droit d'aimer ça. » Il était prêt à serrer les fesses mais il vous a entendue et il se détend. Du coup, il apprécie : c'est vrai que c'est chatouilleux et même plus.

Alors, subrepticement, vous descendez sur l'astre anal. Fait de fins plis radiaires correspondant aux plissements de la peau resserrée par le sphincter comme par les cordons d'une bourse, l'orifice anal ressemble à un astre. Arrivée sur les rayons vous faites des petits signes avec la pulpe d'un doigt. Si votre homme paraît toujours apprécier, offrez-lui le grand cadeau : après lui avoir fait un gros baiser sur chaque fesse, vous allez poser votre bouche à l'horizontal de l'anus, de vos deux mains vous écartez les fesses et vous décochez une langue effilée en direction de l'astre. L'homme se tend, c'est un peu fort pour lui, un peu gonflé de votre part. Mais il se relâche et alors, vous jouez du bout de votre langue sur tous les rayons astraux. Il ne peut plus rien, il est suffoqué, il râle mais de plaisir.

Mais ce n'était pas votre dernier mot. Tandis qu'elle léchotte l'orifice, votre langue y laisse de la salive. Alors, vous glissez une main dans l'interfesse, vous en détachez un doigt que vous dirigez vers la marge de l'anus et, tout en continuant de lécher, vous introduisez un doigt dans le canal anal, très très lentement, à la vitesse d'un millimètre par heure (j'exagère). C'est comme un tour de prestidigitation ; votre amoureux, c'est à peine s'il l'a remarqué. Une fois qu'il est serti dans le canal, arrêtez votre doigt sans même pousser dans l'ampoule rectale. Maintenant, votre homme a bien conscience de la présence de votre doigt et il en ressent un plaisir nouveau, insolite, solide, qui retentit jusqu'à son pénis.

Son pénis, justement, vous y retournez, pour conclure la séquence, tout en maintenant votre doigt dans l'anus. Et vous constatez que les bontés que vous offrez à l'avant sont amplifiées par celles que vous délivrez à l'arrière. Ainsi, se vérifie encore la loi de la multiplication des joies.

Entendez votre aimant qui vous rend grâce. Demain ou après-demain c'est lui qui vous mènera de caresse en caresse sur les chemins lumineux du bonheur des sens.

CHAPITRE 15

L'HOMME ET SON PÉNIS

Dès son enfance, le garçon a bien remarqué que cette partie de son corps est particulière. Les parents lui donnent de doux noms : « Ton petit oiseau », « Ton petit zizi », « Ton petit Jésus ». Et toujours, ils font précéder le nom de « petit » comme s'ils voulaient minimiser la chose, ce qui n'empêchera pas la chose de prendre de l'importance et même de grandir.

Un joujou extraordinaire

Le zizi sert d'abord à faire pipi. Le jet d'urine qui en sort est puissant, il va loin et on peut le diriger et même s'amuser à arroser les pissenlits ou les scarabées. On peut aussi faire des concours de jet avec les copains et du coup voir leur zizi. Donc tous les garçons ont cette même chose. Le père aussi, on l'a bien aperçue et même on l'a vu pisser debout contre un arbre. En revanche, les sœurs et les copines des sœurs n'ont pas de zizi. Elles font pipi assises, en se cachant.

Mais il y a plus : tout à coup, ce petit oiseau se fait grand, il gonfle et se dresse tout seul, en procurant une sensation agréable. Si alors on le touche soi-même ou si maman ou quelqu'un le touche au cours de la toilette, c'est encore plus agréable ; parfois même ce plaisir envahit les cuisses et le ventre et monte à la tête. Plus tard, un autre liquide en jaillira – le sperme – et se prêtera parfois aussi à des concours de jet.

On voit bien que cet organe n'est pas un simple et mignon tuyau. C'est quelque chose qui a du ressort, une énergie propre, une énergie expansive et propulsive. Il se tend vers l'extérieur et émet avec force des liquides. Il a une puissance conquérante.

C'est l'époque où les garçons jouent au revolver : pan ! pan ! attaquer n'est pas tuer, c'est manier un fac-similé de verge, c'est la maîtriser et en expulser quelque chose. Voilà bien une préfiguration du fonctionnement adulte du pénis.

LA PAROLE DES PARENTS

C'est alors que la parole des parents est d'une grande importance pour faire comprendre au garçon le rôle que son pénis jouera à l'âge adulte, et ainsi le lui faire accepter. C'est le parent de même sexe, son père, qui doit lui parler, confirmant ainsi son identification au modèle masculin. Pour le garçon, savoir qu'outre l'urine, la semence de vie passe par la verge, donne à l'organe une autre dimension. Son père a comme lui cette semence de vie et lui-même, le garçon, en est la preuve vivante, lui qui est construit à l'image de son père et fonctionne comme lui. Ces considérations feront reculer un peu plus son attachement à sa mère et ses fantasmes de relation sexuelle avec elle.

Ce détachement se fera d'autant mieux que le garçon saura se servir de son pénis, provoquer son érection et son éjaculation pour se donner du plaisir. Ce fait majeur le rassure et le valorise, ça lui donne la certitude de ne plus être un enfant, de ne plus dépendre de sa mère et des fantasmes qu'il élabore autour d'elle pour connaître le plaisir. S'être emparé de sa puissance sexuelle le fait sortir de l'immaturité infantile et le confirme en tant qu'homme. Avoir fait de sa puissance sexuelle la clef de voûte de sa construction narcissique le conduira à faire du pénis le symbole de la virilité et à investir toute sa sexualité dans la seule activité de ce pénis.

LE TRIOMPHE DU PHALLUS

En devenant adolescent puis adulte, l'homme ressent de plus en plus fort la puissance de son pénis. Son érection s'épanouit au maximum, se fait magistrale. À voir son pénis s'allonger, se gonfler, se tendre, pointer au zénith, se faire écarlate tant il est gorgé de sang, l'homme est rempli de bonheur et de fierté. À tâter son pénis, à constater sa fermeté, sa dureté d'acier l'homme est étonné, rassuré, réjoui. Quelle chance qu'il marche si bien.

Mais voir et toucher n'est rien à côté de ce qu'il ressent : cette sensation somptueuse de tension hyperagréable, de tension pulsatile (la verge « bat » comme un cœur), de tension frémissante (la verge est parcourue de frémissements comme l'eau avant de bouillir), de tension vibrante (elle vibre comme une corde sous les pizzicati), de tension oscillante (elle marque le tempo de bas en haut et réciproquement, tel un métronome). Sensation qui s'accompagne d'un besoin de pénétrer et de s'enfoncer et alors d'être happé, enserré, besoin ressenti d'abord dans la verge puis qui gagne l'homme tout entier.

Cette impression de tension et ce besoin de pénétrer, tous deux confondus du reste, sont longtemps agréables mais s'ils tardent à être satisfaits, il se font plus aigus et donc désagréables, à la limite du douloureux. C'est plus que du plaisir, c'est de l'impatience, du piaffement, de la faim excessive, ça devient insoutenable. L'homme ne tient pas en place, il lui faut absolument trouver une solution, un soulagement. L'issue idéale est la femme aimée qui par amour l'accueille en elle. Mais à la limite toute femme ferait l'affaire, celles dont c'est le métier d'assouvir la pulsion de l'homme – les prostituées – ou même, hélas, toute femme qui passe : c'est le viol. En l'absence de femme, l'homme se rabat sur la masturbation, la main faisant office de fourreau à moins que ce ne soit quelque objet de forme accueillante : une poupée gonflable, par exemple. Cette description quelque peu cynique a pour but de faire comprendre le caractère impérieux du ressenti de l'homme en érection.

Ajoutons que ce besoin de pénétrer, de se glisser dans tout ce qui rappelle un orifice explique aussi le goût, plus soft, du mâle de glisser son pénis entre les cuisses de sa partenaire, entre ses seins, sous son aisselle, dans sa bouche ou dans son anus.

On voit bien pourquoi toute la sexualité de l'homme s'organise autour de son pénis érigé et pourquoi toute sa personne, elle-même, tourne autour de cet organe, qui est devenu la preuve et le symbole de sa virilité et même de son existence en tant qu'homme. Devenu son totem portatif, le phallus est bien le représentant de sa masculinité. Cette position se renforcera lorsque l'érection débouchera sur la pénétration et l'orgasme.

PAROLES D'HOMMES

Aussi l'homme entretient une véritable relation avec son pénis. Il lui parle : il le cajole, l'admire : « Tu es beau, magnifique. Quelle prestance. Je suis fier de toi », le prévient : « Mon grand, cet après-midi tu devras être à la hauteur. Je compte sur toi ». Il le félicite : « Parfait mon gaillard, tu as été parfait ! Bravo ! » Il le semonce : « Lamentable, tu as été lamentable. Tu m'as trahi. Rikiki tu étais. J'avais l'air ridicule ». Il le punit en le tapotant, le secouant. Il le bichonne, le lave en décalottant à fond le prépuce, il savonne le gland.

Celui-ci se regorge. Grâce au savon le mouvement coulissant le long du gland et du fut est facile et agréable. Pour un peu, il continuerait jusqu'à la jouissance. Il l'entretient, prend des vitamines, le dope à l'aide de divers aphrodisiaques ; s'il le faut, il lui donne du « Viagra ». Il teste régulièrement son état de marche par quelques masturbations. Ça le rassure et ça constitue aussi une sorte d'entraînement. Il arrive qu'il le mesure en long et en large…

LE REVERS DE LA MÉDAILLE

Le fait de tout miser sur la verge et d'en faire le symbole de la virilité a un revers : quand l'érection défaille, tout l'échafaudage narcissique et sexuel de la masculinité s'effondre. Or la verge est un organe capricieux qui n'obéit pas au doigt et à l'œil, sur lequel la volonté ne peut rien. Les raisons pour lesquelles elle renâcle seront étudiées ultérieurement, aujourd'hui on fait le constat qu'il est sot d'avoir accordé tant d'importance à un organe aussi vulnérable. Plus haut a-t-on placé la verge, plus dure est la chute. Pas d'érection, pas de pénétration, pas de bonhomme. C'est l'anéantissement.

Un autre revers, c'est le souci que l'homme se fait à propos de la taille de sa verge. C'en est même devenu une obsession, qui du reste s'aggrave depuis l'apparition des films pornos. Se comparer à ces « acteurs » particulièrement bien membrés a de quoi donner des complexes. L'homme qui n'a pas un pénis géant souffre toujours d'être comparé. Les comparaisons ont commencé dans l'enfance avec les concours de « quéquettes », et de jet de pipi. Elles ont continué à la puberté avec les concours d'érection et de jet de sperme. Puis elle se sont poursuivies dans les dortoirs des internats, les vestiaires des clubs sportifs et les douches des casernes. C'est dans ces circonstances que l'homme a pu s'apercevoir que les autres « l'avaient plus grande » ou, pire, c'est alors qu'il a reçu en plein cœur, ou plutôt en plein sexe, la blessure d'une réflexion humiliante à propos de la taille de sa verge. Son avenir sexuel restera marqué par la peur de n'être pas suffisant ou, plus grave, de n'être pas assez viril.

Parfois, c'est une réflexion dévalorisante d'une femme qui porte l'estocade ; même si ce n'est pas une comparaison directe, l'homme sait bien que la femme en a vu d'autres et donc que, dans sa tête, elle compare. Beaucoup d'hommes en restent impuissants ; le désespoir les gagnera ; quelques-uns se suicideront. Oui, l'homme supporte mal les critiques concernant la taille de son sexe ou ses défaillances d'érection. Mesdames ne dénigrez jamais le sexe d'un homme ! Soyez toujours positives, rassurez l'homme et, au moindre progrès, complimentez-le. Alors, vous verrez des miracles s'accomplir.

C'est également ce problème de taille qui rend l'homme pudique, car oui, l'homme est pudique. On le voyait autrefois dans les « conseils de révision » où les hommes entièrement nus attendaient à la queue leu leu de passer devant une commission constituée de plusieurs fonctionnaires ; on le voit au cours des consultations où ils enlèvent leur slip à contre-cœur, où ils sont gênés par l'examen de leur verge. Ce que redoutent ici encore les hommes, ce sont les évaluations de leur taille pénienne par le regard d'autrui. Et aussi les érections intempestives. Cette pudeur des hommes tranche avec leur langage osé et leur fanfaronnade.

LE GUERRIER

Quand l'homme bande au maximum, quand il sent sa verge dure comme fer, quand il ressent ce besoin impérieux de pénétrer, il se sent une âme de guerrier. Alors, sa verge, il la perçoit comme une lame prête à fendre la vulve et à s'enfoncer dans la chair féminine. Du reste, il l'appelle de noms bien évocateurs : « l'arbalète », « le braquemart » (une courte épée), « la trique », « le pistolet », etc.

Aussi arrive-t-il que les hommes fassent l'amour avec agressivité et un soupçon de sadisme, comme une effraction. C'est évident dans le viol criminel ou dans le « viol conjugal » ; mais ça peut être vrai dans le coït consenti par la femme, quand il est expéditif, c'est-à-dire sans préliminaires et bref. Qu'y a-t-il de commun sous ces divers comportements ? Cet « amour empreint de colère », né dans l'enfance, qui ici se fait désir-fureur. Le refus d'avoir à demander à la femme de peur d'être rejeté. La volonté de jouir très vite et surtout de ne pas s'attarder dans les bras de la femme après l'éjaculation car c'est un moment de faiblesse et d'abandon qui lui rappelle trop son enfance.

Il semble évident qu'en court-circuitant la séduction qui devrait précéder l'acte sexuel, et en abrégeant les suites de l'acte, l'homme révèle la peur qu'il a de la toute-puissance féminine. Et la peur qu'il a de ne pas savoir accomplir l'acte, la peur d'être impuissant. Alors, se faire agressif est une façon d'armer son sexe : les violeurs ne sont jamais impuissants. Une forme de misogynie stimule le désir.

UN DRÔLE D'ANIMAL

Le pénis se révèle être un personnage ou un animal bien vivant mais qui a sa vie à lui, indépendamment de son propriétaire, qui n'est donc pas son maître. Il échappe à sa volonté et plus encore à sa raison : il gonfle et s'érige ou se dégonfle et pique du nez sans que l'homme y puisse quoi que ce soit. Bref, il n'en fait qu'à sa tête. Ce qui met l'homme dans des situations difficiles et parfois dramatiques. Il invite une femme accorte à danser et voilà que monsieur le pénis se dresse ostentatoirement, allant jusqu'à faire une bosse sous le pantalon. Mais le pire c'est quand ce qui fait cette bosse, la tige rigide du sexe, contacte la cavalière à l'occasion des mouvements et des enlacements de la danse. Quelques femmes pourront s'en réjouir, mais la plupart sont indisposées. Certaines vont apostropher le mâle qui n'y peut rien. L'homme tente bien d'adresser à sa verge quelques consignes de discrétion. En vain. Autre exemple : voilà un homme hospitalisé. Et l'infirmière ou l'aide-soignante vient à son chevet lui donner des soins ou faire sa toilette ; et voilà que le pénis se met en érection intempestive. En vérité, ce n'est gênant que pour les élèves-infirmières, les anciennes en ont vu d'autres. Mais pour l'homme, c'est toujours la honte.

La situation inverse – la débandade – n'est guère meilleure : c'est l'histoire d'une dame conquise de haute lutte et qui enfin se donne. Le prétendant en passe de devenir l'amant ne lésine pas sur les préludes. Alors la dame « chauffée à blanc » supplie qu'il la prenne. Et c'est la panne ! Le pénis se ramollit, fond, baisse la tête, se recroqueville. Aucun ordre, aucune supplication, aucun encouragement ne le sortira de sa léthargie. Ce caractère capricieux du pénis fait la timidité et la gaucherie de beaucoup d'hommes à l'approche d'une femme inconnue ou qui les impressionne. C'est à la femme d'apprivoiser l'homme et la bête qui renâclent.

Érection intempestive, refus d'érection, détumescence inopinée…, l'homme n'a pas toujours la maîtrise de son pénis et de son destin… Cette autonomie de la verge explique qu'en rêve l'homme la voit se détacher de son corps et s'envoler. La fragilité de son érection explique paradoxalement pourquoi l'homme se fait dominateur, agressif, violent, violant, comme il fut dit plus haut.

Qu'est-ce qui anime l'animal ?

Qu'est-ce qui anime le pénis ? C'est la question que se posait déjà l'enfant et qu'il adressait à sa mère, question restée sans réponse. L'adulte, lui, connaît la réponse, il la découvre à l'adolescence : c'est un pouvoir qu'a la femme. Sa seule vue, sa seule odeur, son seul contact voire sa seule évocation par un souvenir fait se dresser aussitôt l'organe mâle à son corps défendant, comme sous l'effet d'une baguette magique. Les charmes de la femme agissent comme des sortilèges, l'enchantement qu'ils produisent pourrait bien être de l'ensorcellement.

CHAPITRE 16

LE PÉNIS : UN CHEF-D'ŒUVRE

Le pénis n'est que la partie visible du système sexuel de l'homme qui comprend par ailleurs les testicules blottis dans les bourses, les canaux déférents, la prostate, les vésicules séminales et l'urètre prostatique. Le pénis est constitué de trois parties : la hampe ou fût, la base ou racine, et le gland.

Avant de détailler cette anatomie, décrivons la silhouette du pénis vue de l'extérieur : de profil elle est concave vers le haut autrement dit, il rebique un peu vers le haut dans un galant mouvement d'ajustement à l'orifice du vagin et à sa courbure. Vue d'en haut, c'est-à-dire du point de vue de son propriétaire, le pénis est légèrement incurvé vers la gauche.

La hampe

(voir schémas dans l'annexe)

Elle est comprise entre la base et le gland. Elle représente les deux tiers du pénis. Elle contient trois « corps érectiles », des tubes qui en se gorgeant de sang deviennent fermes et rigides : deux « corps caverneux » et un « corps spongieux ». Les deux corps caverneux se situent au-dessus et s'alignent parallèlement l'un à l'autre comme les canons d'un fusil à deux coups (comparaison inspirée par la justesse de l'image et non par je ne sais quel esprit guerrier), le corps spongieux se loge en dessous et s'aligne parallèlement aux corps caverneux ; en son centre est l'urètre.

Ces trois corps érectiles sont faits de tissus érectiles. Nous verrons dans le paragraphe « érection » comment cela fonctionne.

La base

Elle se situe dans le périnée, cet espace entre pubis et anus qui constitue en quelque sorte le fond du bassin. C'est-à-dire qu'elle est invisible. Elle représente le tiers du pénis, véritable racine de celui-ci, elle s'insère sur les muscles abdominaux en haut et sur l'os du pubis en bas. Cette insertion est très solide. Invisible, la racine n'est pas impalpable ; en pressant avec la pulpe des doigts le périnée, à travers la peau des bourses, on sent un renflement longitudinal : c'est l'extrémité postérieure du corps spongieux. C'est du reste une zone érogène, dite « point A » (voir chapitre 14).

Le gland

Il est fait du renflement du corps spongieux. C'est donc aussi un corps érectile ; il est toutefois moins dur que les corps de la hampe, il est même élastique. La nature l'a voulu ainsi pour offrir à la femme un contact plus sympathique.

Le revêtement du gland est constitué d'une muqueuse c'est-à-dire un tissu fin et non d'une peau ordinaire, kératinisée, ce qui explique sa couleur rouge – le sang affleurant est visible – et son extrême sensibilité – ses capteurs sensitifs affleurant aussi sont presque à nu. Parmi ces capteurs figurent en tête les fameux corpuscules de la volupté, les corpuscules de Krausse. C'est le seul endroit du corps qui en possède, au même titre que le clitoris. Ils sont au nombre de 8 000. La couronne du gland – ce bourrelet circulaire qui saille à sa base – et le frein – ce « filet » qui, à la face inférieure du pénis se tend entre gland et fût – sont particulièrement riches en corpuscules voluptueux, ce qui les rend d'une exquise sensibilité. La moindre stimulation avec les doigts ou avec la bouche provoque chez le mâle un plaisir extrême.

Le prépuce

C'est le repli de la peau, ce capuchon qui recouvre et protège le gland. Il arrive que sous lui des sécrétions stagnent et favorisent des infections : infections locales de la peau du gland, infections remontantes des voies urinaires et infections de type IST (infections sexuellement transmissibles). Il arrive aussi que des adhérences s'installent à ce niveau. Il arrive enfin que le prépuce se resserre à son extrémité, rendant le décalottage et donc le nettoyage impossibles : c'est le phimosis. Une opération est nécessaire – une posthectomie – qui consiste en l'ablation du bord libre du prépuce, en veillant à laisser assez de peau pour que le gland soit toujours abrité.

Certaines religions, comme le judaïsme et l'islam, ordonnent l'ablation de la totalité du prépuce : c'est la circoncision. C'est une prescription contenue dans les textes sacrés. On la justifie aussi par des raisons hygiéniques. Mais, nous venons de le voir, il suffit pour prévenir les infections et les adhérences de pratiquer régulièrement le retroussement et le lavage.

L'ÉRECTION

Le principe de base de l'érection est simple : il s'agit de remplir d'un liquide sous pression – le sang – un tuyau clos – le pénis – fait de tissus érectiles, un tissu érectile étant un tissu vasculaire apte à se gorger du sang. En vérité, la réalisation d'une érection est un phénomène extrêmement complexe, subtile et admirable.

« Spongieux », le nom même des corps érectiles livre un premier enseignement : l'un de ces corps est structuré comme une éponge, c'est-à-dire fait d'alvéoles ; appelés « caverneux », les deux autres corps sont faits de petites cavernes. Alvéoles et cavernes sont des cavités, ainsi les deux sortes de corps ont la même structure : ce sont des accumulations de minicavités ou petits sacs de l'ordre de 3 millimètres ; il y en a des centaines de mille.

Chaque minicavité est pourvue d'une miniartère qui lui apporte le sang, et d'une miniveine qui l'évacue. Quand une excitation se produit, la miniartère se dilate et son débit augmente mais la miniveine se ferme interdisant au sang de sortir. Résultat : le sang est coincé, trappé dans la minicavité qui se met à gonfler ; mais ce gonflement est limité par l'enveloppe rigide qui entoure le pénis – l'albuginée (voir coupe du pénis dans l'annexe). Donc le sang afflue mais comme la cavité ne peut plus s'expanser, sa pression augmente et accroît la raideur du tissu érectile. C'est le principe de la chambre à air et du pneu qui l'entoure : si on gonfle la chambre à air, mais que son expansion est contenue dans le pneu, la pression et la dureté de l'ensemble vont croître. CQFD

Il faut savoir (car ce sera la base du traitement des impuissances par le « Viagra et consorts », que la membrane qui tapisse les minicavités – l'endothélium – sécrète du monoxyde d'azote (NO) et que c'est une substance qui crée la vasodilatation des miniartères et des minicavités en provoquant le relâchement des fibres musculaires lisses des vaisseaux.

Un système autonome

L'érection est gérée par « le système nerveux autonome » fait du « système sympathique » et du « système parasympathique ». Le sympathique commande la flaccidité : il détermine la vasoconstriction de l'artériole afférente à la cavité, ce qui réduit le sang contenu dans celle-ci et la dégonfle ; le médiateur chimique du sympathique est la noradrénaline, notez-le bien. Le parasympathique commande l'érection : il détermine la vasodilatation de l'artériole qui se rend à la cavité, ce qui accroît l'afflux de sang dans celle-ci et la gonfle ; le médiateur chimique du parasympathique est l'acétylcholine.

En dehors de l'excitation, le sympathique l'emporte, il existe un tonus sympathique permanent qui maintient les minicavités flasques (et donc la verge molle). En cas d'excitation, les stimulations sexuelles éteignent le tonus sympathique et c'est la parasympathique qui prend le dessus entraînant la turgescence des minicavités (et donc de la verge).

La peur, le stress, le froid provoquent une sécrétion d'adrénaline – médiateur chimique du sympathique – par les glandes surrénales, ce qui rend l'érection impossible.

La volonté ne peut commander à l'érection, phénomène entièrement placé sous la gouverne automatique du système nerveux autonome.

Qu'est-ce qui fait bander ?

Il existe d'innombrables circonstances qui provoquent l'érection. La plus évidente consiste à appliquer un stimulus sur la verge (caresse du 1er cercle) et spécialement sur les points les plus sensibles du gland : le frein et la couronne.

Mais l'érection peut s'obtenir aussi en stimulant tous les points du corps (caresses du deuxième et du troisième cercle). On sait qu'étreindre une femme ou même simplement lui prendre la main peut faire ériger le pénis. Bandant dès qu'on le touche, l'homme a toujours promptement envie de faire l'amour même si sa partenaire ne l'envisage pas. C'est à l'homme, sachant que son érection est un réflexe automatique, à ne pas lui donner suite automatiquement.

Dans l'espace du troisième cercle, un contact est particulièrement érogène, c'est le baiser de bouche à bouche. Ici, l'excitation est toujours au rendez-vous, comme elle l'est aussi, du reste, chez la femme que le baiser fait mouiller.

Tous les sens de l'homme, quand ils sont stimulés, peuvent mettre le pénis en goguette : la vue d'une femme en chair ou en image, nue ou pas, montrée dans sa totalité ou en partie, a le pouvoir de déclencher une érection ; ainsi que les revues avec photos dites « de charme », les films pornos et les femmes qui s'effeuillent. Oui, les hommes sont des « visuels ».

La voix d'une femme peut aussi avoir un effet excitant, spécialement la voix de la femme désirée, ou la voix qui prend une intonation dite « chaude » ; voix plutôt lente, un peu grave, presque chuchotée, évoquant l'intimité, ses confidences, son plaisir.

Enfin, l'odeur d'une femme est tout à fait capable d'engendrer une bandaison aussi surprenante que subreptice. Les phéromones émises par une dame depuis ses multiples sites atteignant les narines de l'homme vont culbuter son cerveau archaïque à son insu. Et voilà le mâle soudain euphorique et bandant. Nous savons que les molécules odoriférantes sont les messagères les plus primitives et efficaces du désir : elles réveillent en lui son passé lointain d'animal préhistorique puis de chasseur préhistorique qui lui succéda.

Il y a même des cas où l'homme n'a nul besoin de ses sens (toucher, sentir etc.) pour avoir une érection, il lui suffit de se remémorer, d'imaginer, de rêver, de fantasmer. Cette érection est purement psychogène. On retrouve ici le triomphe de l'image car c'est bien des images qui nous reviennent ou qu'on fantasme, pas des odeurs ou des voix.

Plus étonnantes encore sont les érections nocturnes, qui surviennent de préférence en fin de nuit et qu'on appelle « réveil triomphal ».

LES ÉRECTIONS NOCTURNES

Elles se situent au cours du « sommeil paradoxal ». Rappelons que le sommeil n'est pas un phénomène continu et monolithique ; il est fait d'une succession de cycles, ou « trains » (au total 6 à 8), d'une durée de 1 heure 30 à 2 heures, entre lesquels on peut se réveiller complètement ou pas. Chaque cycle est fait lui-même de cinq stades – ou wagons. Le cinquième stade est dit « sommeil paradoxal », parce que les ondes électriques enregistrées sont très accélérées, ce qui correspond à un état de veille alors qu'ici le sommeil est profond. Ce stade est court, 15 à 20 minutes, et pourtant d'une importance majeure. En effet, c'est à ce moment que notre ordinateur psychique gère toutes sortes d'opérations de retraitement et de maintenance : tri, classification et mémorisation des informations, etc. Le rêve est partie prenante de ce travail.

En ce qui concerne notre thème, il faut savoir que le sommeil paradoxal joue un rôle majeur dans l'activité sexuelle. À ce stade, le pénis reçoit un afflux de sang et se met en érection ; cette intumescence dure quelque trente minutes ; elle existe de l'enfance – dès 3 ans – à la grande vieillesse. Parfois une éjaculation survient, nommée dans les temps d'obscurantisme « pollution nocturne » ; le plus souvent le dormeur ne se réveille pas. La femme connaît aussi une turgescence de son clitoris, de sa vulve et de son vagin qui par ailleurs se lubrifie. Un orgasme peut aussi survenir chez elle.

Ces phénomènes se produisent plus particulièrement entre le milieu de la nuit et le petit matin. Ils se répètent 3 ou 4 fois. Chez l'homme la plus belle érection est celle de l'aube, d'où son nom de « réveil triomphal ». L'intérêt de ces érections est de servir de test : si, chez un homme atteint de difficultés érectiles, les érections nocturnes persistent on peut affirmer que la mécanique érectile n'est pas malade – les artères, les nerfs, les tissus érectiles – et que le trouble est d'origine psychique. Toutefois, ces érections nocturnes peuvent diminuer sans signifier une altération de la mécanique lorsque l'homme est fatigué, a beaucoup de soucis ou qu'il vieillit.

La taille du pénis

Ceci est une anecdote authentique : une femme et un homme se rencontrent au cours d'un séminaire. Ils sont attirés l'un par l'autre. À la fin du week-end, ils se retrouvent dans la chambre de la femme, animés d'un vif désir. Tandis qu'ils se déshabillent, la femme lance à l'homme : « Combien tu mesures ? » L'homme de répondre : « 1,80 mètre, pourquoi ? » « Non, ce n'est pas cela que je te demande, insiste la femme. » L'homme interrogatif regarde ses pieds et dit « du

45 ! » La femme secoue la tête : « C'est pas ça non plus ! » L'homme comprend enfin : « Tu veux parler de mon zizi ? Je ne sais pas, je l'ai jamais mesuré ». Mais en lui le charme était rompu. Et la nuit fut calme et sans lendemain.

Ainsi, l'obsession masculine de la longueur de pénis peut gagner certaines femmes.

Dès l'enfance, l'homme est préoccupé par la longueur de son pénis, en raison des comparaisons qu'il est amené à faire lorsque, entre copains, ils se montrent réciproquement leur zizi. Plus tard, ce sont les dortoirs et les vestiaires qui fourniront l'occasion de comparaisons, involontaires cette fois. Le visionnement de films pornographiques ébranlera un peu plus ceux qui font des complexes d'infériorité – complexe de « petites quéquettes ». Bien entendu, le coup de grâce sera donné par la femme bête et méchante qui s'exclamera : « Tu en as bien une petite ! »

Il faut ajouter que vu de la hauteur de ses yeux, son sexe paraît plus petit à l'homme.

Les chiffres que je vais vous donner ont pour but de vous rassurer, vous les hommes. La mensuration de la longueur se fait de l'os du pubis à l'extrémité du gland décalotté. Au repos, la verge mesure de 7 à 11 cm avec une moyenne de 9 cm. En érection elle mesure de 13 à 18 cm avec une moyenne de 15 cm. 90 % des hommes sont dans la fourchette 13-18. Ce n'est qu'en dessous de 8 cm – le « micropénis » – que des problèmes peuvent se poser. Notez qu'à 50 ans la verge a perdu 1,5 cm, ce n'est pas dû au vieillissement mais au manque d'exercice.

Une bonne dimension permet à la verge de frotter la muqueuse vaginale sur toute sa longueur et d'atteindre le fond du vagin – son col et les culs-de-sac vaginaux – c'est-à-dire d'allumer tous les plots érogènes de la gaine vaginale et de son butoir. Comme la profondeur du vagin est en moyenne de 8 cm au repos et de 11 cm en état d'excitation – par dilatation des culs-de-sac vaginaux – l'immense majorité des verges, c'est-à-dire la fourchette 13-18, remplit son office : occuper toute la cavité et atteindre les plots érogènes du col et des culs-de-sac.

Il faut aussi prendre en considération le diamètre du pénis qui est, au repos, de 28 à 30 mm en moyenne, et en érection de 38 à 40 mm. Un bon diamètre, qui revient à un bon volume, permet à la verge de distendre et de combler le vagin et de frotter au mieux les points érogènes des parois.

Il faut enfin prendre en considération un dernier paramètre : la « congruence » entre le pénis et le vagin. Que l'un ou l'autre soit grand ou réduit, ce qui compte, c'est qu'ils s'adaptent le mieux possible l'un à l'autre. Si la femme est une multipare – une femme qui a eu plusieurs grossesses – son vagin resté élargi réclame un pénis bien membré. Inversement, si la femme a un vagin normal ou pire, étroit, un pénis imposant lui sera douloureux. Heureusement, le vagin est pourvu d'une bonne élasticité et de muscles constricteurs, deux éléments qui lui permettent de se mouler sur tous les types de verge ; d'autant que l'intumescence, c'est-à-dire le gonflement des tissus érectiles de la gaine vaginale contribue à envelopper le membre viril.

À noter aussi :

- Un pénis de taille réduite au repos peut attraper une taille « normale » en état d'érection, il n'y a pas forcément de proportionnalité entre la taille de la verge flaccide et celle de la verge bandée.
- Un pénis de bonne taille peut ne pas tenir la bandaison très longtemps, alors qu'une verge plus modeste peut présenter une érection soutenue durablement.
- Au niveau du vagin, les points les plus sensibles – entre autres le point G – se situent dans le premier tiers, là où toute verge a accès.

Au total, la plupart des femmes affirment ne pas constater de relation entre les dimensions du pénis et leur plaisir – sauf micropénis – 75 % des femmes n'expriment pas de préférence pour un gros pénis. Mais toutes disent que ce qui compte, c'est la façon dont l'homme se sert de sa verge, c'est son art érotique. « Il vaut mieux, dit un dicton populaire, une petite qui frétille qu'une grande qui roupille. » De fait, on voit des verges de taille modeste comblant de volupté des femmes gourmandes. La taille n'implique pas automatiquement la capacité à donner du plaisir. Et pourtant, tant d'hommes sont atteints du « complexe de la petite verge » ; ils représentent un quart des plaintes entendues en consultation.

Avant même de penser à augmenter la taille du pénis, l'homme se préoccupera de renforcer les muscles qui permettent de le mobiliser quelque peu, le bulbo-caverneux et l'ischio-caverneux. En position debout, l'homme commandera à son pénis érigé d'effectuer des mouvements d'ascension. Il fera des séries de 20 à 30 contractions qu'il renouvellera 4 ou 5 fois par jour. Après quatre semaines d'exercices, il corsera la difficulté en posant sur la verge une serviette de toilette de poids croissant.

Quant à allonger le pénis, les idées ne manquent pas.

• L'étirement régulier : il entraînerait une expansion des corps érectiles. Une méthode annonce un allongement de 2 cm en quelques mois, jusqu'à 5 cm, si on persiste. Exercices à faire 30 minutes par jour. (Pénis agrandicus http://www.penisagrandicus.com).

• La pompe à vide : elle force le sang à emplir la verge. Le risque est grand de complications : rupture des vaisseaux sanguins dans le pénis, cicatrices, déformation, perte de sensibilité, maladie de Lapeyronnie.

• La chirurgie : elle offre peu de bénéfices et beaucoup de complications : rétrécissements, déformations, cicatrices, infections. De plus, la graisse qui sert de matériaux pour agrandir peut se résorber.

AMÉLIORER LA RELATION PÉNIS-VAGIN

Ordinairement on ne fait que proposer aux hommes un accroissement de la taille de leur verge. Cependant, nous avons vu qu'un autre élément importe : la congruence, c'est-à-dire l'ajustement de telle verge à tel vagin et réciproquement. Aussi, il faut considérer que la femme a également à travailler sur son vagin.

Travail commun de la femme et de l'homme

Il est bien agréable. Pour aider à la congruence entre le fourreau et le glaive, je conseillerai de prolonger le coït : plus il y a de frictions entre le pénis et le vagin, plus le sang afflue, plus les tissus érectiles de part et d'autre gonflent et se font coalescents. De plus, la prolongation des contacts a bien d'autres conséquences heureuses qui compensent les problèmes de taille.

• Un accroissement de température des organes qui est extrêmement voluptueux, le pénis et le vagin ayant l'impression de se fondre dans un même creuset.

• Une exacerbation de la sensibilité des muqueuses qui rend le plaisir suraigu.

• L'apparition d'une sorte de magnétisme à la surface des organes qui les fait s'attirer, se coller et irradier de l'un à l'autre. Bien entendu, pour prolonger le contact, il faut posséder la maîtrise de l'éjaculation et pratiquer « la caresse intérieure », ce que chacun peut acquérir.

Travail de la femme

Au cours de la relation sexuelle, la femme s'amusera à pratiquer de petites contractions de son vagin autour de la verge, pour lui faire signe, le contacter. En dehors de ces moments, la femme pourra s'attacher à fortifier les muscles de son périnée et spécialement du muscle pubo-coccygien, qui va du pubis au coccyx en entourant l'orifice d'entrée de son vagin, muscle dit aussi « muscle papillon » ou « muscle du bonheur ».

Ce travail musculaire va améliorer l'ajustement du vagin au pénis. De plus, il va accroître la force des orgasmes de la femme et préviendra d'éventuelles pertes d'urine. Pratiquement, ces exercices dit « de Kegel » sont simples : interrompre plusieurs fois le jet de l'urine au cours de la miction permet de repérer le muscle pubo-coccygien ; reste à le contracter à blanc 4 ou 5 fois dans la journée par série de 20 à 30 contractions. Un kiné pourrait guider la femme.

CHAPITRE 17

EN AVOIR OU PAS

Pour l'homme « en avoir ou pas » rejoint l'interrogation métaphysique : « Être ou ne pas être ». Les testicules – du latin « testis » qui signifie témoin – témoignent que l'on est de sexe mâle. Sous les rois, on ne pouvait proclamer la naissance du Dauphin qu'après qu'un médecin eût confirmé que le nouveau né « en avait ». Au Vatican, on ne proclamait l'élection d'un Pape qu'après que l'assemblée des Cardinaux eût constaté que le candidat assis sur un siège spécial « en avait ». Il faut dire que les malheureux prélats auraient, d'antan, élu malencontreusement une femme, la Papesse Jeanne, selon une légende.

Les testicules se forment chez l'embryon dès les premiers jours. C'est la première manifestation de la construction d'un garçon.

L'enfant apprend, alors qu'il est encore petit, à quoi servent les testicules – produire la semence de vie –, leur puissance créatrice et le rôle de son pénis. Ainsi se valorise son corps, ainsi s'instaure sa fierté d'avoir des bourses et une verge, ainsi se confirme son identité de mâle et s'établit chez lui un rapport de filiation avec son père qui « en a » aussi. Pour le garçon, c'est un grand pas vers le détachement vis-à-vis de sa mère, dit aussi « maturation œdipienne ». L'idéalisation de son sexe permet au garçon de sortir des douceurs et jouissances infantiles liées à sa mère. Celle-ci ne peut rien sur la puissance vitale que recèlent les testicules.

Les testicules

Ce sont les glandes sexuelles de l'homme. Elles sécrètent la testostérone, hormone mâle, qui passe dans le sang et donne à l'homme sa masculinité ; et les spermatozoïdes, ou gamètes mâles, en suspension dans un liquide, le liquide séminal, qui eux gagnent les voies sexuelles : les canaux déférents, la vésicule séminale et l'urètre.

Les testicules ne se vident pas, ni ne se rétractent à l'éjaculation car le liquide séminal qu'ils sécrètent ne s'y accumule pas, mais gagne au fur et à mesure de sa sécrétion les vésicules séminales qui lui servent de réservoir. Le sperme est constitué des spermatozoïdes et du liquide dans lequel ils baignent, fait du liquide séminal sécrété en petite quantité par les testicules, auquel s'ajoute celui sécrété en quantité plus grande par la prostate et par les vésicules.

Les testicules sont contenus dans un sac de peau : « les bourses » ou « scrotum ». Cette peau est doublée de fines lames musculaires – les « dartos » – qui en se contractant ramassent et remontent les bourses et leur précieux contenu, les testicules. Les dartos se contractent sous l'effet du froid, pour mettre au chaud les bijoux ; de la peur, pour mettre à l'abri les dits « bijoux » ; de l'excitation érotique directe (par les doigts, les lèvres, la langue) ou indirecte (des titillations appliquées en tous points du corps) pour soustraire les testicules aux balancements.

Au pôle supérieur des testicules se trouve un muscle en forme de cordon qui rattache ce pôle au périnée : le crémaster. Sous les mêmes influences citées ci-dessus (le froid, la volupté, etc.), ce muscle se contracte et remonte les glandes. Voilà un fait que devraient bien noter les femmes : quand les bourses de leur amant se resserrent et que leurs testicules remontent c'est que l'éjaculation n'est pas loin. C'est un signe avant-coureur de l'éjaculation dont elles feront bon usage : se préparer à l'orgasme de leur homme ou au contraire cesser de l'exciter si l'éjaculation n'est pas souhaitée. Si l'éjaculation ne se produit pas, les testicules redescendent.

Différents facteurs provoquent le relâchement des muscles dartos et crémaster et donc la redescente des testicules et le retour à la flaccidité des bourses : une baisse de volupté, la détente d'après-orgasme et la chaleur.

Les testicules sont extrêmement sensibles : toute pression, tout contact brutal provoquent une douleur. Un coup violent peut entraîner une douleur extrême et une perte de connaissance.

LA TESTOSTÉRONE

C'est l'hormone mâle qui, jointe aux gènes Y, détermine la masculinité tant sur le plan morphologique que sur le plan psychique.

La testostérone apparaît chez l'embryon dès l'apparition des ébauches testiculaires, c'est-à-dire au cours des cinq premières semaines. Dès lors, le cerveau et le corps du garçon sont imprégnés par l'hormone mâle. Plus tard, à la puberté, se produit une explosion de sécrétion de testostérone qui provoque une métamorphose du garçon : apparaissent les caractères sexuels primaires (maturation des spermatozoïdes, accroissement des testicules et de la verge, augmentation de la libido, survenue de l'orgasme) et les caractères sexuels secondaires (accroissement de la taille et de la musculature, apparition d'une pilosité spécifique, répartition différente de la graisse, voix grave, etc.)

Toute la vie la testostérone, en baignant le corps et l'encéphale de l'homme adulte, va entretenir sa masculinité morphologique et psychique. En ce qui concerne le psychisme, certains comportements typiques de l'homme sont liés à l'hormone mâle, tel le besoin de domination, l'esprit de compétition, etc. On a constaté que les hommes qui avaient un taux sanguin de testostérone élevé avaient une plus grande pulsion de domination et de compétition, un plus grand besoin de sensations fortes et que cela entraînait plus de conflits et plus d'infidélités. Au total, la proportion de divorces est plus élevée chez les hommes à haut taux de testostérone.

La testostérone est aussi l'hormone du désir. C'est du reste à la puberté, quand le taux de testostérone s'élève brusquement, que la libido apparaît ou s'accroît. Le taux normal de testostérone libre se situe dans une fourchette large comprise entre 2 et 16 nanogrammes par millilitre. S'il n'y a pas de parallélisme absolu entre le taux sanguin de testostérone et l'appétit sexuel, on note quand même une corrélation. Les hommes qui sont carrément au-dessous de la fourchette, ont une libido diminuée. Les hommes âgés qui ont un taux diminué mais compris dans la fourchette conservent une certaine libido. Inversement, les hommes qui ont un taux très élevé ont une sexualité plus éveillée, un intérêt plus grand pour la sexualité : ils ont plus de pensées érotiques, plus de fantasmes, ils sont plus attirés par la nudité, ils ont plus d'érections intempestives, ils se masturbent plus, ils font plus souvent l'amour, ils regardent plus de films pornos.

En sens inverse, toutes les activités sexuelles stimulent la sécrétion de testostérone et donc son taux sanguin : par exemple, un veuf dont le taux était bas par abstinence voit son taux remonter quand il reprend les relations sexuelles. De même, le visionnement d'un film porno remonte ce taux.

Notons que la femme sécrète également de la testostérone en petite quantité, par ses glandes surrénales. Chez elle aussi, cette hormone sous-tend la libido et il existe une corrélation entre les taux d'hormone et l'activité sexuelle : si le taux est élevé, la libido est plus grande, et plus fréquentes les pensées érotiques, les masturbations et les rapports sexuels.

La testostérone joue-t-elle sur l'érection ? Pas forcément, on peut avoir une forte libido, un fort désir sans avoir une forte érection. Toutefois, des recherches ont montré que la testostérone favorisait la production d'un produit qui a un rôle central dans la turgescence des corps érectiles : le monoxyde d'azote – NO – (voir chapitre 16). Cependant, l'administration de testostérone (par voie orale ou par piqûre) ne peut être le traitement d'une faiblesse d'érection et a fortiori de l'impuissance. D'autant que l'usage de la testostérone n'est pas sans risque cancérigène.

Les voies du sperme

(voir schéma en annexe)

Elles conduisent le sperme des testicules à l'extrémité du gland. Le circuit est complexe, les voies spermatiques comportant une succession de conduits sur lesquels se branchent des réservoirs et des glandes. La première section – dite épididyme – est située sur le pôle supérieur de chaque testicule ; en forme d'entonnoir, elle recueille le sperme sécrété par la glande correspondante. La seconde section – dite canal déférent – longue de plusieurs centimètres, part de l'épididyme, gagne l'intérieur du bassin et aboutit en un point situé sous la vessie où elle reçoit un fin canal issu d'une vésicule séminale. La troisième section – dite canal éjaculateur, longue de quelques millimètres – va du point sus-cité jusqu'à l'urètre prostatique. La quatrième section – dite urètre prostatique – longue de 15 millimètres, traverse la prostate et atteint le pénis ; à ce niveau elle reçoit les canaux excréteurs des glandes de Cooper. La cinquième section – l'urètre pénien – suit l'axe du corps spongieux jusqu'à l'orifice du gland.

Les vésicules séminales sont de petits réservoirs qui sécrètent un liquide dit séminal qui constitue les 2/3 du sperme ; elles stockent les spermatozoïdes venus des testicules et le liquide séminal. Lors de l'éjaculation, ces réservoirs se contractent et chassent le sperme dans l'urètre.

La prostate est une glande située sous la vessie et entourant l'urètre dès sa sortie de la vessie, urètre justement appelé « prostatique ». La prostate a une forme de châtaigne et mesure 15 millimètres. Elle est plus développée en arrière, c'est-à-dire vers le rectum ; c'est pourquoi en pratiquant un « toucher rectal », c'est-à-dire en mettant un index dans l'ampoule rectale, on sent bomber cette prostate, ferme, élastique et lisse. Elle sécrète un liquide qui entre pour 1/3 dans la constitution du sperme. Elle a une sensibilité certaine qui peut en faire une zone érogène douée d'un potentiel orgasmique (voir chapitre 23 : massage de la prostate). De plus, en se contactant par secousses elle participe à l'orgasme général.

Les glandes de Cooper sont situées sous la prostate. Elles sécrètent, quand le désir pointe ou qu'une excitation survient, quelques gouttes d'un liquide qui a pour mission de lubrifier et de nettoyer l'intérieur de l'urètre afin que le sperme y glisse parfaitement. Ces gouttes apparaissent à l'extrémité du gland, au méat urinaire : c'est la « rosée d'amour » ; elle apparaît plutôt chez les jeunes.

L'ÉJACULATION

(voir schéma en annexe)

Le sperme est formé de sécrétions venant des testicules, de la prostate et des vésicules séminales. Il est stocké dans les vésicules séminales. Avant que de jaillir sous l'effet de l'excitation, le sperme s'accumule dans l'urètre prostatique, entre l'anneau musculaire qui ferme la vessie en haut et l'anneau musculaire qui ferme l'urètre en bas à sa sortie de la prostate. Pris entre deux anneaux fermés, la pression du sperme s'accroît, accroissement capté par un bouton sensible – le « veru montanum » – qui déclenche l'éjaculation lorsque la pression atteint un certain niveau. Alors, l'anneau du haut se resserre plus encore pour empêcher le sperme de remonter dans la vessie (ce qui arrive parfois, c'est l'éjaculation rétrograde), tandis que l'anneau du bas s'ouvre pour laisser passer le jet de sperme.

Parallèlement, des muscles se contractent en synergie pour expulser le sperme de l'urètre prostatique vers l'extrémité du gland.
• Contraction des voies spermatiques : canaux déférents, vésicules séminales et prostate.
• Contraction de l'urètre prostatique.
• Contraction des muscles du périnée en particulier des muscles bulbo-caverneux et pubo-coccygiens qui alors pressent l'urètre qu'ils enveloppent.

Les contractions sont rythmiques, cadencées (alternance contraction-relâchement) ; l'intervalle entre deux contractions est de 8/10 secondes, il est plus grand pour les dernières ; le nombre total de contractions est de 3 à 6 ; les premières sont violentes et les dernières plus douces. La durée totale de l'éjaculation est de 8 à 15 secondes. L'éjaculation est un réflexe automatique que la volonté ne peut ni provoquer, ni suspendre. La jouissance orgasmique précède le train de contractions puis l'accompagne. Elle est ressentie dans le pénis et la prostate.

On remarquera la similitude des réactions orgasmiques de l'homme et de la femme. Chez les deux, l'orgasme s'accompagne de contractions rythmiques des muscles du périnée selon la même cadence. Comme la femme, l'homme devrait renforcer sa musculature périnéale par des exercices pour accroître l'ampleur de son orgasme.

VU DE L'EXTÉRIEUR

Vu de l'extérieur, le sperme jaillit du gland par saccades, 3 à 6 en moyenne. Plus quand on est jeune, moins en vieillissant. La quantité de sperme est de l'ordre de 2 à 5 millilitres (5 millilitres = une cuillère à café) ; elle diminue en vieillissant ou lorsqu'on a eu plusieurs éjaculations rapprochées (il faut 36 heures pour reconstituer la réserve de sperme). Il peut même se produire des « orgasmes secs ». Il n'y a pas de relation entre quantité de sperme et intensité de jouissance.

Le jet atteint une portée de 60 centimètres à l'âge de vingt ans et décroît ensuite. Au total, 250 à 600 millions de spermatozoïdes sont projetés. Depuis une vingtaine d'années, la concentration en spermatozoïdes diminue régulièrement. Dans certaines régions cette baisse atteint 40 %. À Paris, en 1973, la concentration de spermatozoïdes par millimètre était de 89 millions, en 1994 elle n'était plus que de 60 millions. Sont en cause : les rayonnements, les pesticides et les xéno hormones (détergents, shampooings et autres produits industriels).

CHAPITRE 18

L'ORGASME MASCULIN

Le cycle du plaisir comprend : la phase d'excitation ascendante, la phase d'excitation en plateau, l'orgasme, la phase de résolution et la phase réfractaire.

La phase d'excitation ascendante

Les différents stimuli, soit directs, c'est-à-dire portant sur la verge, soit indirects, c'est-à-dire jouant par l'intermédiaire des organes des sens – la vue, le toucher, etc. – provoquent un afflux de sang dans les tissus érectiles de la verge. Cette intumescence ou turgescence entraîne l'érection ou rigidification de la dite verge. Tout le bassin reçoit aussi un afflux de sang et tous les organes pelviens se congestionnent.

Pendant cette phase le plaisir apparaît et croît. Il est de plusieurs sortes.

Plaisir provoqué par des contacts extérieurs : stimulations diverses (digitales, buccales, etc.) appliquées sur la verge, ou frottement de la verge sur une surface (le vagin, le sein, etc.)

Plaisir engendré par l'érection perçue de l'intérieur : sensation de remplissage, d'engorgement par le sang et sensation de tension du sang sous pression.

La phase d'excitation en plateau

L'intumescence est à son plein, l'érection à son maximum et se maintient de façon constante.

Ici, le plaisir continu de croître, devient superlatif pour atteindre une intensité extraordinaire juste avant que n'éclate l'éjaculation.

C'est au cours de cette phase que les bourses se ramassent et que les testicules ascensionnent jusqu'au périnée, cela afin d'éviter d'être ballottés en tous sens au cours de l'acte sexuel. Les bourses augmentent de 50 % leur volume.

La phase d'imminence d'éjaculation

Avant que ne jaillisse le sperme, l'homme ressent une sensation de plaisir aiguë à la surface de son gland, liée, elle, aux frottements sur la muqueuse vaginale et une autre, plus aiguë, plus terrible à la racine de la verge, là ou elle s'implante sur le périnée, liée, elle, à la mise en tension des voies spermatiques (vésicules séminales, prostate, urètre) et plus précisément à l'accumulation du sperme dans l'urètre prostatique et donc à la pression de ce sperme. Un petit bouton muni de capteurs sensibles – le veru montanum qui se trouve dans l'urètre prostatique – informe du niveau de cette pression et du plaisir qui va avec. Ce plaisir plus aigu constitue le point pré-éjaculatoire ou point d'imminence de l'éjaculation.

À cet instant si les stimulations cessent (celles de la main, de la bouche ou du coït), le réflexe éjaculatoire ne se produira pas.

La phase d'éjaculation

Si les stimulations continuent encore quelques dizaines de secondes, on franchit le point de non-retour et le réflexe se déclenche brusquement, de façon irrésistible, sans que la volonté n'y puisse rien, non plus qu'une quelconque menace extérieure ; le sperme est expulsé et l'homme est emporté par un plaisir culminant : l'orgasme, un plaisir à crier. Mais rarement l'homme ose crier, ce qui est regrettable car il jouirait encore plus fort.

L'éjaculation, comme on l'a vu au chapitre précédent, correspond à des contractions rythmiques des voies spermatiques et du périnée. À chaque secousse expulsive correspond un pic de plaisir ; les trois premiers pics de plaisir sont extrêmement forts, les suivants vont decrescendo. La quantité de plaisir n'est pas proportionnelle à la quantité de sperme. S'il y a plusieurs éjaculations successives, à la fin, les plaisirs-orgasmes seront secs, mais extrêmement voluptueux.

La phase de résolution

Les stimuli cessant, le sang en quelques secondes quitte les tissus érectiles : les corps caverneux et le corps spongieux se vident. C'est la détumescence. Le pénis reprend sa taille de repos et sa flaccidité. Le sac scrotal se relâche, les testicules redescendent. Le gland reste hypersensible, voire douloureux ; s'il est demeuré dans le vagin, ça l'empêche de bouger, s'il est sorti, ça le rend intouchable.

L'homme est fatigué, « vidé », il a besoin de repos, il a aussi envie de dormir irrésistiblement. De plus, il a du vague à l'âme, il est mélancolique. *« Post coïtum omne animal triste »* remarquait déjà Gallien. Ce triste état a deux origines : une origine biochimique liée à l'effondrement du taux des neuro-hormones du plaisir (endomorphines, etc.) après qu'elles aient atteint un pic au moment de l'orgasme ; et une origine psychique due à la déception de l'homme qui, pendant quelques instants, avait jailli au septième ciel, y avait connu une brève fusion avec sa partenaire, mais n'a su y rester et est retombé plus bas que terre et plus seul que jamais.

À vrai dire, cet état pitoyable de fatigue et de langueur est le fait de l'homme ancien qui réduit l'acte sexuel à une banale séquence de « pénétration-éjaculation » par ailleurs dépourvue de sens. L'homme nouveau, au contraire se trouve régénéré et dans un état de conscience supérieure – l'extase – étant donné qu'il pratique la maîtrise de l'éjaculation et la « caresse intérieure ».

La phase réfractaire

Elle double la phase de résolution. L'homme y est devenu réfractaire à toute activité sexuelle : il est moins sensible aux stimulations diverses, son désir est diminué, voire annulé, son érection réduite, voire impossible. Cette phase réfractaire dure, selon l'âge, de quelques minutes à quelques jours ou à quelques mois. Elle est moins marquée chez les hommes jeunes ou chez les hommes à forte libido ; chez eux, désir et érection persistent après l'éjaculation, aussi peuvent-ils répéter les coïts jusqu'à 3 à 4 fois contre 1 ou 2 fois pour la population masculine moyenne. Ils ne seraient que 15 % à pouvoir répéter, presque sans compter, leurs éjaculations.

La phase réfractaire et ses inconvénients concernent spécialement l'homme ancien en raison de sa façon de faire l'amour qui, nous l'avons assez vu, se réduit à la séquence aussi banale qu'automatique « pénétration-éjaculation ». Hélas, cette phase est encore plus catastrophique pour la partenaire de l'homme ancien. Elle aimerait que les ébats durent et rebondissent pour atteindre à son tour l'orgasme et elle aimerait baigner enduite dans de tendres postludes.

Ce qui est impossible avec un homme ayant perdu son désir et son excitation, en un mot désintéressé.

Les hommes nouveaux ne connaissent pas les effets négatifs de la phase réfractaire. La pratique de la « caresse intérieure » et du contrôle de l'éjaculation fait que leur désir et leur érection persistent aussi longtemps que dure la relation sexuelle et même après, quel que soit leur âge. Leur partenaire peut donc atteindre l'orgasme et le répéter. Ensuite, ils restent blottis physiquement et unis psychologiquement, dans un état de conscience privilégiée.

Les réactions du corps

La peau rougit, souvent par tâches, et devient plus chaude, plus attirante, plus « magnétique ».

La pupille des yeux se dilate. Cette « mydriase » est un signe de désir et de plaisir. Elle est aussi un signal qui éveille le désir de l'autre, comme nous l'avons déjà vu. C'est elle encore qui donne au regard sa profondeur et sa beauté pendant l'union sexuelle. Cependant, cette mydriase a un inconvénient : elle provoque une hypersensibilité à la lumière, voire une photophobie ; la pupille grande ouverte laisse entrer trop de jour. Il faut donc que les amoureux atténuent la lumière et même qu'ils ferment les yeux au cours de l'orgasme.

Les mamelons se dressent et se congestionnent, toutefois, moins chez l'homme que chez la femme.

Les muscles sont très actifs pendant l'acte, voire déchaînés dans l'acte ordinaire de l'homme ancien mais au contraire paisibles dans la caresse intérieure de l'homme nouveau. Ils sont même immobiles dans la relation tantrique. Ils se détendent totalement après l'orgasme. Les muscles du visage se crispent dans l'acte ordinaire mais ils restent doux dans la caresse intérieure ; ils sont carrément « zen » dans la relation tantrique, ce qui donne au visage cet aspect radieux qu'on trouve aux couples sculptés sur les temples orientaux (Konarak par exemple).

Le cœur s'accélère et ses contractions s'amplifient. Dans l'acte ordinaire, le rythme cardiaque peut atteindre 110 voire 160 pulsations par minute et friser la tachycardie ; ce qui n'échappe pas à la partenaire qui sent le cœur de son homme cogner très fort. La tension artérielle monte de 3 à 6 points. Ces modifications cardiovasculaires doivent rendre prudents les hypertendus. Dans la caresse intérieure le pouls et la tension augmentent beaucoup moins.

La respiration s'accélère passant de 18-20 inspirations par minute à 30 voire 40, ce qui est de l'essoufflement. Après l'orgasme, la respiration s'apaise et un (ou deux ou trois) gros soupir termine ce decrescendo. Dans la caresse intérieure, la respiration s'accélère sans atteindre l'essoufflement.

LE VÉCU DE L'ORGASME

L'homme ancien qui « saute » une femme, qui « tire son coup », c'est-à-dire qui exécute l'acte sexuel presque sans préliminaires, sans guère de raffinement et en un temps court, ne peut avoir qu'un plaisir réduit et limité à ses organes sexuels. Il ressent pendant le va-et-vient un plaisir aigu à la surface du gland qui frotte sur la muqueuse vaginal ; et au moment de l'orgasme, une jouissance extrême d'allure explosive par sa brutalité soudaine et à type de crampe voluptueuse (ne dit-il pas « tirer sa crampe » ?) qu'il ressent à la racine de la verge et dans le périnée. C'est un plaisir du zizi et de sa racine. Parfois ça peut irradier dans le dos ; mais ça ne s'expanse pas, ça n'englobe pas tout le corps, ça n'implique pas l'homme, c'est un plaisir d'organe, un plaisir partiel, fugitif, qui ne fait que passer. Tout se passe comme si l'homme voulait se décharger d'une tension nerveuse, se débarrasser d'une excitation en les déversant avec agressivité dans le vagin. Comme s'il avait à relever un challenge, celui d'éjaculer, et qu'il devait, pour y arriver, s'éreinter et ahaner.

L'homme nouveau, lui, fait précéder l'acte sexuel de longs préliminaires plus ou moins raffinés intéressant toutes les parties du corps et tous les sens. L'acte lui-même, accompli selon l'art de la « caresse intérieure », dure un certain temps (de plusieurs minutes à plusieurs heures). Aussi les plaisirs sont infiniment plus longs, plus forts et plus totaux. Les plaisirs de la verge sont croissants et très intenses, ils irradient dans le périnée et dans les reins, ils enchantent tout l'être. Quant à l'orgasme, il est fantastique, il explose du gland à la racine de la verge et ses ondes de choc fusent dans tout le corps, ravageant le périnée, soufflant le bassin, éclatant dans le ventre, arrachant la colonne vertébrale, irradiant dans le thorax, pour exploser à nouveau dans la tête. Le corps se dilate, le corps s'expanse, le corps chante, le corps crie, le corps brille.

Alors, le plaisir de l'homme n'a rien à envier à celui de la femme. En plus, dans la caresse intérieure il peut répéter ses acmés. Du reste, les descriptions masculines de l'orgasme rejoignent celles des femmes.

Chers orgasmes

« Je sens très rapidement une sensation de plaisir très aigu dans le pénis, spécialement dans sa racine. Puis je sens des secousses formidables dans cette racine et des saccades de sperme passant par ma verge ; alors le plaisir passe dans mon ventre, puis il monte dans mon dos. Ça envahit tout mon corps, ça prend possession de moi. »

« C'est une tension dans ma verge, dans mon bas-ventre qui croît, qui croît et soudain, c'est l'explosion. Le plaisir est terrible, il brûle mon sexe et embrase mon ventre. Je perds la tête, je ne sais plus rien, je ne sais plus où je suis, qui je suis. C'est l'ivresse. »

« C'est un séisme, des ondes parcourent ma verge, secouent mon ventre puis tout mon corps des pieds à la tête. Je quitte la Terre, je m'envole. »

« C'est violent, ça vous emporte comme un cyclone. Tout mon corps chavire, ma tête chavire. Je ne suis plus là. Le temps n'existe plus. »

Bien entendu l'orgasme n'est pas toujours au summum. Ça varie avec les jours, le stress, la fatigue. L'orgasme est suivi d'une profonde détente musculaire et nerveuse et d'un immense bien-être. L'homme nouveau aime rester blotti dans les bras de l'autre, baignant tout deux dans la même euphorie, ne faisant toujours qu'un. Cet « après-orgasme », dans ces conditions, est un des plus grands bonheurs qu'un humain puisse connaître : « Après l'amour, j'aime rester en elle, mon sexe bien chaud et moi dans ses bras et elle dans mes bras. C'est le nirvana. »

Le périnée : une lyre en délire

Comme l'avaient montré les travaux fondamentaux de Masters et Johnson, l'orgasme s'accompagne de la contraction spécifique d'un groupe de muscles particuliers : les muscles périnéaux.

Le périnée, qui est le fond du bassin, est constitué d'un tressage de muscles dont le principal est tendu entre le pubis et le coccyx en arrière : le muscle pubo-coccygien. Quand survient l'orgasme (et l'enregistrement montre que la sensation précède le train d'ondes musculaires), les muscles du périnée, dont le fameux pubo-coccygien se mettent à se contracter, par intermittence et en cadence, autrement dit, ils présentent des contractions érectiles rythmiques, ils battent comme des ondes qui vibrent. L'intervalle est de 0,8 seconde, le nombre de contractions-battements de 8 à 14. C'est exactement ce qui se passe dans les orgasmes de la femme.

CHAPITRE 19

DE LA MASTURBATION

Il est regrettable que l'on continue à user de ce terme qui remonte à des temps de répression. « Masturbation » vient du latin « manu » la main et « stupro » la souillure. Personnellement, je dis de préférence « autocaresse » et « autoérotisme ».

C'est une activité qui arrive très tôt dans la vie du sexe mâle. Chez le fœtus, le pénis visible sur les échographies dès le 6e mois in utero, se trouve parfois en état d'érection. À 8 mois in utero, le fœtus y porterait la main et l'agripperait. Peut-on parler de masturbation ? Des auteurs ont même parlé d'autofellation…

L'ENFANT ET LES SORTILÈGES

Dès sa naissance le bébé masculin présente des érections spontanées. Le zizi qui se dresse va attirer l'attention de bébé. De l'intérieur il sent sa tension qui bientôt se teinte de plaisir. De l'extérieur ses yeux le distinguent et ses mains le découvrent. Ultérieurement, quand il connaîtra mieux la géographie de son corps et qu'il saura diriger ses mouvements, c'est intentionnellement que bébé conduira sa main vers son pénis, d'autant plus que celui-ci s'érige plus souvent. Dès l'âge de 3 ans, le geste de masturbation est quasi élaboré. Le plaisir maintenant est plus agréable, plus profond et plus large et il s'accompagne d'une modification de la conscience : une détente, une langueur, un brouillage de sa pensée, bref, une ébauche d'orgasme. Petit à petit, le plaisir va évoluer vers un véritable orgasme ; il survient entre 3 et 5 ans sans éjaculation.

D'autres faits amènent le garçon à prendre possession de son pénis : faire pipi, jouer avec ses frères, ses sœurs ou ses copains (jouer à « touche-pipi », jouer au « docteur »…). Toutefois, ces jeux ne sont pas accompagnés de stimulations jouissives ni envers soi, ni envers les autres.

Dans les premiers âges, le garçon va plus particulièrement « se toucher » quand il se trouve seul au fond de son berceau ou de son petit lit, seul au milieu de sa grande chambre : il ne dort pas, soit qu'il ne trouve pas le sommeil, soit qu'il est réveillé et s'ennuie ou qu'il est pris de quelque peur ou angoisse. Alors titiller son pénis lui apporte bien-être et détente et l'aide à s'endormir. En grandissant c'est la tension ressentie dans son pénis érigé qui l'amènera à se masturber pour soulager ce désir de plaisir.

C'est à cette époque, vers 4 à 5 ans, que les premiers fantasmes apparaissent chez le garçon. Tandis qu'il s'excite et se branle, une image se distingue : le sein d'une femme décolletée, une autre partie d'une femme dénudée. Alors, cette image s'associe à sa jouissance. La prochaine fois qu'il se masturbera, il s'aidera de celle-ci pour s'exciter et obtenir l'orgasme. Si cette image est forte, il se peut que ce soit ce premier fantasme que l'homme utilisera toute sa vie.

Un peu plus tard, la masturbation va jouer chez le garçon un rôle fondamental dans l'affirmation de son identité masculine et dans son détachement de sa mère.

- Elle lui permet d'établir qu'il est différent d'elle et résolument du côté des copains avec lesquels il parle masturbation.
- Elle lui permet de constater qu'il peut se passer de sa mère pour obtenir du bien-être.
- Elle lui permet de s'opposer à elle qui lui interdit de se toucher, du moins en public.

LE GARÇON PUBÈRE

Chez le garçon pubère entre 10 et 12 ans, survient la puberté, une véritable révolution et une métamorphose. Du poil lui pousse sur le visage et le corps, sa voix mue, sa musculature se développe, ses testicules grossissent, sa verge croît et croît sa tension et se multiplient les appels qu'elle lui lance.

Un beau jour, une éjaculation survient. Ça peut être au point culminant d'une masturbation ou spontanément au cours d'une nuit. La « pollution nocturne » stigmatisée par les confesseurs d'antan. Alors s'installe un fait nouveau : le besoin d'orgasme. Et paraît le besoin de l'autre, besoin qui ne va cesser de croître. Mais il n'a pas encore assez de maturité physique et psychologique pour faire une démarche vers l'autre, vers la fille : son corps nouveau et inexpérimenté, sa personnalité non encore affirmée et un manque de confiance en lui le retiennent. Il se contentera de se masturber.

À la base de ces transformations : la testostérone que les testicules se sont mises à sécréter en abondance.

L'adolescent

À partir de 15 ans, le garçon atteint une certaine maturité, son corps est apte à faire l'amour et même à se reproduire et sa personnalité est assez affirmée pour qu'il se lance à la conquête d'une fille, car son besoin de contact et son besoin d'orgasme, bref, son désir est intense.

Hélas, ni lui, ni elle ne sont prêts, ni préparés à l'échange sexuel et la déception est grande, surtout chez elle. L'homme ignore l'anatomie et la physiologie de la femme et il ne connaît pas l'érotisme et l'autoérotisme féminin ; lui il ne connaît qu'une chose c'est la façon de se faire jouir par un mouvement de coulisse de sa main autour de son pénis, mouvement ferme, rapide, simpliste et tout à fait stéréotypé : voilà dix ans qu'il se branle. La femme, elle, ne connaît que sa façon plus subtile de stimuler son clitoris ; quant à son vagin en tant que zone érogène elle l'ignore quasiment, c'est la partie la plus secrète, la plus inaccessible et la plus taboue de son corps.

Et voilà qu'on demande à l'homme d'être expert en caresses clitoridiennes, lui qui ne connaît que le branlage de sa verge. Et qu'on lui demande de faire jouir avec son pénis éveillé depuis 15 ans (mais qui ne connaît que le va-et-vient balistique), un vagin qui dort, lui, depuis 15 ans. L'homme, en introduisant son pénis dans le vagin, finira bien par jouir, mais la fille dont le vagin est pénétré pour la première fois ne peut jouir. Si l'homme a été délicat et aimant, elle pourra toutefois se sentir heureuse de leur très intime union et heureuse de ce don d'amour qu'elle lui a fait. Mais pour que la rencontre procure aux deux un optimum de plaisir, il reste à l'homme à apprendre l'érotisme féminin et à la femme à apprendre comment ça marche un homme.

Le garçon, pas tout à fait satisfait de ces échanges sexuels et n'ayant pas toujours une fille à sa portée, va continuer à se masturber. À l'adolescence l'activité masturbatoire reste mécanique et limitée à son sexe : une simple friction manuelle du gland ! Alors que les filles ajoutent à leur masturbation, qui d'ailleurs est double (clitoris et vagin), des caresses de leur corps : de leurs seins, de leurs fesses, de leur ventre…

Jusqu'à vingt ans, 95 % des garçons adolescents se masturbent, qu'ils aient ou non une copine, mais dans ce dernier cas, ils le feront moins souvent.

MASTURBATION ET COUPLES

La plupart des hommes cessent de se masturber quand ils se mettent en couple. Ils agissent ainsi soit parce qu'ils n'ont plus besoin de s'autocaresser, leur femme comblant leur libido, soit parce qu'un certain idéalisme les anime : « Quand on aime quelqu'un, disent-ils, et qu'on est bien avec elle, on ne se masturbe pas. » Ou bien : « Quand c'est sérieux avec une femme, ça me donne un malaise de me masturber. Ça me semble incohérent de lui dire «je t'aime, sous-entendu tu es tout pour moi» et de me donner du plaisir sans elle ! »

Les hommes qui continuent de s'autocaresser sont soit des insatisfaits dont la compagne est peu intéressée ou peu douée pour l'érotisme, soit des hommes à fort tempérament qui ne peuvent être facilement comblés, soit enfin des hommes qui, en plus des plaisirs conjugaux, aiment cette pratique : « Ça n'a rien à voir, c'est un plaisir différent », ou bien : « Je fais ça pour moi, ce n'est pas contre ma femme. » Ou encore: « C'est comme d'aller au cinéma tout seul de temps en temps. » Et ces hommes de s'insurger contre l'amour fusionnel et l'amour absolu qui emprisonnent les partenaires : « Vouloir être tout pour l'autre limite son horizon et réduit son univers. » Parmi les masturbateurs « mariés » on trouve aussi les hommes éloignés de leur épouse parce qu'ils sont en déplacement, à moins que ne soit elle qui soit en voyage. On trouve enfin des hommes stressés qui cherchent dans l'autocaresse le moyen de se relaxer.

Cependant, les hommes en couple qui se masturbent le font en cachette car, lorsqu'une femme découvre le fait, elle s'estime trahie et souffre énormément : « Je pensais que j'étais tout pour toi », déclare celle qui croyait à l'amour absolu. Elle s'aperçoit soudain qu'elle n'est peut-être pas à la hauteur et se sent dévalorisée.

Cette découverte peut être à l'origine d'une crise dans le couple, la femme refusant dès lors de faire l'amour et entretenant un ressentiment envers le masturbateur. Ça pourrait être l'occasion d'opérer un réajustement dans leur couple et d'accéder à une relation nouvelle et plus riche ! Par exemple, passer de l'amour fusionnel et absolu à un amour plus vrai et plus nature. Et d'améliorer leurs relations sexuelles : perfectionner les caresses, transformer le coït ordinaire en « caresse intérieure », et intégrer la masturbation dans le couple, l'homme se masturbant en présence de la femme ou l'homme se faisant masturber par sa femme ou les deux se masturbant en même temps.

Tout savoir sur la masturbation

Combien de fois les hommes se masturbent-ils ?

La fréquence est des plus variées : de 3 fois par jour à 1 fois par jour, à une fois par semaine, à une fois par mois, ou jamais.

« Quand je suis célibataire, je me masturbe une fois à la sieste et une fois le soir. »

« Quand je suis avec une copine, je le fais moins, mais quand même car ça m'apporte quelque chose de différent. Alors, je peux le faire deux fois par mois. »

« Je le fais tous les jours, comme tous mes potes. »

« Célibataire je le fais 2 ou 3 fois par semaine. Mais quand j'ai une copine et que ça va bien je ne le fais pas. »

« Quand je suis en couple, je ne me masturbe pas. Mais si ma copine s'absente, je m'y remets. »

Pourquoi se masturbent-ils ?

« Quand je suis trop excité et que je n'ai pas de partenaire ou qu'elle est absente, pour me soulager. Mon envie, parfois est insoutenable, à devenir dingue. »

« Il y a des jours où le besoin de faire l'amour est si fort que c'en est douloureux. Je suis obligé de me branler. »

« Quand je suis énervé, ou stressé, pour m'apaiser, me détendre. »

« Quand j'ai le cafard, quand je suis anxieux, pour me donner du bon temps. »

Comment se sentent-ils après ?

« Détendu. »

« En forme. »

« Triste. Une fois l'excitation retombée, j'ai une impression de vide, une déception. Le plaisir sexuel est fait pour être partagé. Seul, j'ai une impression de manque. »

Comment font-ils ?

Un certain nombre se mettent à plat ventre et frottent leur pénis en érection sur le drap du lit ; il faut alors un quart d'heure pour obtenir l'éjaculation. La plupart font de leur main un anneau (le pouce et l'index) ou un tunnel (le pouce et quatre doigts) et la font coulisser sur leur verge du haut en bas et du bas en haut. Bref, ils imitent le va-et-vient du pénis dans le vagin. Le plaisir se ressent tout au long de la verge avec un maximum au passage de la couronne du gland ; là, le plaisir est extrêmement vif et susceptible, s'il est prolongé, de déclencher une éjaculation. Toutefois, le passage de la main sur le fût, pour peu qu'elle le comprime, éveille aussi des voluptés notables et profondes.

Le plaisir est aussi dans la main qui branle : le contact avec ce bâton si raide, si dur, mais si vivant car gorgé de sang, brûlant, battant, frémissant, tendu vers le plaisir et prêt à gicler son sperme est un contact très particulier, très excitant.

Le plaisir est aussi dans les yeux : voir le pénis tendu au maximum, voir le gland jaillir du prépuce, à chaque mouvement de la main vers le bas, gland gonflé, prêt à éclater et rouge écarlate est aussi très excitant. Et très narcissisant.

QUAND LA MASTURBATION DEVIENT DU GRAND ART

Tel homme se contente de « petites branlettes » de deux minutes. Tel autre s'offre parfois de longues séances plus ou moins raffinées.

Celui-ci commence par créer une ambiance avec pénombre, lampes colorées, musiques planantes, encens ou parfum. Il place devant ses yeux une image – photos ou représentations de nus féminins – ou même se projette un film pornographique (à défaut de films érotiques). Ceci afin de déclencher et de soutenir son excitation et de l'aider à fantasmer. Car, à vrai dire, le plus excitant c'est les fantasmes qu'il se passe dans sa tête.

Avant d'aborder la masturbation, il se caresse tout le corps : les épaules, les pectoraux, le ventre, les hanches, tout ce qui est à portée de ses mains. Il effleure la peau du bout des doigts ou au contraire la caresse à pleine main, main légère ou franchement appuyée. Quand il rencontre une rondeur (l'épaule, la hanche, etc.), il aime la nicher dans l'arrondi de sa paume. Quand il rencontre une plage tendre, il aime la pincer largement entre pouce et grands doigts réunis. Il va aussi titiller ses mamelons, s'ils sont sensibles. Se rapprochant de l'épicentre, il fait glisser ses doigts sur les faces internes des cuisses, dans les sillons entre cuisses et bourses. Il aime encore ramasser ses bijoux dans une main et les tenir ainsi avec contentement, voire délices.

Quand il aborde son pénis, il va amuser les points les plus sensibles : le frein et la couronne du gland. Le frein, il le titille avec la pulpe mouillée d'un doigt – le médius ou l'index – le taquine ponctuellement par petites touches furtives ou glisse dessus lentement. La surface est réduite mais le plaisir aussi extrême qu'exquis. C'est la zone la plus sensible du corps mâle. Le pénis ne s'y trompe pas qui se rengorge aussitôt et se dresse de toute sa hauteur, tendant le chef vers un avenir radieux.

La couronne, ce renflement annulaire qui cerne le gland à sa base, est également une zone tellurique qui déclenche des séismes quasiment de la même magnitude que le frein – c'est-à-dire 8 sur l'échelle des caresses qui en comporte 8. Ici aussi la caresse sera ciselée avec la pulpe mouillée d'un médius ou d'un index. Le bon geste est de suivre d'une pulpe légère la ligne de crête de la couronne, d'en faire le tour doucement, très doucement avec la légèreté d'une aile de phalène et de recommencer. Elle peut aussi, cette pulpe, s'amuser à poser sur le pourtour une suite de touchettes, telles les pattes d'une bergeronnette sautillant sur les bords d'un marais. Et voilà, le pénis qui s'empresse de manifester son enthousiasme et sa gratitude en plastronnant, fier comme Artaban. Sa tension est alors intense. En soi la tension pénienne est un plaisir étonnant dont la femme n'a pas idée.

Malgré cela, l'homme décide de ne pas déclencher le branlebas de combat et l'orgasme qui s'en suivrait. Il préfère allait semer d'autres taquineries, cette fois sur la hampe. Sa main descend le long de celle-ci. D'abord, elle le serre globalement dans son creux quelques secondes, se réjouissant de tenir un tel fût, plein de sève et si droit. Puis elle le presse un peu plus mais par petits coups, façon de faire particulièrement sympathique qui l'émeut. Ensuite, il entreprend d'explorer en détails les touches sensibles de la hampe sur sa face postérieure, ce qui revient à suivre le corps spongieux sur sa longueur ; il promène la pulpe d'un doigt – l'index c'est bien – le long de cette face en partant du gland et en descendant ; tous les centimètres il s'arrête, comme s'il jouait du fivre, et appuie profondément : de ci, de là un plaisir plus aigu se révèle. Avant que d'arriver à la racine du pénis, un point fait « tilt » plus que les autres, c'est le point A ; un point sensible qui, contracté, éveille un plaisir notoire et renforce l'érection, ce que confirme aussitôt le pénis, qui ayant cru pouvoir souffler quelques secondes s'était quelque peu relâché et doit se ressaisir pour retrouver sa superbe.

Après avoir gâté le point A, la pulpe reprend son exploration et bientôt passe de la face inférieure – le dessous – du pénis à sa racine. Là on est sur le périnée, en son début où s'accrochent le scrotum et son précieux contenu, les testicules. C'est justement à travers ce scrotum que la pulpe qui explore perçoit un renflement dur = la racine du pénis. Progressant à sa surface vers l'arrière en continuant de presser tous les centimètres elle tombe sur un autre point qui fait « tilt », un plus grand « tilt », c'est le point B, un point qui lorsqu'on y appuie déclenche un plaisir ou plutôt un grand bien-être mâtiné de détente, et provoque un sursaut d'érection. Enfin, plus en arrière elle arrive sur le point H qui correspond à la projection verticale de la prostate. En pressant plus fort et en tournant on réalise un massage externe et indirect de la zone prostatique (voir chapitre 13).

C'est au même endroit que se trouve le premier Chakra, dit Chakra de base.

UNE ESCAPADE FACULTATIVE

Glisser un centimètre en arrière, c'est tomber sur la marge de l'anus. Effleurer celle-ci d'un doigt, c'est s'offrir quelques sensations agréables. Faut il aller plus loin et entrer le doigt dans l'astre ? C'est affaire de goût, d'envie. Certains, aussi gourmands qu'originaux, placeront même un objet dans le canal anal et tandis qu'ils se masturberont le pénis, remueront cet objet, prétendant que ça amplifie leur plaisir. Chacun est libre de jouir comme il l'entend.

LES FANTASMES ET LA MASTURBATION

Souvent l'homme n'a pas besoin d'un scénario, une image lui suffit car il s'excite facilement et « orgasme » de même. De plus, l'homme étant visuel, comme on le sait, l'important pour lui est de voir, sans autre forme d'excitation. Aussi, peut-il user des photos d'un magazine sans que ce soit forcément un magazine dit « de charme », pourvu que la femme soit nue ou en partie dénudée ; à ce propos les publicités pour sous-vêtements sont une aubaine.

L'homme peut aussi faire remonter à sa conscience une image récente : celle d'une femme aperçue dans la journée et dont le visage et la silhouette l'avaient frappé. Il peut encore, tout simplement, évoquer sa partenaire habituelle. S'il l'aime ou la désire beaucoup son fantasme n'en sera que plus vivant.

D'autres fois, l'homme va monter de véritables scénarios à partir de l'image qu'il a retenue. C'est avec elle qu'il va faire l'amour, pratiquer un cunni, une fellation. Tout ce qui est possible et imaginable sera mis en scène.

D'autres fois enfin, l'homme va faire appel à des souvenirs, c'est-à-dire des scénarios tout faits. Ici ce sont les souvenirs d'enfance qui reviennent le plus souvent ; ainsi les faits sexuels qui ont marqué l'enfance vont continuer d'animer toute la vie sexuelle.

Les conséquences de la répression de la masturbation

Pendant des siècles, la masturbation a été culpabilisée, réprimée notamment par les Pères de l'Église. Les conséquences de cette répression fanatique se font sentir jusqu'au milieu du XXe siècle, voire jusqu'à maintenant. En chacun de nous persiste plus ou moins inconsciemment l'idée que la masturbation est un acte répréhensible, sale, honteux et nuisible pour la santé. Ce qui amène les parents à se montrer répressifs ou tout au moins gênés. Ce qui reconduit les attitudes négatives des enfants envers la sexualité.

Punir un garçon surpris à se masturber peut perturber l'affirmation de sa masculinité : si son pénis a quelque chose de honteux, être un homme n'est pas intéressant. Si la punition est sévère, accompagnée de sévices, ça risque d'induire chez l'enfant une tendance au sadisme.

CHAPITRE 20

CARESSES, BRANLE ET BAISER PÉNIEN

Le pénis a certes un rôle actif, rôle mécanique de bélier, destiné à pénétrer dans le vagin et à y exécuter des va-et-vient pour son plus grand plaisir et celui de sa compagne, mais il a aussi un rôle passif que je préfère appeler « réceptif » : accueillir et apprécier, ô combien, toutes les caresses qu'on pourrait lui prodiguer. C'est un organe très sensible et je ne parle pas seulement ici de sa sensibilité érotique mais aussi de son émotivité. Le caresser bien ne lui suffit pas, il faut l'aimer et même l'adorer.

N'HÉSITEZ PAS À L'ADMIRER

Adorer le pénis ? Oui, mais pas comme les hommes du patriarcat l'exigeaient, c'est-à-dire en tant que phallus symbole de leur supériorité (alléguée) et de leur domination, en ces temps où ils s'étaient emparés du pouvoir et où ils avaient soumis la femme. L'adorer comme on peut le faire maintenant que nous sortons du patriarcat et de la guerre des sexes. Comme l'homme aimant le fait de la vulve. De nos jours, l'adoration de la femme porte sur le pénis comme emblème de l'autre pôle de l'Humanité qui est son complément, qui fait avec elle l'éternité de l'espèce et avec qui elle souhaite vivre en harmonie ; c'est le pénis comme signe particulier de l'être masculin avec qui elle connaît (et lui avec elle) le meilleur de ses bonheurs ; c'est le pénis comme attribut du mâle grâce auquel elle obtient les plus fous de ses plaisirs ; et aussi par l'apport de son gamète, la splendide tâche de perpétuer l'espèce. Adoration à charge de réciprocité, dans une parfaite égalité et dans un mutuel respect et une mutuelle reconnaissance. Avec tendresse.

Dans ce nouveau contexte adorer le pénis n'est nullement s'abaisser mais s'élever et élever la sexualité au niveau d'une relation admirable. Si un jour, emportée par l'amour et la volupté, vous déclarez : « Ô beau et fier pénis, symbole de l'homme, expression de toute la masculinité du monde, artisan de mon plaisir et de mon bonheur, je te rends hommage ! », eh bien, ce jour-là, vous vous grandirez. En plus, vous rassurerez l'homme car, de même que la femme ne veut plus être un objet sexuel, l'homme répugne à le devenir comme certaines amazones le lui font craindre.

Et puis vous savez bien, Mesdames, que le pénis, surtout le pénis qui vous aime et vous respecte, est vulnérable. Oui, le pénis est fragile. Alors n'hésitez pas à le complimenter, à l'admirer ; cette attitude humaine est aussi une attitude intelligente car, mis en confiance, le pénis vous le rendra au centuple. En tout cas, parler à son zizi, le bichonner, le flatter, le bécoter par simple tendresse fera fondre le cœur de votre homme en lui montrant qu'il n'est pas fait que pour bander. Et ça l'incitera à faire de même envers vous et votre « chatte » qui n'êtes pas faites que pour recevoir la bandaison.

Reste pour vous à apprendre les meilleurs gestes érotiques, les meilleures caresses à offrir à votre homme et à son pénis, comme vous aimeriez qu'il fasse pour vous et votre sexe.

D'abord assurez-vous de la verge : prenez le fût à pleine main, une main gourmande et fervente, tenez-le verticalement, tirez doucement la peau vers le bas pour dégager le gland de sa capuche prépuciale.

Le clitoris de l'homme

Il est une zone chez l'homme qui a l'exquise sensibilité du clitoris, c'est le frein du gland, ce petit « filet » tendu sous la verge, entre le bourrelet de la « cerise » et la hampe ; il est bourré de corpuscules de volupté de Krause comme l'est le bouton féminin et, comme lui, il est à peine touchable, surtout après quelque temps d'excitation.

D'abord, exposez-le bien en retroussant le prépuce et en le tirant vers le bas puis à vous de réaliser le chef-d'œuvre. Allez-y subtilement comme vous souhaiteriez que votre homme aborde votre clitoris. Mouillez la pulpe de votre index ou de votre médius et posez-le sur le filet. Ce simple contact procure une sensation extrêmement fine et extrêmement forte à la fois. Puis déplacez légèrement votre doigt ; de toute façon, l'étroitesse de la zone ne permet pas une grande amplitude. Faites des petits allers et retours dans l'axe du filet puis décrivez des mini-cercles. Alors, vous entendrez votre homme entamer quelques murmures de contentement qui iront très vite crescendo. Continuez sans vous presser de passer à autre chose ; il n'y a pas d'autre but que de faire durer le plaisir, là ou vous êtes.

Vous désirez maintenant faire gravir un degré de plus aux délices de votre aimé. Son filet étant maintenant rendu encore plus sensible, portez-y la langue. Qu'elle le léchotte lentement, longuement. Puis que sa pointe le titille, le taquine sur un rythme plus rapide. Puis, qu'elle alterne léchottes lentes et titillations rapides. Ensuite, que votre langue s'élargisse et lèche carrément et avec gourmandise le filet et la partie du gland qui le borde. Faites comme vous feriez à une boule de glace. N'oubliez pas de faire « Hum ! Hum ! » en dégustant. Alors, les murmures de votre homme monteront d'un cran encore et bientôt ses mains saisiront fébrilement la partie de vous qu'elles rencontreront : votre cuisse, votre hanche, votre taille, que sais-je, et en grifferont la peau ou y incrusteront leurs ongles.

Votre langue en œuvrant joyeusement et inlassablement a mis votre homme au supplice. Le bienheureux ne sait plus où il est. Ce qu'il ressent est à la fois plaisir aigu et douleur exquise. Bien entendu vos œuvres ont tendu son pénis comme la corde d'un arc et fait grimper son désir au zénith au point qu'il trépigne de vous pénétrer et vous le demande – « Por favor ».

Voilà donc que vous avez mis votre homme dans un état de belle exaltation en vous consacrant à cette terrible zone qu'est le frein. Il est bon de faire un break. Allongez-vous à côté de lui, ou mieux, sur lui. Vous sentez avec délices la tige dure et brûlante de son pénis s'imprimer sur votre ventre tandis que votre ventre apaise quelque peu le pénis en lui offrant une large pression. Puisque vous êtes grimpée sur votre homme, allez donner à ses lèvres un long et capiteux baiser, suivi d'une grêle de petits baisers sur sa frimousse. Vous lui susurrez d'une voie langoureuse, chaude et grave, venue du fond de votre gorge, des mots d'amour, des compliments. Tout cela par pur amour, par pure tendresse, mais aussi pour diffuser le plaisir et la tension de son sexe dans tout son corps.

Et vous retournez au pénis qui a un peu retrouvé ses esprits.

LA COURONNE DU BONHEUR

Alors vous entamez la seconde phase du merveilleux supplice : du frein à la couronne du gland, il n'y a qu'un pas, sautez-le. Si l'érection était un peu détendue, quelques petites léchettes sur le frein la relanceront sans délai. Le gland se rengorgeant comme un rouge-gorge en parade amoureuse, sa couronne – le pourtour de sa base – se surélève et saille nettement. C'est alors qu'il vous fait devenir orfèvre pour en tirer mille éclats de plaisir.

Suivez le plus saillant de l'arrondi d'une pulpe digitale mouillée et légère. Légère comme s'il s'agissait d'une bulle de savon. C'est un exercice subtil et passionnant qui réclame beaucoup d'amour et d'attention. Trop aérienne, la pression n'offrirait qu'un plaisir limité, trop forte elle pourrait provoquer un « plaisir douloureux ». Tournez donc votre doigt en écoutant les murmures de votre homme et en observant ses réactions – mouvements, mimiques, etc. Tournez lentement, tournez consciencieusement, tournez artistiquement. Faites du bon boulot comme vous aimeriez que votre ami fasse sur votre sexe. Évitez les ruptures de contact d'avec la ligne de crête. Ou bien, délibérément, faites des petits contacts en pointillés, en saut de puce.

Maintenant vous pouvez descendre de la crête pour aborder la zone intermédiaire entre la couronne du gland et le fût, zone où s'insère le prépuce. C'est à peine moins sensible, mais encore exquis et d'une tonalité intéressante de chair à cru ; que la pulpe de votre doigt en fasse et refasse le tour avec la même subtilité et une pression un peu plus appuyée. Elle peut aussi y faire des petites touches comme des pas de moineaux. Puis revenez à la couronne. Puis retournez à la zone d'attache du prépuce. Et ainsi de suite. Effleurez, sautillez, c'est le plaisir qui manque le moins. Voyez votre aimant : il est aux anges. Mais ce n'est rien encore !

Désormais c'est votre langue que vous allez charger d'une mission aussi délicate que terrible, véritable mise à la question : faire avec sa pointe sur la couronne, sur la crête précisément, ce que le pulpe du doigt avait fait, c'est-à-dire des tours, des retours, des sauts de puce… Déjà votre homme s'affole, mais ce n'est rien encore, je le répète.

Maintenant le plus pointu de votre langue va faire un véritable travail de joaillerie : elle va s'insinuer dans le très étroit espace entre les contreforts de la couronne et l'insertion du prépuce sur le fût.

Au-dessus le versant à pic du bourrelet, au-dessous l'attache de la capuche, entre deux une peau à vif où affleurent sang et nerfs, une zone lagunaire où gîtent des myriades de plaisirs prêts à surgir. C'est d'ailleurs ce qui se passe : à peine la pointe de votre langue l'a-t-elle effleuré avec la prudence d'un écolo s'avançant dans une zone de nidification que des vols de voluptés s'en détachent. Affolement chez votre homme. Mais ce n'est toujours rien, je le re-répète.

Cette fois, au sommet de votre talent, de l'extrême pointe de votre langue vous allez ciseler une caresse digne de la guilde des diamantaires d'Amsterdam : votre langue, telle une fine guignette, va suivre le rebord abrupt et vertical de la couronne, côté fût, autrement dit va suivre le versant à pic lui-même. Les oiseaux qui alors prennent leur envol sont des oiseaux de feu. Aussi votre aimé, la tête remplie de battements d'ailes et de flammes, quitte Terre. Non sans laisser ici-bas les échos d'une musique dont on ne saurait dire si elle est mélodie ou complainte.

AINSI FUT FAIT

Sur le fût ou hampe, c'est la face inférieure qui est la plus sensible, en particulier le long de la ligne allant du frein du gland à la base d'insertion sur le périnée, ou racine, ligne qui d'ailleurs se marque sur la peau.

Vous qui aimez cet homme, commencez par le régaler avec des caresses de vos doigts, jouant de l'effleurement ou du griffement léger d'abord. Mais c'est en profondeur que vous éveillerez des plaisirs plus conséquents en appuyant nettement par petites touches le long de la ligne suscitée : chaque pression ponctuelle émet une note plaisante. C'est un peu comme si votre main, en parcourant le pénis, parcourait une flûte traversière. En vérité ce que rencontrent vos doigts c'est le corps spongieux, ce corps érectile qui s'aligne à la face inférieure du pénis. Pas étonnant que ça fasse du bien. Notez que parmi les touches pressées l'une correspond au point A décrit dans le chapitre 14.

En prenant le relais de vos doigts, votre bouche courant le long de la face inférieure du pénis donnera mieux encore l'image d'une joueuse de flûte traversière : vos lèvres éversées et humides vont et viennent d'un bout à l'autre du rigide organe laissant des sillons de douces sensations. La langue, à son tour, de sa pointe ou de son plat saura se régaler le long du fût et régaler le fût.

Pour élever plus encore le niveau de vos connaissances allez donc piquer quelques idées dans le chapitre sur la masturbation (voir chapitre 19).

Cours de branle

« Branler », dit le dictionnaire, c'est « mettre en mouvement, agiter, remuer » ; mais il ne cite pas la masturbation. Pourtant « branler » et « se branler » sont des termes consacrés et irremplaçables. Comme substantif correspondant, je retiendrai le « branle » car il est juste et joli ; du reste le « branle » était autrefois une danse où le danseur guidait les autres.

La grande plainte des hommes est que les femmes ne pensent pas, pas assez souvent, à leur faire le cadeau d'un branle. Et quand elles le font, elles le font mal. Leurs mains par exemple ne sont pas assez fermes, comme si elles avaient peur de faire mal. Ou au contraire trop brutales parce qu'à voir l'homme se servir de son pénis, on le croirait en acier trempé. À leur décharge, il faut dire que les femmes ne peuvent savoir bien user d'un organe qu'elles n'ont pas, de même que les hommes ne savent pas bien stimuler le clitoris dont ils sont dépourvus.

Avant même de se mettre à l'art du branle que les femmes demandent à leur homme de leur faire une démonstration en se masturbant devant elles et en commentant, comme j'ai, dans un autre ouvrage, conseillé aux femmes de s'autocaresser le clitoris devant leur homme pour leur apprendre l'usage du sacré bouton.

Tout geste érotique relève de l'art. Il faut chercher à offrir l'optimum à son (sa) partenaire et pour cela être attentif et s'appliquer. Bâcler est un manque de respect et d'amour. Bien faire est au contraire signe d'amour.

Vous voilà à pied d'œuvre. Si le pénis n'est pas droit comme la colonne Vendôme, stimulez-le par les adorables caresses ou les jolies léchettes précédemment décrites et il se raffermira ; ensuite les premiers mouvements de branle lui rendront toute sa prestance. Vous pouvez réaliser soit un manchon avec votre paume et vos doigts repliés, soit un anneau avec votre pouce et votre index replié. Faites alors glisser le manchon ou cet anneau le long du pénis de haut en bas et de bas en haut. En haut dépassez un peu la couronne, en bas, arrêtez vous au milieu du fût ; mais vous pouvez augmenter l'amplitude de vos mouvements par moments et descendre jusqu'à la base du pénis. Chaque fois que votre main descend elle entraîne vers le bas le prépuce, ce qui dégage le gland qui alors jaillit superbe, gorgé, renflé, rouge écarlate, véritable boule de feu.

Concrètement, ce mouvement de coulissement consiste à faire glisser la peau de la verge sur le gland en haut et en bas sur les corps érectiles sous-jacents (les deux corps caverneux au-dessus et le corps spongieux en dessous), corps intumescents et tendus que vous sentez de plus en plus brûlants et durs. Prenez garde à ne pas faire mal.

Quand votre main descend, elle entraîne avec elle le prépuce et en fin de course le frein – qui rattache le gland au fût – est étiré et si vous y allez trop fort, cela peut créer une douleur voire une déchirure au niveau du filet. Que vos yeux veillent à ce que le frein ne soit pas trop étiré et que vos oreilles guettent une plainte éventuelle de votre ami.

Quand votre main remonte, il arrive qu'elle laisse la peau du prépuce sur le fût et coulisse dès lors à nu sur le gland ; cette friction avec une main sèche d'un gland nu et sec également, peut être désagréable voire douloureuse. Veillez donc à ce que votre main ne lâche pas le prépuce sur le fût, mais au contraire qu'elle le remonte avec elle sur le gland afin que le frottement de celui-ci se fasse toujours à travers le prépuce. Si le prépuce est trop court (plus court que le gland) ou absent (circoncision), utilisez un lubrifiant pour favoriser le coulissement : huile d'amande douce, pommade de vaseline ou certaines huiles ou pommades spéciales sexe (Piment Rose : http :// www :pimentrose.biz BP 27, 06650 Le Rouret). Versez une once dans le creux de la main. Faute de lubrifiant, la salive dépanne.

Le branle peut se donner sans l'intention de provoquer l'éjaculation, comme une simple caresse ; dans ce cas les mouvements doivent être plus doux et plus lents et la femme vigilante aux signes d'imminence de l'éjaculation afin de s'arrêter à temps. Si l'intention est de faire éjaculer, c'est-à-dire de provoquer un orgasme, les mouvements seront plus énergiques et plus rapides ; toutefois la femme ne doit pas forcément conduire d'un seul élan et du premier coup son mâle à l'éjaculation, elle peut s'arrêter à la première phase de l'imminence, qui est en soi un plaisir intense, laisser passer le « danger » et reprendre le branle. Intérêt : offrir à l'homme plusieurs phases exquises d'imminence et faire monter son excitation en sorte que, quand se sera le bon coup, le plaisir de l'éjaculation soit considérablement accru.

Précisions « techniques » ou le secret de l'art

Quelle position pour la pulpe des doigts ? Quand votre main se place en manchon autour de la verge vous pouvez choisir de positionner vos pulpes digitales de façon à appuyer, c'est-à-dire à exciter, tel ou tel point sensible : sur le frein, sur le côté de la couronne, sur le dessus de la hampe, sur ses flancs, sur son dessus... changez de points alternativement.

Quelle pression appliquer ? Elle ne doit être ni trop forte, ni trop molle. Ferme voire vigoureuse mais mesurée. Demandez à votre homme si vous faites bien et priez-le de vous guider de la voix ou mieux de la main, sa main posée sur la vôtre. Si le but recherché est l'éjaculation, la pression peut être un peu plus forte, surtout au passage sur la couronne et un peu plus à l'approche de l'orgasme, sans toutefois étrangler le pénis.

Quelle amplitude donner ? Tout est possible : la course brève s'arrêtant à mi-fût et la course longue allant jusqu'à la racine, jusqu'au pubis. Si le but est la caresse, le massage, c'est la course longue qui est préférable, d'autant que sur la hampe sont des points jouissifs très bandants mais non aigus à en éjaculer. Si c'est l'orgasme qui est visé la course courte centrée sur les points exquis de la couronne est plus efficace.

Quelle vitesse ? Si le but est l'éjaculation le rythme sera progressif : d'abord lent puis, lorsque l'homme manifeste un plaisir plus intense – ses gémissements, ses gigotements et sa respiration en témoignent- il faut accélérer les mouvements et quand l'orgasme s'annonce, c'est-à-dire quand son plaisir semble atteindre une intensité majeure, il faut accélérer encore un peu, sans toutefois se déchaîner. Pour le projeter dans l'orgasme, allez-y franchement, branlez hardiment, serrez justement. Ici encore c'est l'homme qui devrait vous guider, au moins dans les premiers temps car par la suite vous devinerez tout de lui.

À ce point précis, voici quelques conseils en or qui feront la réussite de votre branle.

- Quand jaillit le sperme n'arrêtez pour rien au monde les mouvements de votre main, la maison devrait-elle s'écrouler. Vous pouvez tout au plus les ralentir et desserrer la pression. Arrêter en cours d'éjaculation et surtout au début, donnerait à l'homme le plus atroce sentiment de frustration qui soit car son plaisir cesserait aussitôt et son besoin infiniment aigu d'orgasme, un besoin porté à son apogée, resterait suspendu et ferait place à une affreuse, une insupportable impression d'inassouvissement qui peut tourner à l'enragement. Il faudrait que d'urgence une main secourable achève ce branle inachevé, la main de la femme maladroite ou inexpérimentée ou la main de l'homme en perdition. Mais il faut faire vite car l'orgasme coupé plus de quelques secondes ne pourra plus repartir et c'est là le naufrage du couple.

• Dès que cesse l'éjaculation, dès que la dernière giclée s'est produite, c'est-à-dire dès que vous ne voyez plus rien jaillir de l'orifice du gland, arrêtez vos mouvements car le gland est devenu hypersensible, quasi intouchable ; sa friction est carrément douloureuse. Tout est semblable à ce qui se passe pour le clitoris : pour lui aussi il ne faut pas arrêter les stimulations quand survient l'orgasme mais il faut les cesser quand l'orgasme est passé.

• N'abandonnez pas pour autant le pénis, maintenez-le dans votre main fermement mais pas trop serré ; c'est important pour l'homme de ne pas se sentir dans le vide mais au contraire bien tenu dans la paume de celle qui vient de lui offrir une si extraordinaire volupté.

Si le but est la simple caresse-massage, la vitesse de vos mouvements sera lente et ne devra pas s'accélérer. Le mieux est que vous vous guidiez sur le degré de l'érection : tant qu'elle se maintient c'est que le rythme est bon (ainsi que la pression) ; si elle retombe c'est que vous devez accélérer (et serrer plus fort). Mais surtout vous devez être vigilante à repérer la phase d'imminence de l'éjaculation et à ne pas atteindre le point de non-retour, ce seuil au-delà duquel le réflexe éjaculatoire se déclenche irrésistiblement. Attention, certains hommes « viennent » vite, très vite.

Rappelons les signes d'imminence, dits aussi signes annonciateurs de l'éjaculation : les manifestations de plaisir sont très intenses sans être orgasmiques, la respiration est rapide atteignant 30 mouvements par minute, le cœur s'accélère jusqu'à 120 à 140 battements par minute, les testicules ascensionnent et les bourses se ramassent, des frémissements parcourent la verge, que votre main peut bien percevoir. Pour apprendre à repérer les stades que traverse votre homme, vous pourriez lui demander d'effectuer quelques masturbations sous vos yeux ou lui offrir quelques branles jusqu'à éjaculation. À vous de bien noter ce qui se passe. Pour plus de sécurité, le mieux est de passer une convention avec votre ami : quand il sent qu'il entre en imminence il doit crier « stop ! » ou vous presser la cuisse.

Pendant que « votre belle main » réalise le chef-d'œuvre de branle, votre autre main ne reste pas inactive. Elle peut « baguer », c'est-à-dire tenir entre pouce et index la base de la hampe de façon à maintenir celle-ci verticale. Elle peut ramasser à pleine paume l'ensemble scrotum-testicules et les tenir ainsi fermement mais sans serrer (vous savez l'extrême sensibilité des testicules), ce qui procure à l'homme un bien être particulier qu'il apprécie beaucoup. Enfin cette main peut aller jouer sur le deuxième cercle : le périnée, la face intérieure des cuisses, la marge de l'anus ou même le canal anal. Un doigt placé dans l'anus sans même bouger multiplie les jouissances péniennes.

Le baiser phallique ou fellation

Appelé en argot « pipe », « pompier »..., c'est un des temps forts et incontournables de l'échange érotique. Hélas, il est présenté dans les films pornos avec une telle trivialité et un tel manque de considération pour la femme, réduite à la fonction de trayeuse ou de buveuse de sperme, et pour l'homme, réduit à un engin cracheur de sperme, que ça écœure les femmes aussi bien que les hommes. Du sperme, encore du sperme, rien que du sperme. Oublions ces images et voyons ce qu'il peut y avoir de beauté, d'amour et de sens dans ce geste.

Les hommes disent que c'est le plus grand don et le plus grand plaisir (au moins un des plus grands) qu'une femme puisse leur procurer. Hélas, comme l'exprime un de mes correspondants : « Peu de femmes sucent. Encore moins en prennent l'initiative. Celles qui le font ne le font pas assez souvent et pas toujours bien. » Aussi n'est-il pas surprenant que parmi les souhaits des hommes figure dans les premiers : « Plus de fellation ». Ce qui rejoint un autre souhait de l'homme : que la femme soit plus active dans les échanges sexuels. Au moins dans la succion, la femme prend l'initiative et se démène. « Après tout ce n'est pas à nous de toujours tout faire et à elle a toujours de se laisser faire passivement ! »

Écoutons d'autres paroles d'hommes particulièrement édifiantes

« Jouir dans sa bouche, c'est le top. C'est doux, c'est chaud, c'est enveloppant. C'est vraiment phénoménal. »

« J'adore, je m'abandonne, je m'en remets à elle, je suis à sa merci, elle me possède. »

Dans cet abandon aux soins d'une femme, dans le nirvana qui en résulte on peut y voir, « mutadis, mutandis », une régression à une béatitude infantile. Mais à côté de ces actions de grâce, beaucoup de soupirs et de regrets de la part des hommes.

« C'est super quand c'est bien fait, c'est le paradis, mais les bonnes suceuses sont rares. »

« En général, les filles ne sont pas de super-suceuses, mais les bonnes, c'est extra. »

« Souvent, les filles ne savent pas. Souvent c'est mal, trop vite, trop fort, oui, elles serrent trop fort ; mais les expertes, c'est le pied. »

« Faut que la femme aime. Faut pas qu'elle le fasse juste pour me faire plaisir. De toute façon, je le sens bien. »

« Faut du désir de la part de la femme, de la gourmandise ! Faut qu'elle aime le pénis. »

« J'aime quand la femme aime, quand elle est avide. Alors, elle est attentionnée. Je sens quand elle n'aime pas. Alors, elle le fait mal et c'est frustrant. »

« Je déteste que la femme me saute directement dessus. Faut qu'elle fasse le tour de mon corps, le tour de ma verge tout entière, qu'elle la lèche avant d'engloutir mon gland. »

« Elles manquent de nuances, elles font des mouvements automatiques de haut en bas. »

« Elles manquent de créativité, d'inventivité, c'est stéréotypé. »

« Faut qu'elles prennent leur temps, qu'elle soient subtiles, qu'elles ne le fassent pas comme une machine, de haut en bas et de bas en haut non stop et monotone. »

« Elles manquent de douceur. »

Attention à ne pas faire mal

« Elles serrent trop le pénis, c'est pénible. »

« Elles aspirent trop le gland, c'est désagréable. »

« Les dents ça fait mal. »

« J'ai peur des dents. J'ai peur de finir en sang. »

Ces remarques et ces reproches ont le mérite d'indiquer aux femmes ce qu'il est bon de faire et de ne pas faire. Les femmes n'ont nullement à s'en vexer. D'autant que dans un autre ouvrage, j'ai fait état des reproches que les femmes faisaient aux hommes en matière de cunnilingus.

Et les femmes que disent-elles de la fellation ? J'ai retenu quelques opinions révélatrices.

Les opinions positives

« J'adore le pénis : c'est fier, c'est droit, c'est du feu, c'est l'organe de l'homme, j'adore les hommes. »

« Sucer la verge de mon ami ? J'en raffole, c'est suave, c'est rond, c'est dur, c'est chaud. J'en ai des frissons rien que d'y penser. »

« C'est superbe un pénis. Ça se dresse. C'est la force de l'homme qui s'affirme, c'est son désir pour la femme qui s'affiche, un désir qui rejoint mon désir. »

« J'aime téter le pénis, c'est ferme, arrondi, c'est fait pour ça. »

« Cajoler le pénis c'est justice, il me donne tant de plaisir. »

« C'est magique de le faire durcir avec la bouche, de le faire jouir si fort que l'homme en perd la tête. »

Les réserves.

« Faut un grand degré d'intimité. Faut beaucoup aimer cet homme-là pour lui faire ça. »

Les opinions négatives.

« Une verge c'est pas beau, alors y mettre la bouche… »

« Une verge c'est impressionnant quand c'est raide. C'est grand, c'est gros. C'est comme une arme. Ça me fait peur. Je ne peux pas la mettre dans ma bouche. »

« Heureusement que j'avais vu ça dans les films pornos, sinon j'aurais eu un malaise. C'est comme un serpent. Impossible de sucer ça. »

« C'est trop gros. Ça me remplit la bouche. J'étouffe. »

« C'est trop long. Quand ça m'arrive au gosier, j'ai des hauts-le-cœur. »

« Quand il l'enfonce jusqu'aux amygdales, j'ai la nausée. »

« C'est sale et malodorant. L'urine passe par là, ça doit être plein de microbes. »

Cette dernière réflexion on l'entend chez les hommes à propos du cunnilingus. Nul n'a à se vexer mais que chacun soit d'une hygiène exemplaire.

Pourquoi les femmes pratiquent-elles la fellation ?

Trois raisons motivent les femmes à « sucer ». Elles le font :

• par amour, pour donner du plaisir à leur homme, pour rendre hommage à leur virilité ;
• par goût, par appétence pour le sexe de l'homme ;
• pour incorporer le pouvoir du phallus, faire sien l'emblème masculin.

Pourquoi les hommes raffolent-ils de la fellation ?

Les motivations des hommes sont complexes.

• Connaître un plaisir qui est parmi les plus exquis.
• Obtenir une preuve d'amour : la femme qui prend le sexe de l'homme dans sa bouche, s'applique à le faire jouir et mieux encore, accepte de recevoir son sperme, doit l'aimer vraiment. Toutefois, il faut savoir qu'une femme peut être profondément aimante mais être écœurée par le sperme dans la bouche (son goût, sa viscosité, etc.).
• Narcissiser son pénis pour panser les blessures reçues d'une autre femme dans le passé : sa mère qui, pour l'éduquer, niait, voire, réprimait ses érections et punissait ses attouchements. Et voilà que maintenant une femme accepte son pénis dans sa bouche, alors, il n'est plus quelque chose de répréhensible. Son geste est une revanche sur la prohibition maternelle.
• Narcissiser son sperme dont la mère avait fait quelque chose de sale. Si une femme le reçoit dans sa bouche et même l'avale, c'est qu'il n'a rien de malpropre, de réprouvé. Son geste est une réparation de l'attitude maternelle.
• Renforcer l'estime de soi : je suis assez estimable pour qu'une femme reçoive mon sexe et mon sperme dans cet endroit noble qu'est sa bouche, lieu de sa parole, de son sourire et de sa gourmandise.

Donner un sens à cet attrait de l'homme pour la fellation enlève à cet acte toute connotation triviale et peut réconcilier les femmes avec ce geste.

Par contre, trouver les motivations qui poussent l'homme à éjaculer sur le corps, ou pire sur le visage de la femme, c'est moins facile. Au mieux, on peut dire qu'il veut faire le cadeau d'un onguent qu'il considère comme sacré, mais c'est à la femme de décider si c'est un cadeau et si le liquide est sacré pour elle aussi ; ce que du reste pensent certaines femmes qui spontanément par amour s'enduisent la peau du torse et du ventre du sperme de leur aimé. Au pire, c'est vouloir démontrer sa puissance en marquant son territoire. Ou pire encore, c'est vouloir souiller, abaisser la femme.

L'art fellatoire à l'attention des femmes

- Attachez vos cheveux.
- Prenez une position confortable, au choix : agenouillée sur le côté de l'homme, agenouillée entre les jambes de l'homme, à califourchon sur son thorax. Et tout ce que vous voulez pourvu que vous soyez à l'aise.
- Ne vous précipitez pas sur le gland, intéressez vous d'abord à tout le troisième cercle qu'il vous faut gâter de caresses et de baisers. Puis passez au deuxième cercle, c'est-à-dire le voisinage du pénis : ventre, pubis, face interne des cuisses, périnée qu'il vous faut ensemencer de caresses duveteuses, de bisous convaincants et de petits coups de langue.
- Après l'avoir approché progressivement, lui avoir tourné autour pour l'apprivoiser, le faire saliver, occupez-vous maintenant du pénis. Prenez-le par sa base faisant un anneau avec le pouce et l'index ou un manchon entre le pouce et les grands doigts. Peut-être est-il dressé ; s'il ne l'était pas, il ne tardera guère. Il est important que vous teniez bien la hampe à sa base, ainsi vous garderez en permanence le contrôle des mouvements du pénis ou plus précisément des mouvement que lui imprime son propriétaire et vous pourrez l'empêcher d'entrer trop profondément et de vous étouffer ou de vous faire lever le cœur. C'est le moment de retrousser le prépuce et d'exposer le gland dans toute sa splendeur. Avec un doigt mouillé faites quelques exercices de virtuosité à la surface du frein puis de la couronne. Puis distribuez quelques caresses digitales superficielles ou profondes sur toute la longueur du fût, suivie de quelques friandises buccales : baisers, léchettes et compagnie comme vous savez faire maintenant. Soyez généreuse et n'hésitez pas à faire une escapade sur les bourses gentiment frôlées de la pulpe des doigts et même baisouillées, ce qui évitera de faire des jaloux.
- Enfin l'heure exquise est venue, l'heure de faire rencontrer votre langue et le gland. Le gland qui s'impatientait se réjouit soudain, il y a de quoi : vous venez de lui décocher une pointe de langue aussi imparable qu'irrésistible, décocher, c'est mal dire, car c'est une léchette voluptueuse qui effleure son sommet, suivie d'une autre et

d'une autre encore. Voilà votre homme cloué de plaisir et qui s'exalte de savoir qu'avant peu son gland sera happé par votre bouche. Et le gland qui jubile que cela lui arrivera dans l'instant. Mais raffinée vous continuez vos exercices de virtuosité : une suite de pizzicati linguaux sur le frein, quelques tours de passe-passe autour de la couronne et tout ce que vous inspirera votre désir et votre amour.

• Admirable ballerine, votre langue dansait sur sa pointe. Maintenant, elle se fait gourmande et de toute sa largeur et de tout son appétit, elle se met à lécher toute la sphère charnue au-dessus, au-dessous, à gauche, à droite, en travers, en tournant comme on le fait d'une boule de glace sur un cornet. Votre homme gigote comme piqué par une fourmi rouge. Il a le gland en feu. Il aspire à le tremper jusqu'à la garde dans votre bouche afin que la salive éteigne l'incandescence, comme le forgeron trempe l'épée rougie dans un bac d'eau. Il vous prie même. Mais vous n'entendez pas ses prières car vous avez encore des raffinements à lui offrir qui, du reste, le rafraîchiront quelque peu.

• Rentrant votre langue pour la laisser reposer, vous confiez à vos lèvres une partition subtile. D'abord, posez sur le gland un gros baiser suivi de quelques bisous furtifs pour prendre contact, puis ayant bien mouillé les ourlets de votre bouche, promenez-les de droite à gauche et vice versa sur le sommet du gland comme si vous jouiez de l'harmonica ou de la flûte de paon. De votre homme, ne tardent pas à monter des sons, curieux mélange de réjouissances et de plaintes ; la caresse est « douce-aiguë », comme on dit « sucré-amer » en gastronomie, aussi le chant est doux mais toujours au bord de s'aiguiser.

• Maintenant entrouvrez vos lèvres mais sans desserrer les dents et placez le bout du gland dans l'antichambre ainsi formée et faites glisser l'intérieur humide de vos lèvres sur la surface du bout. Toujours dents serrées, glissez le gland entre gencives et dents d'un côté et joue de l'autre (ce qui ne peut se faire si le pénis est géant). Ce sont toujours des jeux d'approche, pour varier les plaisirs.

• Enfin, l'heure sublime a sonné, l'homme l'a bien mérité et il est à bout de patience : ouvrez la bouche et introduisez l'organe mâle dans votre cavité buccale en vous penchant un peu plus et activez-vous sur votre invité. En réalité, laissez faire votre instinct – et votre amour – les gestes viendront tout seuls : il s'agit d'alterner des mouvements de succion simples et des mouvement de succion-coulissement. La succion est un acte spontané, sans doute inné mais aussi souvenir immémorial des tètements infantiles du sein et du pouce, relayés plus tard par la dégustation des sucettes et des bâtons de glace. Rien ne ressemble plus à une fellation que ces gestes de gourmandise (c'est pourquoi certains amants enduisent le gland de miel ou de confiture). Les lèvres s'ajustent sur le gland en formant un rond, un O, la langue s'arrondit aussi autour du gland, les joues se creusent et rentrent à l'intérieur. Tous ces éléments se meuvent subtilement de façon à créer un massage – un malaxage – et un vide aspiratif autour du gland. À ce mouvement vous pouvez associer un coulissement : l'ensemble de la gaine que forment vos lèvres, votre langue et vos joues coulisse de haut en bas et de bas en haut sur le gland – spécialement sur la couronne et sur le frein – et sur le fût. Cette association décuple le plaisir de votre homme, lui arrache l'âme et le projette dans le cosmos. Vous pourriez lui demander de vous décrochez Vénus, il vous le promettrait.

Petit détail important : évitez de faire se rencontrer vos dents et le gland dont la peau est si sensible et fragile. Sans oublier les fantasmes de mutilation qui habitent l'inconscient de l'homme et pourraient lui donner des angoisses. Pour éviter cette mauvaise rencontre, prenez la précaution d'isoler vos dents en les recouvrant de vos lèvres repliées sur elles.

Quelle amplitude pour ce mouvement de coulissement ? Jusqu'à quelle profondeur amener le pénis ? Dans un premier temps, c'est juste l'anneau formé par les lèvres qui coulisse sur le gland puis progressivement c'est le manchon formé entre langue et palais. Ce qui veut dire que le coulissement n'intéresse d'abord que le gland et ensuite une bonne partie du fût, mais une partie seulement et non sa totalité. Ce n'est pas l'homme qui doit enfoncer son pénis dans la bouche, lui il doit rester quasiment immobile, c'est la femme qui agit en bougeant la tête de bas en haut et vice versa, vite en descendant, plus lentement en remontant. Si l'homme se mettait à imprimer des va-et-vient à son pénis, il devrait éviter d'aller trop profondément, c'est-à-dire jusqu'à la gorge car la femme alors étoufferait et aurait des hauts-le-cœur. Pour éviter ces désagréments, qui lui couperaient toute envie de pratiquer d'autres fellations, la femme peut soit limiter la course du pénis grâce à la main qu'elle a placée à la base du pénis par sécurité et qui fait butoir, soit dériver le gland vers le palais ou l'intérieur des joues.

Quel rythme pour le va-et-vient ? Commencez doucement, accélérez progressivement. Même chose pour la pression exercée sur le gland et le long du fût par les lèvres et par la langue s'appuyant contre le palais. Même chose pour l'aspiration : douce au début, plus forte ensuite, mais toujours mesurée. Trop d'aspiration peut être désagréable. Veillez aussi à ce que la salivation soit abondante, le gland devant baigner dans la salive. Tout au long de la caresse, c'est à vous de moduler et de nuancer en virtuose, amplitude, vitesse, pression, aspiration.

Vous pourriez multiplier les voluptés de votre homme en associant à votre baiser phallique d'autres excitations.

• Vous pouvez pratiquer avec la main qui tient la hampe des mouvements de branle. Ainsi s'additionnent les deux stimulations les plus fortes qui soient. En réunissant ses lèvres et ses doigts sur les centimètres carrés les plus hypersensibles de l'homme, la femme détient le fabuleux pouvoir de le projeter dans un état sublime de jouissance. Entre la pulpe de ses lèvres et la pulpe de ses doigts, la femme possède l'homme tout entier. En effet la volupté est telle que l'homme, à tout instant, peut décoller pour le zénith de l'éjaculation.

• Vous pouvez lui offrir un supplément de bonheur en prenant dans votre main libre les bourses et les testicules ; de les empaumer et de les tenir tout simplement, de les rassembler dans le creux de votre main sans même bouger, sera très agréable. Mais si vos doigts sont très subtils, ils pourront un tantinet jouer avec les testicules : petits signes de connivence, pressions millimétrées, roulements microscopiques. L'extrême sensibilité des sphères veut qu'on les aborde avec la prudence d'un démineur. Mais si l'homme supporte plus allez-y gaiement.

• Plus hard : insérez un doigt dans l'anus de l'homme, doucement et profondément et restez ainsi sans bouger suffit à renforcer le plaisir de votre « fellation ». Vous pouvez faire un peu plus fort encore : massez- lui délicatement la prostate. Ce n'est qu'une suggestion. Le bonheur du baiser phallique est, en soi, déjà immense.

Bien entendu, comme vous jouez avec le feu, vous allez immanquablement conduire l'homme à l'incendie, c'est-à-dire à l'éjaculation. Mais étant experte, vous saurez en sentir les signes annonciateurs et vous arrêterez à temps. Et quand les signes d'imminence auront disparu, vous repartirez de plus belle. Ce jeu du « Stop and go » offre à l'homme un plaisir prolongé, sans cesse renouvelé et égrené de plusieurs pics de volupté. Mais quand vous déciderez de laisser exploser l'éjaculation parce que votre homme vous en supplie, la question se pose de savoir si cela se fera dans votre bouche ou en dehors. Ici, c'est à vous seule de le décider, mais le contrat doit être passé avant « l'exercice ». À vous de dire : « Je veux bien que tu viennes », ou : « Je n'aime pas, je ne veux pas » ; ce à quoi l'homme répondra : « D'accord je viendrai », ou : « Je m'engage à me retenir, à ne pas éjaculer dans ta bouche. »

Les femmes qui acceptent sont soit celles qui aiment le sperme – son goût, son odeur, sa texture – et le savourent, soit celles qui aiment passionnément leur homme et dépassent leur dégoût (qui ne doit quand même pas être majeur) pour lui donner une preuve extraordinaire d'amour. Mais, je le répète, on peut aimer profondément son homme et pas du tout son sperme. Parmi celles qui acceptent, il y a celles qui avalent ou non.

La majorité des femmes trouvent le sperme « dégueu » et refusent que l'éjaculation se fasse dans leur bouche. Si vous êtes de celles-là, il vous faut guetter les signes annonciateurs du réflexe éjaculatoire bien décrits dans d'autres chapitres – en particulier le chapitre 19. Et guetter le signe qui a été convenu entre vous pour vous avertir de l'imminence de l'éjaculation : un mot, une pression de sa main, etc. À ce moment, vous sortez le pénis de votre bouche en reculant votre visage et en tirant la verge avec la main posée en anneau à sa base.

Très très important : vous devez absolument continuer de branler cette verge jusqu'à ce que le jet de sperme jaillisse et jusqu'à la fin de l'éjaculation. En effet, il n'est pas pire et plus atroce sensation qu'une verge qui commence à éjaculer, ou est en train d'éjaculer, et se retrouve dans le vide. Où diriger le jet ? Ici encore, c'est à vous de décider, ce n'est pas à l'homme à asperger votre visage ou vos seins. Si vous donnez (et votre homme aussi) à cette liqueur un sens précieux, parce qu'elle est l'essence du mâle ou plus précisément l'essence de votre mâle, libre à vous de l'accepter sur votre visage, vos seins, votre ventre et de vous en enduire.

N'oubliez pas, quand vous approchez des prémices de l'éjaculation, d'accélérer les mouvements de votre bouche, et d'augmenter la pression de vos lèvres et de votre langue. C'est ce crescendo final qui va déclencher le réflexe éjaculateur. N'oubliez pas non plus, dès que le sperme a fini de jaillir, d'arrêter vos mouvements, ceux de votre bouche si vous avez choisi de conserver la verge dans votre bouche, ceux de votre main si vous avez décidé de sortir la verge et de la branler. En effet, le gland, vous le savez, devient soudain hypersensible, le frotter devient extrêmement désagréable, voire douloureux. Toutefois, gardez fermement la hampe dans votre main serrée, mais immobile maintenant.

Peut-être étiez-vous convenus ensemble de pratiquer la fellation sans la mener à l'éjaculation, c'est-à-dire comme une « simple » – si on peut dire – caresse-massage. Alors, dès les signes d'imminence, suspendez vos mouvements de bouche et de branle. Puis, dès que l'homme est calmé, reprenez-les.

Bichonner le pénis, mettre tout son cœur à lui offrir les caresses les plus raffinées et donc les plus exquis plaisirs et le vénérer, telle est la mission d'une partenaire digne de sa place d'amante.

P.S. : Comme toute muqueuse sexuelle, la muqueuse qui recouvre le gland peut être porteuse d'infections sexuellement transmissibles dont l'herpès et le Sida. Par ailleurs, le sperme et le sang qui peuvent y apparaître (le sang par exemple en cas de blessure du frein) peuvent être contaminés par le virus VIH. Aussi, lorsqu'une femme n'est pas sûre des antécédents de son partenaire, doit-elle exiger que la verge soit recouverte d'un préservatif ; d'autant plus si elle-même présente une plaie dans la bouche (morsure, avulsion dentaire, etc.).

CINQUIÈME PARTIE

MIEUX FAIRE L'AMOUR

Après des siècles de guerre des sexes, l'homme et la femme commencent à peine à se réconcilier. De l'art et la manière de faire l'amour ensemble, ils ont presque tout à apprendre (du moins en Occident). D'autant que la nature a pimenté les sexualités masculine et féminine de dissymétries obligeant l'homme à apprendre le corps de la femme et réciproquement.

Ne soyez plus choquées des fantasmes masculins qui rêvent d'amour pluriel, de pulsions sadiques, de pénétrations anales... Ils ne sont pas « contre-nature ». N'en déplaise à l'Église, ils n'ont rien de « sale », de « vicieux ». Ils peuvent même cacher l'envie des hommes de vous apporter un plaisir toujours plus grand, toujours plus fort. En apprenant à nous connaître, nous apprendrons aussi à nous respecter. Quant à la beauté de la sexualité, à son caractère sacré, elle ne vient pas de ce que l'on fait mais de l'amour, de l'affectivité qu'on y met.

CHAPITRE 21

LES JOIES DE LA CARESSE INTÉRIEURE

Il est bientôt révolu le temps où les homme pratiquaient l'acte sexuel en le limitant à la courte séquence : pénétration – bref va-et-vient – éjaculation, obsédés qu'ils étaient par l'orgasme. Maintenant, la plupart des hommes ont pris conscience que l'éjaculation ne peut être le seul but car il n'est qu'un feu de paille auquel succède une impression de déception et de désillusion ; ils avaient investi toute leur puissance sur cet objectif, mais en quelques instants tout est consommé : disparue la belle tension du désir, disparue l'énergie qui la portait, disparue la jouissance-éclair. Tout s'est passé très vite et en quelque sorte hors de leur présence. D'où leur insatisfaction.

Les nouveaux hommes, en particulier, n'ont plus envie d'être les gagne-petits du plaisir et de se contenter d'un scénario rétréci sur l'éjaculation, scénario qui les prive d'une foultitude d'autres sensations et de l'accès à des états de conscience supérieurs.

Dans un premier temps, ces nouveaux hommes se sont préoccupés du plaisir de leur compagne. Ils avaient découvert que les femmes – en général – n'obtenaient un orgasme que si l'union sexuelle était précédée de préliminaires et se prolongeait un certain temps. Ils s'évertuèrent donc à offrir préludes et durée. Ils purent alors constater : premièrement, que les femmes pouvaient répéter leur orgasme ; deuxièmement, qu'en soi le va-et-vient prolongé apportait de grandes jouissances, nonobstant l'orgasme ; troisièmement, qu'eux-mêmes au cours de ce va-et-vient prolongé, éprouvaient beaucoup de volupté ; quatrièmement, qu'eux-mêmes, quand ils se retenaient d'éjaculer pour faire durer la pénétration, éprouvaient à un haut niveau d'excitation qui normalement précède l'éjaculation, une sorte de « pré-orgasme » ; et cinquièmement, qu'ils ne passaient pas par la phase réfractaire, ce qui laissait leur désir, leur érection et leur énergie inchangés et que donc ils pouvaient, un certain temps après le pré-orgasme, reprendre le va-et-vient pour leur plus grand bonheur et celui de leur compagne.

LES JOIES DU COÏT, CÔTÉ HOMME

Quand il introduit son pénis dans le vagin, l'homme ressent subitement une sensation particulièrement agréable et qui est à chaque fois une surprise. Il faut dire que c'est la partie la plus sensible de son être qui est concernée : le gland, sa très exquise couronne et son frein. C'est une sensation de coulissement dans une gaine chaude et humide. L'impression est globale mais chaque sensation est aussi importante : la sensation de chaleur (c'est elle qui prédomine, qui surprend agréablement), la sensation d'humidité et la sensation d'engainement. L'homme peut comparer avec sa masturbation où son gland est à l'air libre et plus ou moins frais, dans le sec, dans le vide.

Durant le va-et-vient dans la gaine vaginale, la verge perçoit des frottements doux, humides, onctueux. C'est un frottement optimum, ça glisse tout seul. C'est à peine si la couronne du gland perçoit les plis – les rides – de la muqueuse vaginale pourtant épaissie par la turgescence crée par l'excitation (de fait, le bourrelet de la couronne cascade sur la succession de ces plis). Ce qui rend le contact spécialement agréable, c'est qu'il se perçoit tout autour et tout au long de la verge ; c'est le fait de l'engainement.

En plus des frottements, le pénis perçoit la pression de la gaine, qui elle aussi est totale, c'est-à-dire s'exerce sur tout le tour et tout le long ; en effet, la gaine, loin d'être molle, est particulièrement tonique, surtout en certains points : à l'entrée du vagin, là où se situe la base de la verge intromise, la pression est un peu plus forte en raison d'un resserrement dû à la présence du muscle constricteur de la vulve qui entoure l'orifice vaginal (et que la femme peut contracter par petits coups), de la turgescence des tissus érectiles de la gaine, du rebord de l'os du pubis situé en avant.

À quatre centimètres de l'entrée du vagin, le pénis peut ressentir un autre resserrement dû ici au muscle pubo-coccygien, partie intégrante du périnée féminin, qui cravate le canal vaginal et le rétrécit quelque peu. Au moment de l'orgasme de la femme, ce muscle se contracte de façon rythmique et automatique sur la verge. Mais, en dehors de l'orgasme, la femme peut contracter volontairement ce muscle et exercer une pression sur le pénis qu'il entoure. L'alternance de contraction-relâchement, sorte de mouvement de traite, procure chez l'homme des joies très originales qui font qu'il ne regrette pas ce détour sur cette Terre et plus précisément ce passage dans les bras de cette terrienne à qui il voue désormais une profonde reconnaissance. Mais toute femme peut devenir une experte en la matière, pourvu qu'elle entraîne son muscle pubo-coccygien comme je l'ai antérieurement décrit.

Au fond du vagin, le gland bute sur le col du vagin et sur le cul de sac postérieur. Le col est ressenti comme une butée ferme et néanmoins tendre ; les anatomistes lui ont donné le nom de « museau de tanche » – lequel est cartilagineux – c'est tout dire. Les hommes disent aimer ce contact et certains s'enfoncent profondément pour se sentir totalement pris dans la gaine et dans la femme, mais aussi pour sentir ce col.

Aux joies physiques, sensuelles du coït, s'ajoutent des bonheurs psychiques. L'union des sexes concomitant de l'union des corps recrée les fusions originelles : celle de la vie intra-utérine et celle de la vie post natale. C'est une forme de régression heureuse, quasi nirvanique, dans un sentiment d'amour océanique et d'unité qui délivre de l'insoutenable solitude de l'être et pause toutes les déchirures antérieures : celle de la naissance, celle du sevrage, celle de la résolution de l'Oedipe, celle des ruptures amoureuses.

LA CARESSE INTÉRIEURE

Parmi les hommes qui s'efforcent d'améliorer leur sexualité en modifiant leur physiologie primaire, par exemple en maîtrisant leur réflexe éjaculatoire, beaucoup m'ont dit être déçus par l'attitude d'un certain nombre de femmes. Habituées à des pratiques plus expéditives ou moins raffinées, elles sont désorientées et n'apprécient pas à sa juste valeur l'art de ces nouveaux hommes. C'est pour les informer et les allécher que je leur confierai des extraits du journal intime d'un homme.

« À chacune de mes poussées, mon bassin cognait ton bassin, ébranlant ton corps et faisant trembler tes seins. Tu te mordais les lèvres en gémissant car mon sexe à l'intérieur de toi avait touché ton col au, fond de toi, et la secousse avait également ébranlé ton ventre et tes entrailles. Mais soudain, je sentis à la racine de ma verge, là où elle s'attache au périnée, un plaisir aigu qui fusait en même temps qu'un plaisir, aigu aussi, mais superficiel, s'emparer de mon gland. Je savais que l'éjaculation était proche. Je suspendais mes mouvements et respirais à fond par le nez en gonflant mon abdomen. Le plaisir qui était apparu s'épanouit en une forme d'orgasme, mais le besoin d'éjaculer s'éloigna.

Alors, le regard emmitouflé de plaisir, je te contemplais. Ton visage s'était détendu, tu me souriais. Tes mains empaumèrent mes hanches. Je caressai ton front, tes joues. Je suivis d'un doigt la crête de ton nez, la pulpe de tes lèvres. Cent parfums montaient de ton corps, tous plus ennivrants les uns que les autres. De nos sexes unis s'élevait, tel un encens, des volutes capiteuses où se mêlaient tes fragrances et les miennes. Mais je reconnaissais tes propres arômes, ceux un peu plus épicés venus de l'arrière de ta vulve – cannelle et giroflée –, ceux plus boisés de ton vagin – santal et vétiver – et ceux plus brûlés-sucrés de ton pubis – champ de cannes à sucre en feu. De tes aisselles, montaient des odeurs plus piquantes de pain grillé et de pouliche alezane. Bref, tu baignais dans un halo capiteux de brune. Au milieu de ces volutes, je perçus, venu de derrière tes oreilles et de ton décolleté, ton parfum d'Hespérides qui tranchait comme la couleur orange sur un fond d'ocre brun. Souviens-toi, c'est de ton odeur de brune mandarinée que j'étais tombé amoureux fou. Je me penchai pour humer profondément tes aisselles. Cela suffit à retendre ma verge qui s'était quelque peu détendue.

Aussi, je repris mon va-et-vient en toi, lentement cette fois. Je t'abordai doucement, comme la vague, la plage un soir d'été. Et tu accompagnais ce ressac en t'avançant un rien vers moi. Nous étions les yeux dans les yeux, aussi profondément que nos sexes l'un dans l'autre. J'essayais de percevoir ou d'imaginer tous les détails de ta nef vaginale, ses fronces gonflées par le désir, sur lesquelles la couronne de mon gland tressautait à l'aller, puis au retour, provoquant en moi comme en toi les mêmes délices. J'essayais de caresser de ma couronne ton point G, ce relief qu'avec mes doigts j'avais bien perçu, ce qui m'aidait maintenant à le visualiser pour y conduire mon gland.

Bien que les mouvements soient lents, je voyais ton visage exprimer un plaisir croissant. Te voir jouir, sentir ma verge explorer tes points érogènes, sentir ta gaine me tenir si bien, imaginer ton intérieur carminé, vivant tel une anémone de mer, se resserrant à son entrée, se dilatant à son sommet, faisait croître mon plaisir. Ma verge eut un regain d'érection, aussi j'accélérai mes mouvements. C'est alors que tu éclatas – crias, renversas la tête, révulsas tes yeux, raidis ton corps, griffas mes cuisses – pour la troisième fois.

J'arrêtais de bouger à la fin de ton orgasme, car j'avais senti en moi le plaisir aigu dans mon périnée qui annonçait l'éjaculation. Je dégustais mon pré-orgasme, tandis que tu savourais le décours de ton orgasme. Moment de conscience fabuleux où l'on quitte la terre pour quelque endroit de l'espace où l'on n'est plus qu'amour, félicité et lumière. Interpénétrés, enlacés, les yeux dans les yeux, unis nous filions sans poids mais non sans corps, l'air chaud caressant nos peaux et des sentiments de toute sorte nous croisant.

Le vertige s'est décanté et tu étais à nouveau là, sur les draps parme, plus femme que jamais, les yeux remplis d'éclats agathe et de reflets ambre, le visage radieux, dans un nuage d'arômes. Nous étions rivés par le sexe. Je me sentais profond à toi et bien pris par toi, chaque vaisseau, chaque goutte de sang de ton vagin s'étant ajusté sur ma verge, l'ayant moulée, épousée. Tu me fis la surprise de serrer par petits coups ta tunique vaginale. Étrange et merveilleuse impression que tu puisses me parler ainsi avec ton intérieur. Je te laissais me saluer un certain temps avant de te répondre par quelques frétillements de mon pénis.

Puis je t'ai dit que je te trouvais plus belle que jamais, que j'aimais tes yeux, ta bouche, ton nez, tes oreilles, ton menton, tes épaules, tes seins, tes tétons, ton ombilic, etc. Je t'ai dit aussi que tes yeux étaient des caramels en flamme, que ta bouche j'en ferais des confitures de groseille, que tes mamelons étaient de gros bourdons et qu'un jour je ferai boire une tourterelle dans le creux de ton nombril. Et je me suis penché pour embrasser ta bouche et happer la langue que tu sortais. Puis, j'ai joué avec tes seins, finement de la pulpe des doigts effleurant leur galbe, taquinant leurs boutons. Mis en appétit, j'ai pincé et tiré tes mamelons avant de saisir à pleine main tes globes, de les presser. Tu aimais à ravir, alors ma verge s'est un peu plus raidie et tu as amorcé un mouvement de ton bassin. Et nous avons repris la longue promenade, le sexe dans le sexe.

J'allais et tu venais. Je venais et tu allais. Dieu quel bonheur ! Tantôt nous flânions, tantôt nous accélérions le pas. À un moment, j'ai mouillé mon pouce de salive et je l'ai glissé à l'avant de ta vulve où il tomba pile sur ton clitoris qu'il se mit à presser à la cadence de nos mouvements. Tes murmures de plaisir montèrent d'un cran et à chaque pression de mon pouce, tu gémissais, tu suppliais : "Oui ! Oh oui !", car en même temps le velours de mon gland visitait le cul-de-sac postérieur de ton palais. Soudain, ton cri déchira l'air et tu jouis. Tu jouis à pleurer, à rire, à sanglotter, à dire oui, à dire non. Il te fallut du temps pour t'apaiser et rejoindre mon immobilité car j'avais suspendu mes mouvements ; de te voir te déchaîner m'avait mis au bord de l'éjaculation et je m'étais arrêté juste à temps.

Et nous nous retrouvions dans la suspension, dans le calme, les sexes noués, les yeux liés. Pleins d'un bonheur débordant à grosses vagues, à gros bouillons. Tu promenais tes mains sur mes bras, sur mon thorax, sur mon ventre. Tu me caressas la joue, oh cette caresse ! Tu me dis des choses sur moi, tu me parlas de la glycine qui n'avait jamais été si fleurie que cette année, du rossignol qui n'avait cessé de chanter cette nuit. Puis on se tut. De temps à autre, tu me faisais signe avec ton vagin et je répondais avec mon pénis.

Et l'on reprit notre marche pour un bout de chemin. Tu avais mis les bras en croix et tu regardais le plafond, totalement donnée. J'allais en toi mais je n'avais plus la sensation de coulisser dans un fourreau fermé. J'avais l'impression de glisser dans ton corps, dans ton ventre, jusqu'à la pointe de ton cœur. Tout cela communiquait, tout cela n'était que volupté, tout cela ne faisait qu'un. Comme toi et moi communiquions, ne faisions qu'un. Nous étions une seule masse critique de plaisir. Je m'arrêtai quand je sentis l'éjaculation monter et je jouis d'un pré-orgasme profond et doux. Toi, tu sentis les frémissements de ma verge et tu fus projetée au ciel de lit. Ton cri, oh ton cri ! Où donc les femmes vont-elles chercher ces cris ? C'est surhumain, c'est d'ailleurs, d'un endroit à elles. Homme, on se sent petit quand on entend ces cris, on se sent demeuré sur terre, distancé. Vas-tu revenir ? Tu revins et tes yeux me baignèrent de tendresse. Ton sexe était brûlant, ta peau incandescente et tes arômes flambés. J'eus l'impression qu'on fondait, qu'on allait se mélanger, que notre fusion affective et spirituelle allait se doubler d'une fusion charnelle véritable, une fusion "métallurgique" et que nous ne ferions plus qu'un corps. Alors un mot, un mot immense, un mot superflu me monta aux lèvres : "Je t'aime" te dis-je en plongeant un peu plus mon regard dans le tien. "Je t'aime" me répondis-tu.

Quand alors je te dis "je t'aime", je le dis aussi au lierre qui encadre la fenêtre, au prunus en fleurs qui remplit le ciel, à la grive qui y chante, à toutes les femmes qui sont en toi, à celles qui t'ont précédée, à celles qui te succéderont sur cette planète, à toutes celles que j'ai aimées, à toutes celles que je n'ai pas su aimer. Je suis plus grand que moi, tu es plus grande que toi. Et tu sens, comme moi, que tu dépasses ton plaisir et ton corps flamboyant. »

La maîtrise de l'éjaculation

C'est la clef de voûte de la caresse intérieure, le moyen de prolonger la durée de l'union des corps et des sexes. Et donc le moyen de donner à l'homme comme à la femme l'optimum de plaisir. C'est plus spécialement pour l'homme, la seule façon de s'opposer à la brièveté de son acte instinctif et à sa phase réfractaire. Génétiquement l'homme est programmé, à l'instar de ses cousins les primates supérieurs, pour éjaculer en quelques dizaines de secondes. S'ils se laissaient aller, 80 % des hommes éjaculeraient en deux minutes. La femme, elle, orgasme entre quinze minutes et une heure, ça dépend de son tempérament, de son entraînement, de son éducation, de son âge. Je donne les chiffres dans le seul but de comparer l'excessive brièveté de l'homme et le plus long délai de la femme et en conclure à l'impérieuse nécessité pour l'homme de se maîtriser afin d'allonger la durée du coït.

Mais j'ajouterais aussitôt trois remarques.

- Une femme bien « entraîné » peut arriver à jouir dans un délai proche de celui de l'homme ; l'entraînement consistant à se stimuler soi-même le clitoris et le vagin ; l'éveil des muqueuses vaginales devant se pratiquer dès l'adolescence.
- L'allongement du coït constitue aussi un « entraînement » à l'éveil des muqueuses érotiques et à la révélation de la capacité multi-orgasmique de la femme (si l'intumescence de la femme est plus lente à se produire, elle est aussi plus lente à se défaire, lui offrant des possibilités de rebonds).
- L'allongement du coït hormis ses finalités orgasmiques constitue en soi un très grand plaisir et un très grand bonheur : celui d'être uni de façon prolongé.

L'art de contrôler l'éjaculation a été pratiqué en Orient depuis plus de 6000 ans avant J.-C. par les adeptes du Tantrisme et du Taoïsme, c'est-à-dire par toute la population de Chine, du Japon et de l'Inde. Ces civilisations ont été caractérisées par une parfaite harmonie entre l'homme et la femme, et l'absence de pratiques sexuelles sadiques et masochistes.

La technique

Il s'agit de repérer les signes de l'imminence de l'éjaculation, signes qui précèdent le point de non-retour au-delà duquel le réflexe éjaculatoire se déclenchera sans que rien, et surtout pas la volonté de l'homme, ne puisse l'arrêter. Rappelons que ce réflexe consiste en la contraction des voies spermatiques (vésicule séminale, canal éjaculateur, prostate, urètre prostatique) dans le but d'expulser le sperme (voir chapitre 18 et schéma dans l'annexe). Les signes d'imminence correspondent à la phase de mise en tension des voies spermatiques, principalement de l'urètre prostatique quand il se remplit de sperme, juste avant qu'elles ne se contractent. Si on perçoit les signes on peut stopper le déroulement vers la phase de contraction, c'est-à-dire vers l'éjaculation.

C'est à l'homme et à la femme de bien observer tout ce qui précède et entoure l'éjaculation. En ce qui concerne l'homme, il lui appartient de bien se connaître ; il est un signe qui ne peut lui échapper : c'est une sensation soudaine de plaisir aigu ressenti à la racine de la verge et aussi au niveau du gland ; ce que j'appelle le « pré orgasme ». Pour ce qui est de la compagne de cet homme les signes annonciateurs de l'éjaculation masculine sont : une accélération et une intensification des mouvements du mâle qui deviennent frénétiques, une accélération de sa respiration qui par ailleurs devient bruyante (bruits de gorge), des manifestations vocales de plaisir atteignant une grande intensité (mots, onomatopées, murmures, cris, quoique beaucoup d'hommes ont le plaisir muet), un courant « électrique » qui parcourt le corps masculin, un raidissement de son corps qui brusquement s'immobilise. Un autre signe ne se distingue bien qu'au cours de la masturbation (par l'homme lui-même ou par sa compagne) c'est l'ascension de l'ensemble bourses-testicules, avec une hypersensibilité des testicules. Il est important que la femme sache repérer ces signes car elle-même va jouer un rôle dans la maîtrise.

Ces signes étant repérés, il lui faut réagir aussitôt :

- stoppez immédiatement vos mouvements et toutes manifestations d'excitation et de plaisir (cris, mimiques…),

• si vous êtes en position supérieure (position Andromaque par exemple), soulevez-vous un peu pour ne laisser que le premier tiers de la verge dans votre vagin. Mais attention à ne pas la faire sortir.

Par ailleurs, la femme ne s'étonnera pas de voir l'homme réagir de son côté. Vous le verrez donc :
• stopper immédiatement ses mouvements,
• retirer sa verge jusqu'au premier tiers du vagin, autrement dit ne laisser que le gland à l'intérieur,
• inspirer profondément par le nez et envoyer l'air dans son abdomen jusqu'au bas-ventre ; bloquer alors sa respiration en fermant sa glotte quelques secondes,
• grincer des dents, serrer les paupières, appuyer le dessous de sa langue repliée contre son palais.

Et sans doute lui confiera-t-il qu'il a pratiqué des contractions des muscles de son périnée en serrant les fesses et l'anus, en fermant la vessie comme s'il se retenait d'uriner, et surtout qu'il a dû détourner son attention de toutes les images excitantes, réelles ou fantasmées.

Autant de secrets de l'homme nouveau pour vous procurer le meilleur des plaisirs.

En attendant de bien posséder l'art ci-dessus décrit voici des actes techniques qui vous aideront ; ils peuvent être réalisés par l'homme comme par la femme.
• Compression du périnée par l'homme lui-même ou par la femme : appuyer et presser fortement avec l'index et le majeur sur le périnée sous lequel passe la racine de la verge contenant elle-même l'urètre. En même temps l'homme pratiquera une profonde inspiration.
• Compression du gland par l'homme lui-même ou par la femme : l'homme retire complètement la verge du vagin et il ou elle, serre fortement la couronne du gland dans l'anneau formé par le pouce et l'index. Le danger passé, la verge est à nouveau introduite dans le fourreau vaginal.
• La suspension des mouvements par l'homme et par la femme durera une centaine de secondes, après quoi les amoureux reprendront leur marche conjointe.
• Les hommes qui auraient des difficultés à rester en érection pourraient utiliser un anneau (dit cokril) qui se place à la base de la verge. Mais il s'avérera vite superflu car plus on pratique la caresse intérieure plus on bande ferme et continu.

• S'il arrivait que l'homme n'ait pas pu contrôler son réflexe éjaculateur que la femme évite de se détacher de lui quand l'homme est entrain d'éjaculer car il en éprouverait une impression extrêmement désagréable, voire douloureuse. Bien sûr, si la femme n'a pas de contraception, le retrait est indispensable mais alors qu'elle prenne dans une main la verge de son ami et lui offre une branle consolatrice dans la perfection de l'art. Mais qu'elle s'arrête à temps : la friction du gland après l'éjaculation étant insupportable, rappelez-vous : « à temps » veut dire à la fin de l'éjaculation.
• Il se peut aussi que, lors des premières rencontres, l'homme étant fort tendu et inquiet (« vais-je savoir satisfaire mon amie ? »), tombe en panne d'érection ou soit victime d'un accident d'éjaculation précoce. Que son amie crée un climat détendu et joyeux, un climat heureux et complice, qu'elle lui parle de tout pour le sortir de son obsession de réussite, qu'elle lui offre un apéritif ou une coupe de champagne, qu'elle le caresse ou le masse.

Les hommes jeunes dont la libido est plus intense et plus impulsive auront plus de difficultés à se contrôler, mais ils y arriveront. Des milliards d'orientaux pendant des millénaires ont aisément exercé cet art, pourquoi pas eux ? Qu'ils ne partent pas battus ou ne se déclarent pas battus trop vite ! Trop d'hommes disent, sans avoir essayé, « c'est pas possible ! ». Il faut au contraire se positionner positivement et sereinement : « je suis relaxe, j'y arriverai, si ce n'est pas cette fois, ce sera la prochaine fois ! »

LES AVANTAGES DE LA CARESSE INTÉRIEURE

La femme aussi bien que l'homme trouvent des avantages considérables dans l'union sexuelle pratiquée comme une « caresse intérieure ». C'est une transformation complète de la façon de faire l'amour qui apporte beaucoup plus de plaisir et une grande harmonie entre les deux partenaires.

Avantages pour la femme

• Bien entendu pour la femme c'est un progrès majeur : la prolongation du coït lui permet d'accéder à l'orgasme et de le répéter, réalisant ainsi sa capacité multi-orgasmique. C'est bien le but que visent les hommes nouveaux par équité, par générosité, en un mot par amour pour la femme.

• La caresse intérieure rectifie les dissymétries qui existent entre l'érotisme de la femme et l'érotisme de l'homme.

La première dissymétrie concerne le délai d'apparition de l'orgasme au cours du coït : en poignée de secondes pour l'homme, en poignées, voire en brassées de minutes chez la femme. La prolongation du coït permet à la femme d'accéder à l'orgasme. Une enquête, du reste, a confirmé que plus on prolonge le coït plus on augmente les chances de la femme d'atteindre l'orgasme.

La seconde dissymétrie concerne la potentialité polyorgasmique : limitée chez l'homme par la phase réfractaire, illimitée chez la femme mais rarement atteinte faute de rapport prolongé. On voit comment la maîtrise de l'éjaculation et la prolongation du coït efface cette dissymétrie : l'homme comme la femme peuvent obtenir plusieurs orgasmes.

Pour la femme qui n'a pas encore découvert l'orgasme par coït, chez qui le vagin n'est pas encore révélé, la caresse intérieure est la meilleure façon d'éveiller, de jour en jour, cette « Belle aux bois dormant ». La muqueuse vaginale et ses différents points érogènes longuement caressés et justement stimulés par « l'objet » le plus approprié, tendre mais ferme, chaud, sensuel, irradiant de magnétisme, épanouissent et aiguisent leur sensibilité. La gaine de tissus érectiles longuement sollicitée, pressée, dilatée réagit de mieux en mieux : son intumescence est plus rapide et plus intense. Tout organe a besoin d'un entraînement pour arriver à un fonctionnement optimum et ce n'est pas seulement les cellules, (des muqueuses, des vaisseaux…) qui doivent être sollicitées pour se parfaire, ce sont surtout les circuits neurologiques si complexes qui transportent les sensations et les ordres en retour, qui doivent être rôdés pour réagir de mieux en mieux. Dans toute activité il faut un temps d'apprentissage et une pratique suivie pour accéder au meilleur. Or le vagin de la plupart des femmes a dormi pendant ses premiers 17 ans (alors que le pénis chez l'homme a été utilisé tout le temps).

Mais l'orgasme n'est pas le seul acquis de la caresse intérieure, car pas plus que pour l'homme, il ne résume le plaisir érotique. Il y a aussi le plaisir d'avoir en soi le pénis, tantôt immobile, tantôt mobile, le plaisir d'être habité ou frotté par lui, lui qui caresse si bien les muqueuses, lui qui dilate si bien la gaine érectile, qui bute si bien sur les plots érogènes, qui transmet si bien sa chaleur et son magnétisme. Toute sa promenade au ventre de la femme c'est du plaisir sans fin, du plaisir brûlant et du plaisir tendre, du bonheur pour tout dire.

La femme en sait gré à l'homme par qui ces joies arrivent. Elle s'attache à lui. Que cette femme n'hésite pas à exprimer à son homme sa gratitude et à lui dire : « Merci mon amour, tu m'as rendue si heureuse ! ». Cela approfondira encore leur relation et encouragera ce nouvel homme dans la voie nouvelle.

Avantages pour l'homme

L'homme lui-même gagne énormément à la caresse intérieure : son plaisir est multiplié en quantité comme en qualité, il n'a plus rien à voir avec la brève et bête explosion d'antan. Le plaisir de l'homme atteint celui de la femme. Se donner du temps est le secret de cette réussite. Dans cette profusion de plaisir, on trouve :

- Le plaisir issu du gland allant et venant, frottant les parois du vagin ou pressées par elles est non seulement prolongé mais en plus intensifié : plus les contacts durent, plus sont aiguisés et excitables les récepteurs du gland, autrement dit, plus ça dure, plus la verge est sensible et jouissante.
- Le plaisir des pré orgasmes, cette volupté des plus intenses qui précède le point de non retour, est de plus en plus fort. Et en plus il peut se renouveler à l'infini. L'orgasme lui, quand l'homme décide de libérer après un long temps de va-et-vient, atteint une intensité incroyable, tellement plus fort qu'un orgasme habituel, qui paraît dès lors bien fade. Et sa diffusion dans tout le corps est bien plus grande, comme si l'excitation du va-et-vient prolongé avait ouvert des passages pour que le plaisir envahisse tout l'organisme.
- Un nouveau plaisir apparaît dans le pénis : le plaisir de connivence : lors des interludes entre les séquences de mouvements, l'homme immobile, bien présent à ses sensations prend parfaitement conscience de ce que son sexe ressent : la chaleur du vagin, son enveloppement, le magnétisme qui passent entre vagin et pénis. Il ressent aussi – Ô divine surprise – les petits signes que, taquine, la femme lui fait en contractant son muscle constricteur de la vulve et son pubo-coccygien. Et l'homme alors de lui répondre sur le même ton en faisant bouger son pénis grâce aux muscles bulbo-spongieux et ischio-caverneux, doux frétillements qui met son aimée « aux anges ».

• Autre plaisir accru : celui de la tension du pénis. Plus on prolonge une séquence de caresse intérieure, plus l'érection se renforce. Les sensations qui proviennent de cette verge tendue au maximum, rigide à se verticaliser, dure comme fer sont extrêmement agréable à l'homme et lui donne une impression réconfortante et flatteuse de puissance virile. Du reste, à la longue la caresse intérieure va réellement renforcer la puissance de la verge : ses dimensions, l'intensité de la turgescence et sa durabilité.
• Les plaisirs liés à la suppression de la phase réfractaire. La phase réfractaire se caractérise, comme on l'a vu, par la réduction du désir, la baisse de l'érection et un état de fatigue et de désintérêt. Pendant l'union sur le mode caresse intérieure, c'est l'absence de phase réfractaire et donc la persistance du désir et de l'érection qui permet la prolongation du coït ; de plus cette persistance du désir est vécue comme un plaisir qui se concrétise et se ressent dans la tension du pénis, comme on vient de le voir. Ce désir continu est aussi ce qui inspire à l'homme toutes ses belles intentions et attentions vis-à-vis de sa compagne et toute son inventivité. Après l'union sur ce mode, c'est également l'absence de phase réfractaire et donc la persistance du désir et de l'érection qui permet un postlude merveilleux.

Merveilleux pour l'homme car le désir en soi est un plaisir : cette tension de la verge et dans le corps est jubilatoire, signe de vivance, expression de masculinité ; dans le cadre de la caresse intérieure, ce désir persistant fait partie du jeu, il n'est pas subi, il pourrait être satisfait à tout moment par la proximité et la complicité de l'aimée.

Merveilleux pour la femme qui a, à côté d'elle, non seulement juste après l'union, mais pour de longues heures un homme toujours désirant, donc toujours amoureux, tendre, attentif. Un vrai bonheur ! Oui la survivance du désir est le grand acquis de la caresse intérieure et de la maîtrise de l'éjaculation.

POUR LES DEUX PARTENAIRES

La caresse intérieure permet de multiplier les caresses et les sensations, y compris pendant les pauses. Bien qu'immobiles les sexes, parce qu'ils sont en étroites unions, continuent de se transmettre des signaux, de se donner des excitations réciproques. Je ne parle pas seulement des micro contractions du vagin sur le pénis ou des micromouvements du pénis sur les parois vaginales mais de toute une série de micro manifestations tout juste perceptibles qu'on les dirait chuchotées et qui éveillent des sensations ultra douces, très intériorisées : incandescence, échanges d'électricité, battements de sang, vibrations, lancinements.

De plus, pendant les interludes, les suspensions, les mains sont libres et peuvent aller semer ou cueillir des voluptés ou simplement des tendresses sur toute la surface du corps, dans l'un ou l'autre des trois cercles. Caresser le visage de la femme aimée ou de l'homme aimé en l'envisageant du regard et en plongeant ce regard dans le sien tandis que les sexes sont étroitement unis est de la plus grande tendresse. Caresser ses épaules, ses seins, ses hanches est d'autant plus voluptueux que sous l'effet du plaisir irradié des sexes, leur peau est devenue éminemment sensible, hyperesthésiée, comme la peau des mains devenues également ultra sensible. Les peaux sont comme « magnétiques » si bien qu'elles s'attirent irrésistiblement et se collent l'une à l'autre quand elles se touchent.

Aller flâner dans le premier cercle va déclencher des plaisirs très forts car là on est au marche des sexes et la zone est particulièrement congestionnée et donc plus encore sensibilisée. Effleurer, taquiner une marge de l'anus mise en appétit ravit le bénéficiaire. Passer un doigt et titiller le clitoris outrancièrement à vif et avide procure des envols de délices à remplir les ciels de lit.

Tous les sens, ai-je dit, sont en éveil, leurs capteurs grands ouverts et ils perçoivent ce qu'ils ne perçoivent pas d'habitude. La peau, nous l'avons vu, a sa sensibilité exacerbée. L'ouïe, maintenant, entend le moindre souffle, le moindre soupir de plaisir, de bonheur, d'amour avant même qu'ils se fassent mots, l'ouïe maintenant entend le langage intérieure. La vue, elle, plus claire à en être clairvoyante, parcourt et développe le corps et le visage de l'aimé(e), les pénètre, les devine, les approuve, les remercie, les admire. Il faut dire que le corps et plus particulièrement le visage irradient de félicité et d'amour. Le visage est diaphane et les yeux sont d'une beauté infinie, d'une profondeur et d'une transparence à y voir passer l'âme.

POUR LA SANTÉ

Pour la santé la caresse intérieure est une activité très bénéfique. L'homme en maîtrisant son éjaculation échappe à la phase réfractaire, l'a-t-on assez dit : pas de fatigue et encore moins d'épuisements, pas d'abattement, pas de mélancolie. Même après une séquence longue (une heure voire trois heures), l'homme reste tonique et heureux et euphorique. C'est qu'il n'a pas perdu d'énergie, au contraire il en a emmagasinée. L'éjaculation est une charge explosive qui volatilise l'énergie, le pré orgasme de la caresse intérieure est une charge intériorisée d'énergie.

La femme que ne fatigue pas – en général –, son orgasme est ici revigorée par le feu d'artifice orgasmique que lui procure la caresse intérieure. De plus elle se réjouit d'avoir un mari qui n'accuse ni fatigue, ni désintérêt mais qui est au contraire vif et tendre.

Ces avantages de la caresse intérieure permettent à un tel couple de faire l'amour tous les jours et même chaque jour matin et soir (dans ce cas ce sera des séquences plus courtes). Cette pratique décuple l'énergie et ses pratiquants sont des êtres dynamiques, biens vivants et en excellente santé. Ils vieilliront allégrement et continueront à faire l'amour jusque 80 ans et plus.

Les anciens Chinois disaient que la pratique de l'union amoureuse sans émission de sperme était un facteur de bonne santé et un gage de longévité. Des travaux modernes ont montré un parallélisme entre activité sexuelle heureuse et fréquente et durée de vie.

QUESTIONS D'ACTUALITÉ

Homme et éjaculation

L'homme ne peut-il alors jamais éjaculer ? Les pratiquants habituels de la caresse intérieure espacent leurs éjaculations à une fois tous les 20 ou 30 relations sexuelles, compte tenu d'un rapport sexuel quotidien. Les débutants et les êtres à fort besoin orgasmique peuvent s'accorder une éjaculation de « décompression » tous les 4 ou 5 relations. En tous cas il faut éviter d'avoir une éjaculation à chaque relation sexuelle, même si au court de celle-ci on s'est maîtrisé 6 ou 7 fois ou plus, car ainsi on entretient un certain automatisme : un coït = une éjaculation.

Femmes et éjaculation

Beaucoup de femmes aiment l'éjaculation et sont surprises et déçues lorsqu'elle ne survient pas ; c'est que les femmes, pour la plupart, sont habituées au schéma habituel pénétration-éjaculation. Mais quand elles auront compris que le contrôle de l'éjaculation leur permet d'accéder plus facilement à l'orgasme et de le répéter, sans oublier les mille sensations qu'elles recueilleront, elles l'apprécieront. Quand de cette manière leur vagin s'éveillera et que leur premier orgasme éclatera elles vous béniront. Toutefois, si votre compagne émet le souhait de recevoir de temps à autre un jaillissement de sperme, faites-lui ce cadeau.

EXISTE-T-IL DES VARIÉTÉS DE CARESSES INTÉRIEURES

La caresse intérieure a le temps pour elle et on peut y inscrire toutes les variations possibles concernant les préliminaires, les caresses associées (du 3e, du 2e ou du 1er cercle), les positions, la profondeur, la direction et le tempo de l'intromission. On peut, du reste, alterner pénétration orificielle et pénétration profonde, le meilleur étant d'alterner lenteur et rapidité, alterner les trajectoires vers le bas, le haut, les côtés (il suffit de déplacer son bassin), alterner force et tendresse.

Dans le pur tantrisme, la position est celle du lotus, les deux aimants étant face à face, le pénis ou lingam étant juste engagé dans le vagin ou yomi ; les mouvements sont de faible amplitude voire nulle, le contact des sexes suffisant à donner l'euphorie.

CHAPITRE 22

POSITIONS ET MOUVEMENTS

Je vais vous parler de ce que préfèrent les hommes. Le but des variations dans l'acte sexuel est d'éviter la routine et donc de prévenir l'usure du désir et l'usure du couple. Changer les positions dans lesquelles peut se pratiquer la conjonction fait partie des variations imaginées.

Il faut savoir du reste que l'intérêt de modifier les postures n'est pas seulement de varier les gymnastiques corporelles mais aussi de varier le point d'impact du pénis sur la muqueuse vaginale : selon le point touché par l'organe mâle, les plaisirs de la femme seront différents.

Femme en dessous

La position du missionnaire

C'est la position de base, celle de l'Occidental, type homme ancien.

La femme est couchée sur le dos, jambes allongées et écartées, l'homme est couché sur le ventre sur la femme, jambes allongées entre les jambes de la femme. On l'appelle position du missionnaire car, en particulier dans les pays d'outre-mer, les prêtres faisaient croire que la seule position digne d'un Chrétien (à vrai dire d'un mâle, « être supérieur ») était celle où l'homme était au-dessus.

Cette position présente quand même quelques intérêts pour les deux protagonistes.

- Les amants peuvent se voir, bien qu'avec quelques difficultés.
- Les amants peuvent se donner des baisers, en particulier de bouche à bouche, et se faire des confidences à l'oreille.

• Les amants peuvent se prendre à pleines mains, se saisir les épaules, le dos, les fesses ; l'homme peut prendre les seins de la femme, bien qu'inconfortablement. Comme, par ailleurs, les poitrines et les ventres se mêlent, c'est un étroit corps-à-corps qui se produit, créant une véritable fusion charnelle.

Toutefois les inconvénients de cette position sont nombreux aussi.
• L'introduction du pénis n'est pas facile car les jambes de la femme étant peu écartées, la vulve et le vagin sont peu ouverts, or le vagin présente à son entrée une chicane ; de plus les mains de l'homme, aussi bien que celles de la femme, se glissent difficilement entre les deux corps, d'autant plus que l'homme est en équilibre sur ses mains et sur ses coudes. Ici, la femme doit collaborer : écarter ses poils et ses lèvres (grandes lèvres et nymphes), mouiller de salive ses muqueuses si sa mouillure n'est pas suffisante, prendre le pénis dans ses doigts et le guider dans l'orifice vaginale. Elle peut aussi glisser ses mains sous ses propres fesses et aller écarter sa vulve.
• La posture des partenaires est inconfortable, spécialement celle de l'homme : celui-ci, appuyé et en équilibre sur les coudes ou sur les mains d'une part et sur les genoux d'autre part, doit se cambrer ce qui peut engendrer des douleurs dans ses lombes ou « reins ».
• La posture laisse peu de liberté et est donc trop statique : la femme est écrasée, sa respiration gênée, l'homme est empêtré. Coincés, les partenaires ne peuvent faire valser leur bassin.
• Les seins et le clitoris sont malaisément accessibles par l'homme aussi bien que par la femme. Difficile pour la femme de se masturber.
• Le point G n'est pas impacté par le pénis, l'angle d'introduction de ce dernier le fait passer en dessous.

Les positions jambes en l'air

Au lieu d'avoir les jambes et les cuisses allongées, la femme replie les cuisses sur son bassin et élève plus ou moins ses jambes.

Les intérêts de ces positions sont les suivants.
• D'ouvrir largement la vulve et de permettre ainsi une pénétration profonde du pénis, jusqu'aux culs-de-sac vaginaux.
• De basculer le bassin vers le haut et de favoriser le contact du pénis avec le point G. La femme devra signaler à l'homme s'il est tombé pile dessus ou s'il doit tâtonner pour trouver le bon impact.

• De mettre le clitoris en contact du pubis de l'homme.
• De libérer les mouvements des partenaires.

Toujours avec les jambes relevées, la femme fléchit ses cuisses à demi sur son bassin et pose ses pieds sur la taille de l'homme. Les avantages sont ceux exposés ci-dessus.

Toujours dans la même position, la femme pose cette fois les pieds sur les épaules de l'homme. En plus de ceux exposés ci-dessus, les avantages de cette position sont les suivants.
• L'ouverture de la vulve est encore plus grande et la profondeur de pénétration possible plus grande aussi.
• La bascule du bassin est plus importante et la possibilité d'impacter le point G meilleure.

Cette fois, la femme fléchit au maximum ses cuisses sur son bassin et ses jambes sur ses cuisses, ses genoux touchant ses seins.

Les avantages sont majeurs ici, particulièrement la profondeur de pénétration possible. Deux variantes sont spécialement intéressantes.
• Mettre un coussin sous les fesses de la femme pour basculer un peu plus son bassin et donc mieux exposer son point G.
• Mettre l'homme à genoux entre les cuisses de la femme afin que lorsqu'il se penchera en avant son pénis et son pubis contactent mieux le clitoris : ici le coussin sous la femme est indispensable.

Femmes au-dessus

La position d'Andromaque

C'est celle que préfère l'homme nouveau car elle donne à la femme toute sa liberté. Ici, l'homme est couché sur le dos et la femme à califourchon sur son pubis, cuisses écartées. La femme soulève et abaisse alternativement son bassin de façon à faire coulisser son vagin sur le pénis dressé. Elle peut aussi faire rouler son bassin autour de l'axe du pénis. Elle peut enfin pencher son buste soit en avant soit en arrière. Un coussin peut être mis sous les fesses de l'homme pour accroître la conjonction.

Les avantages sont nombreux.

- L'introduction du pénis dans le vagin est facile.
- Les partenaires peuvent se regarder, voir la beauté de l'autre, de son visage, de son corps, voir en particulier les yeux, le sourire, les mimiques de plaisir, voir ses seins qui dansent, ce qui est bon pour l'amour et l'excitation. Ils peuvent se parler à l'aise.
- Les partenaires ont les mains libres. L'homme a facilement accès au corps de la femme en particulier à ses seins qu'il peut empaumer, presser, tordre ; et à ses fesses qu'il peut pétrir, griffer, etc. ; toutefois l'accès de l'homme au clitoris est plus malaisé. Mais les mains libres de l'homme ne servent pas qu'à caresser, elles peuvent aussi guider la femme, spécialement en les posant sur ses hanches et en l'incitant à amplifier ou à réduire ses mouvements de bas en haut, à amorcer des mouvements de rotation ou encore à se fléchir en avant ou en arrière. De son côté, la femme a facilement accès au corps de l'homme pour le caresser tous azimuts, soit par tendresse, soit pour l'exciter. Elle peut l'embrasser sur le visage, sur la bouche en se penchant en avant.
- Mais l'avantage majeur c'est que la femme peut bouger comme elle l'entend, elle est maître de la manœuvre et peut faire ce qu'il faut pour se donner le meilleur plaisir possible. Elle peut régler la profondeur et l'angle de la pénétration du pénis en elle, le rythme, les pauses, et se donnant du plaisir, elle en donne à l'homme. Celui-ci est déchargé de la conduite des opérations et des initiatives à prendre.
- La femme peut très facilement se caresser le clitoris ce qui lui permet d'accéder à l'orgasme clitoridien et d'entraîner, par conditionnement, sa muqueuse vaginale à jouir jusqu'à l'orgasme.
- La femme en se penchant en avant favorise l'impact entre son clitoris et la base du pénis et le pubis de l'homme.
- La femme en se penchant en arrière favorise l'impact du pénis sur son point G.
- Cette position permet à un pénis non totalement érigé d'être introduit pour son bonheur et celui de la femme, car le point G n'est guère qu'à 4 cm de l'entrée. De toute façon, il n'est pas rare que le pénis, mis ainsi en confiance et en appétit, se mette à grandir.

Variantes d'Andromaque

- La femme est accroupie au lieu d'être à califourchon.
- La femme tourne le dos à l'homme au lieu de lui faire face.

FEMME À GENOUX

La position de la lionne (une femme ne peut être une « levrette »)

C'est la position la plus excitante et la plus jouissive pour l'homme.

La femme est « à quatre pattes » sur ses genoux et sur ses coudes, la tête reposant ou pas sur le lit, les cuisses étant légèrement fléchies et écartées. L'homme est à genoux entre les cuisses de la femme.

La vue de la femme présentant, on peut dire « pointant » ses fesses, sa vulve et son anus de façon aussi éclatante, voire impudique, est pour le mâle, irrésistible. En outre cette position évoquant l'union des quadrupèdes doit stimuler en nous un reste d'animalité : il y a sept millions d'années nos ancêtres qui n'avaient pas encore acquis la position verticale – debout –, se tenaient et marchaient le plus souvent à quatre pattes ; ils copulaient donc par l'arrière. Nous n'avons rien oublié et nous retrouvons tout naturellement nos atavismes.

La femme en lionne présente bien des avantages.

- L'introduction est facile, l'axe du pénis est exactement dans l'axe du vagin ; rien d'étonnant, c'était la position naturelle, celle de nos ancêtres animaux puis hominidés.
- La pénétration est profonde et atteint le col utérin et les plots des culs-de-sac vaginaux
- Le point G est facilement impacté par le pénis.
- L'accès au clitoris par les mains de la femme comme par celles de l'homme est aisé.
- L'homme peut facilement caresser tout le corps de la femme et spécialement ses seins et ses fesses. L'homme peut mordre aisément le dos ou le cou de la femme.
- L'homme peut voir et admirer le corps de la femme en sa face postérieure : ses fesses, ses reins, son dos, sa nuque, ses épaules, ses cheveux. Il peut humer les fragrances de son sexe qui s'élèvent jusqu'à ses narines.
- Le contact entre le ventre de l'homme et les fesses de la femme est très agréable.

Au total, c'est la position où l'accès à l'orgasme est le plus facile pour les deux sexes.

Les mouvements sont effectués par l'homme d'arrière en avant et réciproquement. La femme peut aller au-devant des mouvements de l'homme ; en synchronisme inversé. Elle pourrait aussi agir seule, l'homme étant immobile ; mais c'est une variation peu confortable.

Si les femmes aiment cette position, c'est non seulement qu'elle leur apporte des plaisirs très forts mais c'est aussi qu'elle leur permet de faire à l'homme aimé un magnifique cadeau. Comme dans la caresse intérieure, les amants alternent les séquences de mouvements et les pauses. Les mains de l'aimant empoignent les hanches de l'aimée pendant l'action et vont jardiner son corps pendant les pauses. Romantiques, elles promènent leur douce pulpe sur les fesses, les flancs, le dos, le cou, les épaules, la nuque où elles éveillent soupirs et chair de poule. Félines, elles laissent traîner des griffes sur ces mêmes zones, histoire d'aiguiser les frissons ; elles iront même poser des petites griffures dans les fossettes de la nuque, histoire de faire dresser les cheveux. Gourmandes elles pétrissent à pleines paumes et par grands plis la glaise féminine, etc.

La position en lotus

C'est la position de l'érotisme tantrique, la Mathunea. La femme et l'homme sont assis l'un en face de l'autre, les jambes pliées, celles de la femme posées sur celles de l'homme. C'est la posture de méditation. Le sexe de l'homme est inséré dans celui de la femme.

Les corps ne bougent pas. L'orgasme, ou plutôt l'extase, ne vient pas d'un va-et-vient mécanique mais du contact prolongé des deux sexes. Bien entendu, il faut que l'homme ait une érection prolongée (mais pas forcément importante), ce qui s'obtient par la maîtrise de l'éjaculation.

La position sur table

Les hommes en raffolent, les femmes y trouvent de grands plaisirs. Il faut disposer d'une solide table, comme ces tables de ferme en chêne ou en noyer.

La femme est allongée sur le plateau dans le sens de la longueur, les fesses à la limite d'une extrémité, cuisses repliées sur l'abdomen, et un peu écartées, c'est-à-dire la vulve bien exposée et ouverte. L'homme est debout entre les cuisses féminines.

Les avantages sont évidents.

- L'introduction est facile, le pénis étant à la hauteur de la vulve, laquelle est bien exposée. Et la pénétration peut être profonde.

• Les mouvements de l'homme sont aisés.
• Le clitoris est facilement accessible à la femme aussi bien qu'à l'homme.
• La face antérieure du vagin, et donc le point G, sont impactés pour un homme de taille moyenne et une table de hauteur normale. Mais si la taille de l'homme et la hauteur de la table font que le pénis est plus haut que le vagin ce sera la paroi postérieure (point P) qui sera touchée ; si le pénis est plus bas ce sera la face antérieure à nouveau.

Une variation : la femme est debout face au bord de la table, elle se penche et s'appuie sur elle, l'homme est debout derrière elle et la prend par l'arrière.

Les positions sont innombrables et nombreux les livres qui les décrivent. Plutôt qu'une étude exhaustive des postures, j'ai trouvé plus utile d'exposer les positions de base, leurs avantages et les points d'impact, ce qui permettra aux hommes de mieux cibler sur les zones sensibles du vagin les mouvements de leur pénis.

Les « cibles vaginales »

La muqueuse vaginale est pourvue de nombreux points érogènes – ou « cibles » érogènes – qui, lorsqu'ils sont touchés voire heurtés par le gland, déclenchent un plaisir ; l'accumulation d'impacts donc de plaisirs peut déboucher sur un orgasme. Selon les positions des partenaires, la direction – l'axe – de pénétration du pénis change et le gland touchera tel ou tel point érogène. On peut donc volontairement adopter une position particulière dans le but de « cibler » un point particulier. De toute façon, il est toujours bon de savoir ce que l'on fait ponctuellement de son pénis.

Positions pour toucher la face antérieure du vagin

C'est-à-dire la face côté vessie, qui contient le point G et qui de toute façon est très sensible chez certaines femmes.
• Femme en dessous position jambes en l'air : la femme est allongée sur le dos, ses cuisses sont pliées sur son bassin, les jambes élevées. Dans la variété A, ses jambes sont sur la taille de l'homme, dans la variété B, ses jambes sont sur les épaules de l'homme, dans la variété C, ses jambes sont repliées sur son ventre. Si l'on place un coussin sous les fesses de la femme et si l'homme se met à genoux entre les

cuisses de sa compagne, c'est encore mieux. N.B. : rappelons que la position dite du missionnaire ne permet pas d'impacter le point G.

- Femme au-dessus position d'Andromaque : il faut que la femme se penche en arrière.
- Femme en lionne : il faut que le pénis soit plus haut que l'orifice du vagin, ce qui est le cas si l'homme est grand ou s'il est à genoux sur un coussin.
- Toutes les positions où la femme tourne le dos à l'homme.
- Femme allongée sur le ventre.
- Femme en Andromaque tournant le dos à l'homme.

Dans tous les cas la face antérieure du vagin est plus sensible quand la vessie est pleine car alors elle fait bomber le vagin antérieur.

Positions pour toucher la face postérieure du vagin

C'est-à-dire la face côté rectum, siège du point P, mais de toute façon toujours sensible chez certaines femmes.

- Femmes en dessous : position du missionnaire, femme allongée sur le dos, jambes allongées.
- Femmes au-dessus : position d'Andromaque, femme accroupie.

Si on veut renforcer le contact de cette paroi postérieure avec le pénis, il faut introduire un doigt dans le rectum et appuyer vers l'avant.

Positions pour toucher la paroi latérale du vagin (qui abrite certains points voluptueux)

Ce sont les positions latérales où la femme est couchée sur le côté, encore faut-il que l'homme s'évertue à viser les parois latérales.

Positions pour toucher le cul-de-sac vaginal postérieur (particulièrement sensible et où se trouve le point A)

Ce sont toutes les positions qui exposent et ouvrent le plus la vulve et donc permettent une pénétration profonde, car dans ce cas le pénis se dirige automatiquement vers le cul-de-sac postérieur.

- Femme en dessous, position jambes en l'air : jambes sur la taille de l'homme, sur les épaules de l'homme ou repliées sur le ventre de la femme, ses genoux touchant ses seins. Cette dernière variation permet la pénétration la plus profonde.

• Femme au-dessus, position d'Andromaque, penchée en avant.

L'homme doit s'introduire progressivement, centimètre par centimètre, par des petits va-et-vient : s'il fonce dans le fond d'un seul coup, il provoquera des douleurs à son amie. Le mieux serait même qu'auparavant il aille caresser de ses doigts le vagin en remontant jusqu'au col ; d'une pulpe subtile il tournera autour de celui-ci, caressant ainsi la totalité des culs-de-sac vaginaux.

Positions pour toucher le col utérin (qui est pour certaines femmes l'endroit le plus sensible du vagin)

Ce sont également les positions qui exposent et ouvrent le plus la vulve et permettent une pénétration profonde. En particulier :

• femme en dessous, cuisses et jambes repliées sur son ventre, genoux touchant ses seins ;
• femme en lionne.

Positions pour contacter mieux le clitoris

On cherche à ce que le dos de la verge et l'os du pubis frottent sur le clitoris.

• Femme en dessous, cuisses et jambes repliées sur son ventre, ses genoux touchant ses seins. Encore faut-il que l'homme soit à genoux entre les cuisses de la femme et penché en avant.
• Pour faire s'ajuster au mieux le gland aux plots érogènes vaginaux, l'homme devra appliquer les quelques règles de géométrie dans l'espace précédemment enseigné mais aussi être à l'écoute de son aimée, ses réactions de plaisir, ses indications. Quant à la femme, elle écoutera ses sensations et agira de deux façons : elle guidera l'homme en lui parlant mais aussi en prenant son bassin entre ses mains et en le déplaçant ; et par ailleurs elle-même modifiera la position de son bassin par des petits déplacements, se fiant autant à son instinct qu'à son plaisir. Donc les deux amoureux tâtonnent dans le but commun d'amener le gland sur un point érogène vaginal et ainsi d'obtenir la sensation optimale ; il suffit souvent de translater ou de tourner un peu son bassin d'un côté ou de l'autre ; parfois, il suffit de placer un coussin plus ou moins épais sous les fesses de la femme. Tout cela se faisant dans une grande douceur, une grande souplesse, une grande tendresse ; loin d'être brusque, tout mouvement est « coulé », chacun suivant subtilement les modifications de l'autre.

MOUVEMENTS LIBRES

Parmi les mouvements qu'apprécie l'homme et qui font autant plaisir à la femme, il y a : porter son bassin à la rencontre de l'homme pour accroître l'impact du gland sur la muqueuse vaginale et intensifier l'union des sexes, translater son bassin ou l'incliner pour cibler un point érogène vaginal.

À vrai dire l'homme adore lorsque la femme bouge son bassin. Sentir sous lui ou voir devant lui une femme onduler du bassin, le tortiller, telles les Orientales qui pratiquent la danse du ventre, est une sensation ou une vision plus qu'excitante, bouleversante. Hélas, la quasi-totalité des femmes occidentales ont le bassin verrouillé. Il est urgent qu'elles fassent des exercices pour apprendre à débloquer leurs vertèbres lombosacrées et leurs hanches. Ce devrait être une priorité de ces milliers d'associations de gymnastique et de yoga où elles passent au moins une soirée par semaine. Elles pourraient compléter ces séances par la pratique du « houla-hoop », ce cerceau qui assouplit si bien les hanches. Les hommes aussi du reste.

Bien entendu il faudra que les amants accordent leurs mouvements, les harmonisent, les synchronisent. N'oublions pas que l'amour est une danse.

Inversement, il faut veiller à ce que chacun n'entrave pas les mouvements de l'autre, et spécialement les mouvements de son bassin. Évitez de peser de tout votre poids sur l'autre. Quand l'homme est au-dessus de la femme, qu'il ne s'affaisse pas sur sa poitrine sous peine de l'étouffer, qu'il n'écrase pas son bassin qui, alors, ne peut plus danser ; pour libérer les mouvements de la femme, il doit prendre appui sur ses mains, redresser le buste et cambrer les reins. Quand c'est la femme qui est au-dessus de l'homme, elle doit veiller à ne pas bloquer son bassin afin qu'il puisse le soulever, le mouvoir.

Autre chose dont les hommes raffolent : quand la femme contracte par petits coups certains muscles de son vagin (le muscle constricteur de la vulve à l'entrée du vagin et le pubo-coccygien quatre centimètres plus haut). Nous avons vu dans les chapitres précédents comment actionner ces muscles et réaliser ces bijoux d'érotisme qu'appréciaient déjà les Chinois et les Hindous anciens, orfèvres en la matière. On lit dans *L'Ananga Ranga* : « Pour que le plaisir de son mari soit complet, la femme devra toujours s'efforcer de resserrer son yoni de telle sorte qu'il se moule au lingan, se dilatant et se comprimant à volonté, pareil à la main de la laitière Gopala qui trait la vache. Ceci peut s'apprendre… L'art, une fois appris, ne se perd plus. Son mari alors l'appréciera au-dessus de toutes les femmes ; et il ne l'échangerait pas contre la plus belle reine des trois mondes, tant est précieux à l'homme le yoni qui se resserre ! »

En guise d'introduction

La séquence pénétration est meilleure, tant pour la femme que pour l'homme, lorsque la femme est bien préparée par des caresses tous azimuts ; le summum étant lorsque la femme merveilleusement excitée réclame elle-même l'intromission. « Prends-moi ! Viens ! Oh viens vite ! » est une des plus belles prières qu'un homme puisse entendre. Sa vulve et son vagin sont ouverts et même éversés telle une fleur au meilleur de son épanouissement, leur muqueuse est parfaitement lubrifiée et leur chair gorgée de sang du désir. L'homme peut aisément y introduire sa verge. Toutefois, il est bon que la femme l'aide à le faire.

En effet, il est bon que la femme, tout d'abord, vérifie qu'elle est assez lubrifiée ; si ce n'est pas le cas (manque de désir, insuffisance de préparation, toilette préalable, veille des règles…), elle y remédiera en portant un doigt à l'entrée de son vagin, toujours humide, lui, et en ramènera la mouillure sur la surface de la vulve. À moins qu'elle y amène un peu de salive. Ensuite, la femme ouvrira sa vulve en écartant de ses doigts pilosité et grandes lèvres. Puis, prenant le pénis d'une main, elle le guidera vers l'orifice vaginal, tout en faisant des petits mouvements d'avancée de son bassin à la rencontre de l'homme. Enfin, retirant sa main du pénis, elle saisira à deux mains les hanches de l'homme et le tirera vers elle. C'est l'instant délicieux où chacun sentant la verge s'enfoncer tressaille de plaisir et de joie.

C'est dans la stricte position du missionnaire (femme dessous, jambes allongées) que l'introduction est la plus difficile, surtout si la femme ne donne pas un coup de main. Mais dans les trois variations : jambes de la femme en l'air, jambes sur la taille ou les épaules de l'homme ou jambes fléchies sur son propre ventre, ses genoux touchant ses seins, la vulve est mieux exposée et l'introduction plus aisée. Pour améliorer encore l'introduction, l'homme pourra se mettre à genoux et la femme un coussin sous les fesses.

Dans la position d'Andromaque, femme à genoux et à califourchon sur l'homme, la vulve baille au maximum et donc l'introduction est facile. Celle-ci sera confiée à la femme qui a toute liberté de manœuvre pour initier et opérer l'intromission, libres sont ses mains, libre est son bassin.

Dans la position de la lionne, l'exposition et l'écartement de la vulve sont idéales et l'introduction par l'homme rêvée. Toutefois, il est bon quand même que la femme guide de deux doigts le pénis pour le faire glisser dans la vulve comme une lettre à la poste. Et puis l'union doit toujours être un duo. Il faut veiller à la perfection de la position : la femme doit avoir les genoux devant son bassin, c'est-à-dire sous son ventre afin que son postérieur pointe bien ; l'homme doit mettre ses cuisses et ses genoux entre les cuisses un peu écartées de la femme ; ainsi chacun étant bien positionné, vulve et pénis se retrouvent nez à nez et le bal des ardents pourra débuter. Attention toutefois : que l'homme ne se précipite pas tête baissée au fond du cul-de-sac vaginal postérieur il pourrait en coûter quelque douleur à sa cavalière. Qu'il esquisse quelques pas de danse, poussant doucement et par petits coups son pénis dans le palais vaginal.

Durée du coït

« Bref », le coït se déroule en quelques minutes. L'homme en érection peut éjaculer entre une et quatre minutes. La femme excitée et au vagin suffisamment éveillé et « entraîné », c'est-à-dire ayant atteint sa « majorité sexuelle », arrive à jouir aussi en quatre minutes. Cette brièveté se voit dans les embrasement soudains et joyeux : les partenaires également très désirants et très excités se retenaient depuis quelques heures quand ils se retrouvent enfin seuls l'un en face de l'autre ; alors ils se jettent sans préambule et fougueusement l'un sur l'autre, avec une faim comparable. C'est l'amour « à la hussarde » où les partenaires ne prennent même pas le temps de se déshabiller ou alors s'arrachent les vêtements. Hélas, le plus souvent le coït bref est la façon habituelle de faire l'amour des hommes sous-développés sexuellement ; pour le plus grand malheur de leur compagne.

D'une « durée moyenne », le coït occupe quinze minutes. C'est « l'ordinaire » de la majorité des gens, la « messe basse ». Mais on peut quand même se faire du bien dans cet intervalle. Et puis on peut s'offrir une « grand-messe » de ci et de là.

« Longs » les coïts atteignent quarante minutes. C'est la grand-messe. Pour les jours fériés, les RTT, les vacances.

« Très très long » (TTL), le coït occupe 4, 5, 6 heures. C'est la grande fête, quasi le festival. À faire de temps en temps. Expérience merveilleuse pour un couple. Ça vous rapproche plus encore. Ça unit encore plus.

Bien entendu, dans toutes ces unions sexuelles qui durent, la maîtrise de l'éjaculation et de l'art de la caresse intérieure est indispensable. Au cours de ces longues unions, la femme récolte plusieurs orgasmes ; parfois les orgasmes s'enchaînent de façon continue, mettant la bénéficiaire dans un véritable état de transe. Quant à l'homme, il n'est pas de reste, la durée fait croître sans cesse sa volupté, fortifie son érection et lui offre nombre de pré-orgasmes.

La plupart des gens disent qu'ils n'ont pas le temps de faire l'amour, l'amour long en particulier. En vérité, chacun peut trouver le temps nécessaire, il suffit de supprimer une soirée de télévision, un spectacle, un match. La vie sexuelle, dans un couple, doit avoir la priorité.

L'homme et l'orgasme de la femme

Après avoir longtemps négligé le plaisir de la femme, et en particulier son plaisir suprême, l'orgasme, l'homme maintenant met son point d'honneur à le lui procurer. Certains le font par altruisme, beaucoup s'y emploient par narcissisme, pour être considéré comme un mâle excellent : faire jouir la femme, c'est acquérir son brevet d'amant parfait.

Le revers de cette attitude, c'est la pression mise sur la femme : il faut qu'elle ait un orgasme pour que son homme soit content de lui. Pression à laquelle s'en ajoute une autre : il faut qu'elle l'ait ce fameux orgasme pour que son ami soit content d'elle et elle, d'elle-même : elle doit être une bonne amante et une « vraie » femme. L'orgasme féminin serait finalement le témoin de la véritable virilité et de l'authentique féminité. Ce qui aboutit à une forme de terrorisme qui risque de fausser la relation sexuelle et la relation interpersonnelle. C'est ainsi que la femme est amenée à simuler l'orgasme pour sécuriser son ami sur ses capacités érotiques et pour paraître elle-même une partenaire à la hauteur.

Mais la plupart des hommes ne sont pas dupes de la simulation : « Je m'en rendais compte », dit Éric qui ajoute : « J'aurais préféré que ma copine me dise qu'elle n'était pas en forme ce jour-là ». La confiance perdue entre les deux amants, leur relation périclita. En effet, le danger de la simulation est qu'elle interdit toute possibilité de progrès. Si tout va bien, il n'y a rien à améliorer ! Mais si l'absence d'orgasme est révélée, alors on peut en chercher la cause et y remédier : dénouer les blocages psychiques, perfectionner l'art érotique…

Les hommes doivent être patients et savoir – les femmes aussi – que l'orgasme vaginal par coït est le fruit d'un long apprentissage que la femme n'a pas pu faire, le plus souvent, avant l'adolescence ; le vagin est auparavant quasi inaccessible et donc inexploité voire même inexploré (*voir La caresse de Vénus*). Il est normal que la muqueuse vaginale ne s'éveille qu'après de nombreuses années « d'entraînement » et que l'orgasme vaginal par coït n'apparaisse pleinement qu'entre 20 et 32 ans. Souvent, c'est le premier accouchement qui déclenchera la révélation.

J'ai parlé de la difficulté de « l'orgasme par coït » car, par ailleurs, la femme a l'expérience de l'orgasme depuis sa prime enfance par la grâce de son clitoris. C'est pourquoi en attendant l'orgasme vaginal déclenché par le pénis, l'homme peut toujours offrir à sa compagne un orgasme clitoridien par stimulation digitale du clitoris. Et aussi un orgasme vaginal par stimulation digitale du point G.

Les hommes doivent enfin savoir qu'à côté de l'orgasme, la femme (comme eux-mêmes du reste, s'ils le voulaient), connaît des états de bien-être et de bonheur suprêmes quand l'union se fait dans un bain de sensualité qui englobe tout le corps et dans un bain de tendresse qui ravit leur cœur. Ici, c'est la qualité de l'échange, sa finesse, sa douceur, sa chaleur, qui lui donnent sa valeur et non les performances orgasmiques. Dans l'immense éventail des plaisirs, l'acmé n'est qu'un moment.

JOUIR EN MÊME TEMPS

L'orgasme simultané, l'homme en rêve. Et c'est lui qui peut le mieux le provoquer : progressivement, il a fait monter l'excitation de son amoureuse par des préliminaires puis par une pénétration prolongée ; maintenant, l'excitation de la femme est à son comble, il la sent prête à décoller ; alors il déchaîne ses mouvements, son orgasme éclate et son éjaculation fuse ; la femme perçoit soudain le terrible plaisir de l'homme, ses mouvements accélérés, son souffle précipité, ses cris et elle sent son pénis devenu hyper-brûlant et hyper-magnétique frémir, battre et expulser un liquide chaud qui inonde son ventre, tandis que l'homme l'étreint avec force. Alors au summum de l'excitation, elle déchaîne son corps et jaillit dans l'orgasme.

Il est une autre façon d'atteindre la communion orgasmique : l'homme fait l'amour de la meilleure manière qui soit pour amener la femme à un haut niveau d'excitation. Tant que la femme n'y accède pas, il contrôle son éjaculation ; mais lorsqu'il sent sa compagne commencer à s'élancer, il accélère ses mouvements pour rattraper la femme et ils éclatent ensemble.

C'est une expérience des plus marquantes que celle de se déchaîner ensemble, de danser frénétiquement ensemble, de crier et de souffler ensemble, de partager un plaisir extrême et un état de conscience sublime fait d'unité et de félicité. C'est la fusion vécue absolument.

Toutefois ce ne doit pas être le but de tout rapprochement : il n'est pas atteignable à tous les coups ; et puis il faut dire que lorsqu'on est dans son propre orgasme, on ne peut être tout à fait attentif à l'orgasme de l'autre, or de voir et de vivre bien consciemment le plaisir suprême de son aimé(e) est un événement extrêmement important. Donc il vaut mieux, le plus souvent, avoir un orgasme chacun son tour.

Que l'on commence par l'orgasme de la femme (un ou plusieurs), car l'homme après son orgasme présente sa fameuse phase réfractaire où son désir et son érection retombent, or quand c'est fini pour l'homme c'est fini pour la femme. Que l'homme se maîtrise le temps que la femme monte en excitation et accède à quelques orgasmes. Puisqu'il s'accorde, s'il la décidé, un orgasme personnel avec éjaculation. C'est une option. La caresse intérieure sans éjaculation en est une autre.

CHAPITRE 23

L'ÉROTISME ANAL

Érotisme anal… l'idée peut paraître choquante. La fonction naturelle de l'anus et du rectum consiste à évacuer les matières résiduelles de la digestion ; se servir de cet organe pour un autre usage, en l'occurrence obtenir du plaisir, seul ou avec un(e) partenaire, peut paraître un acte antinaturel mais il se fait que la muqueuse ano-rectale est pourvue d'une sensibilité apte à procurer chez certaines personnes des sensations jouissives.

Toutefois, cet érotisme nous interpelle sur les limites éventuelles du plaisir et sur son but. En vérité, le plaisir a un rôle « métaphysique » ou « existentiel » : il nous fait supporter la condition humaine faite d'un tissu de peurs, de douleurs et d'angoisses (sans oublier l'angoisse de la mort). Sans le plaisir présent ou la perspective d'un plaisir à venir, notre vie serait un long calvaire. Ce rôle du plaisir est confirmé par la biologie : les endomorphines sécrétées par l'hypothalamus au cours d'une séquence de plaisir sont antidouleur, anti-angoisse, antistress, euphorisantes et psychostimulantes. Toutefois, si le plaisir est le moyen de supporter l'existence, il ne peut en être le but. On ne peut passer sa vie à se masturber l'hypothalamus. Si les plaisirs sexuels et sensuels que s'offrent deux êtres qui se rapprochent ont bien ce but existentiel, ils en ont d'autres aussi : relier ces deux êtres et créer entre eux un attachement et une communication.

Poser le plaisir comme un but en soi (et le seul) conduit à donner la priorité à la quantité de plaisir sur la qualité de ce plaisir, ce qui entraîne à son tour une cascade de conséquences : l'obsession de la performance (qui l'emporte sur la perfection), la chosification des corps et des êtres, l'escalade du hard (il faut des sensations de plus en plus fortes pour produire du plaisir, recherche qui peut aller jusqu'à la pédophilie voire la zoophilie), la dépendance et, finalement, l'insatisfaction, le dégoût, le désespoir, la déshumanisation des relations. Toutes les civilisations qui sont entrées dans le culte du plaisir quantitatif ont amorcé leur décadence.

En réalité ce qui tout à la fois accroît le plaisir et lui donne son piment, c'est de lui donner une coloration affective, c'est de lui donner sa juste place dans une relation. En un mot c'est de donner un sens à l'érotisme. La ré-humanisation de l'activité sexuelle et la re-sacralisation de l'érotisme est un impératif pour les hommes du temps présent. Je vous renvoie à *Sexualité, la voie sacrée.*

Si l'érotisme anal est le moyen d'être plus proche de son aimé(e), il aura plus de sens que s'il est seulement le moyen de jouir toujours plus.

L'éroticité de la zone ano-rectale

Il s'avère donc que la muqueuse du canal anal et des premiers centimètres du rectum est très sensible car bourrée de terminaisons nerveuses. Toutefois, il n'y a pas de corpuscules de la volupté comme par le vagin, le clitoris ou le pénis.

Chez l'homme, la présence de la prostate devant la paroi antérieure du rectum peut donner une tonalité sexuelle aux sensations.

Chez la femme, certaines sont tout à fait hostiles à l'érotisme anal et d'autres en raffolent. En tout cas, elles ne sont jamais neutres. Selon les statistiques, 28 à 48 % des femmes pratiquent la sodomie.

Si l'on interroge les hommes quant à la position et aux réactions des femmes face à l'érotisme anal, ils affirment qu'il n'est pas de femmes qui, après une phase de réticence, n'y prennent goût, qu'elles y trouvent des plaisirs extrêmes, qu'elles en deviennent accros et les réclament. Les intéressent toutes les gâteries subtiles qu'un doigt délicat et audacieux peut leur offrir et pas uniquement et forcément la sodomie.

Les réticences communes à la femme et à l'homme

Nous verrons que la femme et l'homme ont chacun des raisons propres d'être réservés a priori vis-à-vis de l'érotisme anal. Mais déjà on peut parler des raisons qu'ils ont en commun.

L'influence de la répression religieuse

L'Église, dès le Moyen Âge, a réprimé sévèrement les plaisirs charnels en général et donc en particulier les plaisirs anaux mais elle a spécialement lutté contre la sodomie car cette dernière était utilisé comme mode de contraception par l'ensemble de la population et surtout par les plus pauvres qui devaient limiter le nombres de bouches à nourrir. En outre, l'Église condamnait l'homosexualité, une pratique qui utilisait justement les plaisirs anaux et la sodomie. Les châtiments étaient terribles tant pour la sodomie hétérosexuelle que la sodomie homosexuelle et comprenaient le bûcher, rien de moins. Il n'est donc pas étonnant que dans l'inconscient collectif des Occidentaux, tout ce qui se touche aux plaisirs anaux sente le brûlé. Il y a même des états des États-Unis où les rapports anaux restent un délit.

L'éducation de la propreté

Depuis l'enfance, la zone anale a été décrétée « sale » par maman. « Caca » est devenu synonyme de malpropre. La région est taboue.

Le dégoût des matières

Jouer dans la zone ano-rectale risque de mettre les protagonistes en présence d'odeurs et de matières fécales, en particulier si un sujet est atteint de constipation. Alors, l'érotisme en prend un coup. Le plus souvent, ces mauvaises rencontres signifient la fin de la fête. Le remède est simple : une toilette impeccable centrée sur un autolavement à l'aide d'une poire ou d'un bock relié à une canule rectale.

Nous allons maintenant distinguer l'usage érotique que l'homme fait de son propre anus et l'usage qu'il fait de l'anus de sa compagne.

L'homme et son anus

Les réticences propres à l'homme

A priori, la majorité des hommes n'aiment pas qu'on touche à leur anus. Les raisons en sont multiples.

- Une survivance de la mentalité de guerrier : un guerrier est quelqu'un qui est toujours sur ses gardes, toujours vigilant à ne pas exposer ses failles, à protéger ses arrières où l'anus est une sacrée faille. D'instinct l'homme serait plutôt à serrer en permanence les fesses.
- Le refus de la féminité. L'anus constitue le seul orifice du corps masculin, un orifice par lequel il peut être pénétré à l'instar des femmes

qui, elles, possèdent un trou fait pour être pénétré ; or être pénétré c'est passif : c'est accepter voire subir. Il y a même des gays qui refusent.
• Le refus de l'homosexualité. L'anus est l'orifice qu'utilisent les homos : « Je ne suis pas un homo et je ne veux pas que ma femme me prenne pour un homo ». « Enculé », n'est-ce pas la pire injure pour un homme ?

Les prédispositions

Certains hommes peuvent avoir un goût pour l'érotisme anal. Cela peut venir de l'enfance ; c'est le cas, déjà exposé, de ces garçons dont les mères avaient montré une sollicitude exagérée pour l'anus de leur enfant, toilette et soins, et donc l'avait hyperérotisé. Ça peut venir de l'abus d'un adulte (des simples caresses à la sodomie) qui a inculqué le besoin de plaisir anal, nonobstant les douleurs premières et la honte.

À vrai dire, la muqueuse anale, nous l'avons vu, est pourvue d'une grande sensibilité. Chez certains, cette sensualité se révèle désagréable alors que chez d'autres elle se révèle agréable jusqu'à considérer leur anus comme zone érogène.

Les découvertes de l'homme

La découverte du plaisir anal se fait parfois dans les bras d'une femme. Les femmes savent, grâce aux moyens d'informations sexuelles ou aussi parce qu'elles y ont elles-mêmes goûté, que l'anus peut être une source de plaisir. Un jour, l'homme mis en confiance et enivré par les câlins de son amie, baisse la garde. La femme lui caresse et lui pétrit les fesses ; elle s'amuse même à les écarter et à glisser un doigt dans le sillon interfessier jusqu'à effleurer la marge de l'anus. Et voilà maintenant qu'elle se centre sur cette marge qu'elle caresse et taquine de la pulpe d'un doigt. Au lieu de se raidir et de serrer les fesses, l'homme se relâche et laisse faire. Alors, la femme mouille son doigt et entreprend de l'insinuer doucement dans le canal anal. L'homme s'abandonne détend son sphincter. La femme progresse. L'homme éprouve une sensation particulière, c'est nouveau sûrement, agréable oui et non. Le doigt de la femme atteint le rectum, et ne bouge plus. Le plaisir que ressent l'homme remonte dans ses tripes et même dans sa gorge. Son aimée n'a qu'un bout de doigt en lui mais il se sent « pris » complètement par elle, possédé totalement par elle, rendu en ses mains. Et sa verge se tend, bat. Alors, la femme la prend dans une main ferme et se met à la branler. Son orgasme fut plus fort que jamais.

Une autre fois, tandis qu'ils faisaient l'amour, cette même amoureuse lui a glissé subrepticement un doigt dans l'anus et son orgasme fut si intense qu'il hurla. Cet homme a appris que, quelles que soient les activités érotiques par ailleurs, le doigt dans l'anus c'est un « must » sans même le déplacer, sans effectuer de va-et-vient, juste bouger un peu sur place la pulpe. C'est le zeste d'agrume dans la boisson. Mais ça ne fait pas que pimenter le plaisir, ça l'amplifie aussi.

On évalue à 42 % le nombre d'hommes appréciant l'érotisme anal.

Les sortes d'activités anales

On a le choix entre :

- la caresse avec le doigt, sur la marge et à l'intérieur de l'anus ;
- l'anulingus, puisqu'il faut l'appeler par son nom : c'est l'érotisme confié à la bouche ou à la langue, c'est-à-dire des baisers et des léchages sans oublier l'introduction de la pointe de la langue ;
- les introductions diverses : objets ordinaires (crayon, bougie, manche de cuillère…) et objets spécialisés (godemiché, vibromasseur…). Le « fister » est l'introduction du poing complet. Les introductions sont, parfois, couronnées d'orgasme.

Avec l'introduction d'objets, on atteint un niveau hard. C'est alors à chacun et à chacune de sentir ce qu'il peut accepter de faire ou recevoir. Si vous avez l'impression que vous ne vous respectez plus ou que vous ne respectez plus votre partenaire, si vous sentez que vous allez à l'encontre de votre conception de la relation amoureuse, si vous avez l'impression de ne plus vous situer dans un rapport humain et humaniste, si vous avez conscience d'entrer dans une forme de sado-masochisme, arrêtez-vous. S'il faut agir sans complexe, il ne faut pas non plus agir par snobisme, pour être dans le coup. Certaines pratiques ne sont pas des preuves de modernité ni de liberté ni de progrès. Au contraire, les pratiques les plus hard sont vieilles comme l'humanité.

- Le massage prostatique que nous allons décrire dans le paragraphe suivant.

Bien entendu, en cas de doute sur le passé – ou sur le présent… – de l'aimé, il faut prendre des précautions pour éviter la transmission du sida et des infections sexuellement transmissibles : un film plastique pour l'anulingus suffira.

LE MASSAGE DE LA PROSTATE

Ce geste érotique n'appartient pas vraiment à l'érotisme anal car ce qui est visé n'est pas le canal ano-rectal mais la prostate, le canal n'étant que le lieu de passage.

Cette caresse procure à l'homme un plaisir érotique intense. La femme qui l'offre est assurée d'entendre des louanges et des hymnes à son égard. Du bout de ses doigts elle peut projeter son homme au zénith.

La prostate, plus qu'une glande

La prostate est une glande située sous la vessie et qui entoure comme un manchon l'urètre juste issu de la vessie. Elle sécrète un liquide qui constitue le tiers du sperme. Et surtout possède une capacité orgasmique, ce qui n'est pas étonnant puisqu'elle est constituée en partie de tissus érectiles. Au cours de l'orgasme ordinaire à point de départ pénien, elle s'engorge et se contracte, c'est sa façon de participer à l'orgasme. Mais il y a plus : la prostate est une zone érogène et très sensible, ce qui veut dire que si on la stimule, elle procure du plaisir et même un orgasme : l'orgasme prostatique.

Il y a deux façons de stimuler la prostate.

- L'excitation externe ou périnéale : on l'a décrite dans la caresse du premier cercle, plus précisément dans la caresse du périnée et de son point H (voir chapitre 14).
- L'excitation interne ou anale : la femme doit introduire un doigt dans l'anus, l'index ou le majeur, doucement, progressivement de façon à ne pas causer de désagréments et, au contraire, à apprivoiser son homme. Le doigt est introduit pulpe en avant c'est-à-dire orienté du côté de la vessie. Une fois franchi l'anneau anal, la femme recourbe son doigt vers l'avant, elle rencontre alors une petite surface arrondie, c'est l'arrière de la prostate, qui rappelons-le a la forme et la grosseur d'une châtaigne. Bien entendu, pour elle, le contact est tout nouveau, c'est une véritable découverte.

En ce qui concerne l'homme, il lui faut se relaxer et relâcher son sphincter anal pour faciliter l'introduction du doigt et ne pas en souffrir. Quand la femme atteint la prostate, l'homme ressent une sensation toute nouvelle, surprenante, unique ; elle peut sembler la première fois « bizarre », faite de sensations urinaires et éjaculatoires, elle peut être désagréable ou même douloureuse.

Que la femme continue d'explorer sa découverte de manière très fine, en écartant les réactions de l'homme. Qu'elle lui offre diverses modulations de stimulations : caresses douces de surface, massages plus profonds alternant pressions fortes et pressions plus légères. Au fond la stimulation de la prostate s'apparente à la stimulation du point G du vagin : même type de massage avec pression assez soutenue, ce qui n'est pas étonnant puisque le point G est le vestige de l'embryon de prostate de la femme.

Quand la femme se met à masser la prostate, l'homme ressent de la chaleur, des fourmillements, mais la volupté intense et l'orgasme ne surviendront que plus tard ; l'homme doit exprimer ses sensations pour guider la femme.

Pour aiguiser la sensibilité de la prostate, il est bon que la femme associe à son massage d'autres sollicitations érotiques portant en particulier sur le pénis : branle ou fellation ; mais elle devra s'arrêter avant l'éjaculation, c'est-à-dire au stade d'imminence. Il s'agit d'associer le massage de la prostate à un haut niveau d'excitation sexuelle, un niveau pré-orgasmique, et donc d'établir un conditionnement : massage = volupté intense. Ainsi, on raccourcit le temps d'éveil de la prostate.

Mais le jour où des sensations particulières jouissives apparaissent dans la prostate, il faut cesser les sollicitations péniennes et se centrer pleinement sur ce qui s'annonce dans la prostate.

La femme pourrait aussi associer les sollicitations du point H comme on l'a vu dans les caresses du périnée (chapitre 15) ce qui reviendrait à faire un massage « externe » de la prostate. Stimulée à la fois du dehors et du dedans, la prostate ne pourra que jubiler.

L'orgasme prostatique éclatera un beau jour. C'est un orgasme sec, c'est-à-dire sans éjaculation, bien que parfois quelques gouttes de sperme sourdent au méat du gland. C'est un orgasme puissant, profond, irradiant dans tout le bassin et rayonnant dans tout le corps. Il peut se répéter en plusieurs répliques, constituant un plateau continu de volupté.

Même s'il ne vise que le massage de la prostate, le doigt féminin contracte et stimule aussi, sans le vouloir, le canal anal et le rectum, ce qui peut y déclencher des plaisirs et même un orgasme anal. Mais l'homme distinguera celui-ci de l'orgasme prostatique car l'anal est plus superficiel et plus précoce ; il ne doit donc pas s'y arrêter, les sensations anales, aussi agréables soient-elles, ne sont pas le but. Il doit donc demander à la femme de continuer son massage de la prostate.

La femme trouvera un réel plaisir à dispenser de la volupté et à innover un nouvel art qui, comme tout art, ne peut s'apprendre et se pratiquer qu'avec application et goût de bien faire. Trop souvent en matière de sexualité on est dans la performance, c'est-à-dire dans le quantitatif, ce qui entraîne déboires et surenchères. Ici, dans cette pratique manuelle, subtile on est dans le qualitatif et le souci de la perfection.

Un art millénaire en Orient

Il y a 6000 ans que les Orientaux pratiquent cet érotisme avec bonheur. Le massage prostatique était courant en Orient, en particulier chez les Japonais ; ils l'exerçaient non seulement comme art de la volupté mais aussi comme pratique hygiénique destinée à prévenir les maladies de la prostate et à entretenir la vitalité des organes sexuels. De fait, dans les cultures qui pratiquaient le massage de la prostate – et d'une façon plus générale qui faisaient de la sexualité un art – la pathologie prostatique était rare et les mâles étaient pourvus d'une grande vigueur sexuelle et d'une plus grande richesse érotique. Ils étaient capables d'orgasmes très intenses et répétés sans fatigue.

Les peurs des occidentaux

Ici, les préjugés et les peurs de la femme et de l'homme se rejoignent. Nous avons vu comment l'homme peut les dépasser et nous allons voir comment la femme peut le faire.

Précisons certains points.

- Il ne faut pas confondre sodomie et massage prostatique. Ce qui est concerné ici, ce n'est pas le plaisir anal mais le plaisir prostatique et ce qui est actif, ce n'est pas un pénis mais le doigt d'une femme.

• Il faut procéder au préalable à une toilette et à une évacuation du rectum irréprochables.
• Il faut aborder cette caresse dans un bon état d'esprit : être simple, d'une humeur joyeuse, communicant, doux, patient, très très attentif aux réactions de l'autre pour percevoir ses sensations, voire ses pensées.

POURQUOI LES HOMMES AIMENT LA SODOMIE

Quels avantages y trouvent-ils ? Des avantages érotiques tout d'abord. Le plaisir qu'ils ressentent est plus fort que dans le vagin parce que le canal anal est plus étroit ; l'orgasme plus fort aussi. « Ça me serre mieux, ça me tient mieux. » La notion de striction et de friction plus intense vient en tête des avantages. D'autres considérations érotiques sont invoquées : « C'est chaud à l'intérieur et on va plus profond. », « J'aime car je peux voir son corps et le caresser », « Je peux caresser ses fesses à volonté. », « Je peux caresser tout son dos, le griffer, le mordre. Je peux passer la main dans ses cheveux. », « Je peux prendre ses seins. » Notons que tous ces avantages cités, la position de la lionne les procure aussi.

Viennent ensuite diverses considérations psychologiques. S'ils aiment c'est aussi dans la tête. L'idée que la femme s'offre à eux si impudiquement les émeut : « Mon plaisir vient de ce que la femme me donne son postérieur. » « À la pensée d'être dans ses entrailles chaudes… Oui, cérébralement, c'est très fort. » « Accéder au plus intime de la femme me trouble infiniment. » Ce qui bouleverse aussi l'homme, c'est qu'en lui faisant ce cadeau, la femme lui prouve à quel point elle lui fait confiance et l'aime. L'acceptation de la sodomie de la part de la femme a valeur d'acte d'amour, à tort ou à raison.

Des motivations moins nobles se révèlent aussi : le besoin de posséder, voire de dominer sont de celles-là : « Ça me donne l'impression de posséder à fond la femme. » « Ça me donne une impression de puissance. » « Ça me donne l'impression d'être un vrai mâle, un homme d'une grande virilité. » « C'est une façon de dominer la femme. »

Possession, domination mais aussi transgression. « J'aime parce que c'est interdit. Quand elle rechigne, j'ai encore plus envie. » Enfreindre les résistances ou les tabous est toujours excitant. Quels tabous ? Ceux qu'avait posés la religion d'antan et qui survivent dans l'inconscient de chacun. Et ceux que nous avait inculqués notre mère dans notre enfance ; l'essentiel de l'éducation maternelle a consisté à apprendre à l'enfant que la zone anale est sale, qu'il doit contrôler ce qui en sort, qu'il faut la tenir propre et ne pas y toucher. Or, voilà un acte qui va totalement à l'encontre de l'éducation maternelle et, c'est un comble, pour lequel on pressent une femme, un être que les mères ont voulu tellement bien élevé, si propre et si pur. La transgression est totale, la tentative de libération de la loi de la mère est double : se libérer de ce qu'elle nous a inculqué, à nous hommes, et de ce qu'elle a inculqué aux femmes et que les femmes respectent si strictement, c'est exaltant. Alors, quand la femme dit oui, là où la mère disait non, l'acte atteint une force incomparable.

La sodomie implique-t-elle le désir d'humilier la femme ? Rien ne peut le faire penser ni dans la réalité, ni dans les fantasmes masculins, en dépit des propos triviaux, voire injurieux qui accompagnent l'acte. « Je la traite de garce, de pute, de cul chaud » « Je lui demande de me dire : "Je suis ta putain, prends mon cul, baise-moi". » « Je la veux cochonne, lubrique. » Ce besoin d'abaisser n'est pas propre à la sodomie, mais relève de « la dialectique de la Madone et de la Putain ». Pour désirer, pour s'exciter, pour dépasser le respect qu'il a de la tendresse et de la beauté de la femme, pour atténuer la peur fondamentale qu'il a d'elle, l'homme doit la rendre vulgaire. Dans notre civilisation où le sexe était péché, où il n'a jamais été sacré, la sexualité ne peut qu'être du côté du sale et non du beau. Mais un jour viendra où la sexualité et la spiritualité seront reliées en Occident même.

La sodomie comporte-t-elle un élément sadique ? De fait, les personnages de Sade utilisaient l'anus plutôt que le vagin pour tourmenter leur victime et imposer leur domination. Dans un couple habituel on ne pourrait parler de sadisme que si l'homme forçait sa partenaire au mépris de sa douleur et de sa volonté.

La femme tentée

Un jour ou l'autre, la femme est amenée à goûter à la sensibilité de sa muqueuse ano-rectale. Dans la lancée d'une séquence érotique particulièrement excitante et voluptueuse – caresse du clitoris ou du point G ou coït délirant ou le tout en suivant – son homme a discrètement flatté d'un doigt léger, puis un peu plus appuyé, la marge de l'anus avant de l'introduire subrepticement dans l'anneau. Et cette fois, elle n'a pas retiré de sa main le doigt indiscret. Elle laisse faire pour voir. Et le doigt ne fait rien d'autre que d'être dedans. Et l'aimée éprouve une sensation nouvelle, pas vraiment agréable, mais qu'elle a envie de goûter.

Une autre fois, l'aimant met le doigt dans la femme tandis qu'il lui caresse le clitoris ou le vagin ou qu'il lui fait l'amour, et elle constate que son plaisir est amplifié et que ses sensations anales prennent une tonalité agréable. Bientôt, c'est l'aimée qui va réclamer le doigt anal. Alors, il va se mettre à bouger quelque peu ce doigt, à se faire caressant. Et un beau soir, elle jouit, oui, un orgasme.

Maintenant, l'aimée a découvert sa sensibilité ano-rectale et y a pris goût. Les choses peuvent en rester là et c'est excellent. Ou bien, c'est peut-être un premier pas vers la sodomie. Le second pas ne sera franchi que s'il y a beaucoup d'amour. Pour transgresser ses tabous et ses peurs, pour faire ce don total, il faut que la femme aime. L'homme doit être conscient de l'importance de ce cadeau. Mais la femme elle-même sera récompensée de son cadeau : elle trouvera dans l'acte nouveau une impression d'union profonde avec son aimé. Et un plaisir très particulier.

Un jeu de plus

La sodomie est vieille comme le monde. Elle fut de tout temps et partout pratiquée, ne serait-ce que comme moyen de contraception.

Actuellement, dans les pays développés, la contraception est assurée scientifiquement et la sodomie n'est plus qu'un choix supplémentaire dans l'éventail des pratiques érotiques. Adopter la sodomie, c'est agrandir le champ de ses plaisirs et varier ses voluptés. Ce qui tombe bien à une époque où l'usure du désir guette les couples dont la durée potentielle est passée de 15 à 60 ans en raison de l'accroissement de la longévité.

Cette pratique, on en parle de plus en plus, sans doute parce que la parole sexuelle est libérée. Sans doute aussi par effet de mode : on s'y met pour être dans le coup.

Les hommes l'ont quasiment banalisée, elle fait partie des jeux érotiques. La plupart la considèrent comme un agrément supplémentaire à pratiquer de temps en temps. D'autres la pratiquent systématiquement.

Dans leur emballement, les hommes ne trouvent à la sodomie qu'un inconvénient : l'impression qu'ils ont d'être dans un puits sans fond. De fait, le pénis dans le rectum ne trouve pas de butée telle que le col dans le vagin. Ou si butée il y a, c'est le contact avec un amas molasse de fèces.

L'ART ET LA MANIÈRE

Bien connaître la technique et les règles de base de la sodomie, évitera douleurs et complications.

• Un lavement évacuateur préalable – liquide laxatif introduit dans l'ampoule rectale à l'aide d'une canule reliée à une poire ou à un bock suspendu – est souhaitable pour débarrasser le rectum de toutes matières. Ceci est particulièrement recommandé aux femmes sujettes à la constipation. Ainsi, on évite que la bouche, les doigts ou le pénis ne rencontrent des excréments. Car ces rencontres malheureuses dissuadent – et sans doute pour toujours – les êtres raffinés.

• L'utilisation d'un lubrifiant hydrosoluble est indispensable.

• L'aimée doit être la plus détendue possible, son mental aussi bien que sa musculature et spécialement le muscle sphincter anal. Tendresse, caresses sur tout le corps, voix douce, musique planante contribueront à créer cette détente. Mais en même temps, il faut faire monter en elle l'excitation et le désir par tous les moyens, comme pour un coït habituel. Il faut lui faire perdre la tête, l'estourbir de plaisir.

• L'aimée s'étant mise à quatre pattes, l'aimant entreprend d'apprivoiser son postérieur en le caressant : effleurements à la pulpe frisante, rayures d'ongles subtiles suivies d'une pluie printanière de bécots, puis d'un coup de dent indolore au sommet. Alors la langue se mettra à lécher largement les mappemondes.

• Maintenant, l'aimant commence à effleurer la marge de l'anus avec la pulpe d'un doigt. Quelques frissons parcourent l'échine féminine. Alors, que l'aimant se mette à laper à grands coups de langue l'orifice adorable. Qu'il le taquine avec la pointe de cette langue, qu'il y revienne avec la pulpe d'un doigt. Qu'il lape à nouveau la marge. Et qu'il la lèche encore. À cet instant l'aimé sent qu'il peut faire une petite effraction : il introduit la pointe de sa langue dans l'anneau, c'est serré, il ne peut aller loin. Qu'importe ! Qu'il se contente de donner des petits coups de pointes et autres microléchettes ; la muqueuse n'y sera pas indifférente et la femme encore moins.

• Le moment est venu d'introduire un doigt, l'index est quand même le plus malin. Ongle court, arrondi, limé. Lubrifiant généreux. Le doigt s'introduit doucement, très doucement, progressivement comme s'il s'agissait d'enlever une poussière de l'œil d'une panthère. À la moindre douleur manifestée par l'aimée, stop, et même retrait partiel. Des mots tendres, des mots d'admiration, des mots rassurants aideront la femme à relâcher la contraction de son sphincter. Quand le premier doigt est accepté et à l'aise, que l'homme introduise un deuxième doigt, le médius, avec la même subtilité. Quand les deux doigts sont bien accueillis et se sentent chez eux, c'est que le sphincter anal est suffisamment dilaté. L'homme peut envisager d'introduire sa verge.

• Bien lubrifiée, la verge est introduite doucement, progressivement, prudemment, comme s'il y avait un nid de guêpes, toujours prête à faire arrière, de façon à éviter toute douleur. Le gland s'enfonce insensiblement, dépasse le sphincter et se retrouve confortable dans l'ampoule rectale ; la hampe, elle, s'insère dans le canal du sphincter, détendu mais tonique, où elle se sent enveloppée et juste bien serrée.

• Les mouvements peuvent commencer. Coulés, gracieux, tendres. Faire comme pour la caresse intérieure : alterner les séquences de mouvements et les pauses au cours desquelles vous conversez, vous vous caressez.

• Quand vous aurez terminé votre caresse sodomique, évitez absolument d'aller rendre visite au vagin. Transférer le pénis du rectum à la cavité vaginale c'est risquer de transporter des germes qui se trouvent normalement dans l'intestin (l'entérocoque, le colibacille, etc.) à l'intérieur de la vulve et de la cavité vaginale, ce qui causerait des infections du vagin et de la vessie (cystite). Bien entendu, au moindre doute sur l'état sanitaire du compagnon, le préservatif s'impose.

CHAPITRE 24

L'HOMME ET LE BAISER VULVAIRE

On l'appelle cunnilinctus ou cunnilingus (de cunnus : le coin et linctus : le léchage) ; je préfère dire « baiser vulvaire ». C'est la situation où l'homme est au plus près du sexe de la femme puisque son visage et sa bouche sont à son contact direct. Il y a ceux qui aiment et ceux qui aiment moins. Comme il y a eu à travers l'histoire de l'humanité les adorateurs du sexe de la femme et ses contempteurs.

Inquiétante fente

Sous le patriarcat, les hommes laissent leur peur du sexe de la femme l'emporter sur leur fascination. La peur étant mauvaise conseillère, la répulsion et la répression s'ensuivront. En témoignent les légendes et les tabous dont la vulve et le vagin sont les objets, productions des fantasmes des hommes saisis de peur. Toutes les civilisations patriarcales les colporteront.

Cette fente, d'où sort l'enfant, communique forcément avec le ventre où il fut créé, ventre, lieu mystérieux et extraordinaire, lui-même antichambre d'un monde surnaturel et inatteignable, grouillant de vie. À n'en point douter, le sexe de la femme ouvre sur des puissances qui nous dépassent.

Cette faille que relaient les creux du vagin et de la matrice, creux humides aux effluves marines, ne peut qu'être l'entrée d'une suite de cavernes sous-marines, profondes, insondables, obscures, mystérieuses, menant on ne sait où, mais peut-être à l'enfer, et hantées d'esprits mauvais. Attiré en ces lieux par le désir féminin, l'homme risque d'y sombrer, la verge la première, et d'y subir quelque alchimie ou même d'y périr.

Cette bouche n'est-elle pas la gueule de quelque poisson glouton ou l'entrée d'une grotte où se tapit quelque animal féroce ? Quoi qu'il en soit, il y a des dents, au fond de cette vulve puisque souvent elle saigne. Cette élucubration, constitue le mythe du « vagina dentata », le vagin denté répandu dans beaucoup de cultures.

Cette fissure que masquent des herbes pourrait aussi cacher des serpents. Malheur à la verge qui s'y aventurerait, elle pourrait s'y faire mordre, ou pire sectionner. Et le venin inoculé pourrait tuer l'homme ou le rendre impuissant.

Mais il n'y a pas que le creux de la vulve qui interroge et inquiète le mâle, le mont de Vénus, son charmant bombement et son adorable pilosité a aussi impressionné les hommes d'antan. Ils s'étaient mis en tête qu'il avait un pouvoir maléfique : rien que de les voir porterait malheur, constituerait un mauvais présage. Aussi, les hommes devaient-ils éviter de tomber dessus et de le regarder tandis que les femmes devaient le cacher sous un cache-sexe. Ce pouvoir était tel que les femme s'en servaient pour se défendre contre des assaillants ou contre des diables et autres fantômes ; il leur suffisait de soulever leur jupe. Et si une femme rencontrait un lion menaçant, il lui suffisait d'exhiber son sexe pour mettre l'animal en fuite.

La pilosité elle-même du pubis féminin indisposait certains hommes : les Grecs, par exemple, voyaient dans cette fauve toison un signe de barbarie voire d'animalité. Elle leur démontrait l'infériorité de la femme qui est bien du côté de la nature et de l'instinct. Si une femme voulait accéder à la civilisation de l'esprit qu'avait créée l'homme, elle devait commencer par s'épiler.

Quant aux odeurs du sexe féminin – que pourtant chantent les poètes – elles ont incommodé les plus misogynes des hommes. Les Grecs, bien entendu, y voyaient une confirmation de l'animalité de la femme. Plus tard, les clercs de l'Église catholique, tout aussi hostiles à la femme, y sentiront des relents de péché.

Mais c'est le sang menstruel qui a de tout temps interpellé et effrayé les hommes. Au temps du matriarcat, les hommes se situant plus dans la fascination que dans la peur, faisaient de ces pertes périodiques des phénomènes surnaturels et magiques. La preuve en était que les femmes pouvaient parfois les arrêter pour en faire des bébés puis du lait.

Sous le patriarcat, l'homme fit de ces émissions de sang la preuve que la femme est bien inféodée à la chair ; de plus le fait que ces émissions reviennent régulièrement et inéluctablement, comme les crues des rivières et les marées de l'océan, montre également que la femme est soumise aux forces primaires de la nature. Ainsi prisonnière de son corps et engluée dans la matière, la femme ne peut connaître, comme l'homme, les hautes cimes de l'esprit.

Ajoutons un autre motif de craindre ce sang menstruel – qui est toujours actuel – : l'homme introjecte cette hémorragie, elle pourrait être sienne et c'est tragique car le sang qui coule, c'est la vie qui s'échappe, la mort qui menace.

Pour toutes ces raisons, le sang menstruel est vécu par l'homme comme quelque chose de dangereux et d'impur, quelque chose qui peut souiller et contaminer d'où les tabous et les interdits frappant la femme qui a ses règles : interdit de toucher les hommes, interdit de toucher les armes des hommes, interdit de toucher les aliments des hommes ou les récipients qui les contiennent, interdit même de manger en face d'un homme. Parfois même, les femmes « indisposées » doivent s'éloigner du village pendant leurs périodes.

Ne croyez pas que tous ces fantasmes, toutes ces peurs, tous ces tabous appartiennent au passé. Il survivent dans l'inconscient collectif et dans l'inconscient de chacun comme le prouvent les rêves des hommes et les confidences qu'ils font aux psychanalystes. La peur du sexe de la femme persiste, c'est une composante de la « mâle peur ».

Enfin, on peut considérer que la trivialité qui, en Occident, a toujours caractérisé le langage des hommes quand ils parlent et nomment le sexe de la femme, traduit leur inconfort et leur inquiétude face à ce sexe. Ce langage est plus que laid : dégradant. Et quand il veut se faire gentil, il est mièvre.

Les hommes et le baiser vulvaire

La majorité des hommes déclarent aimer le baiser vulvaire, ou cunnilingus. Dans l'enquête de Pietropinto (1977), 54,50 % des hommes le font par plaisir, 22,50 % le font volontiers pour faire plaisir à leur femme, 23 % ne le font pas.

L'évolution, favorable a été rapide. Les enquêtes qui se sont échelonnées montrent un pourcentage croissant d'amateurs : 15 % en 1948 (enquête de Kinsey), 56 % en 1972 (enquête de Hunt), 74 % en 1977 (enquête de Pietropinto) ; ces chiffres concernent les hommes issus de l'enseignement supérieur, sans doute un peu plus guindés. En ce qui concerne les hommes issus de l'enseignement secondaire, l'évolution est encore plus positive : 45 % en 1948 (Kinsey), 66 % en 1972 (Hunt), 84 % en 1977 (Pietropinto). Je n'ai pas vu d'enquêtes récentes, mais il me semble qu'il ne doit plus y avoir beaucoup d'hommes réfractaires.

Justement, écoutons ce que disent les hommes réticents au baiser vulvaire.

Les réticents au baiser vulvaire

Ils sont maintenant une minorité. Leurs réserves empruntent leurs arguments aux misogynes de tous les temps. La vulve, prétendent-ils, c'est laid, c'est sale et c'est malodorant.

«C'est pas beau, dit l'un, j'aime pas l'odeur, ça me dégoûte et en plus j'étouffe dans ce fouillis. C'est vraiment pour faire plaisir à ma femme que je fais le cunni. » Mais la femme sent bien la répulsion de l'homme et qu'il se force. Alors, l'écœurement de l'homme confirme le dégoût que la femme elle-même a de son creux, dégoût qui lui vient de tout ce qu'on en dit depuis des millénaires de patriarcat – c'est laid, vil, malodorant, méprisable, source de péché, etc. Aussi, quand l'homme y est plongé, elle se demande avec angoisse s'il ne trouve pas cela moche et puant ; elle redoute ses réactions ; s'il y reste, elle se dit qu'il continue pour lui faire plaisir. Elle fait mine de lui retirer la tête pour lui donner une chance d'en finir. En pensant du mal d'elles-mêmes, les femmes n'encouragent pas les hommes à pratiquer le baiser vulvaire. De toute façon, pour prévenir l'appréhension de chacun, une seule solution : l'hygiène de la femme doit être parfaite et sa propreté irréprochable.

Les réticences de l'homme peuvent avoir une autre origine : la complexité du sexe femelle. « Je m'y retrouve pas, je suis paumé, je ne sais pas trop m'y prendre, je ne sais pas si la femme aime ou n'aime pas, s'il faut faire plus fort ou moins fort, plus vite ou moins vite, plus longtemps ou m'arrêter. D'ailleurs, ça ne semble jamais assez long. J'en attrape des douleurs dans la langue ou des crampes dans le cou », se plaint un homme. Un autre renchérit : « Le clitoris avec la langue c'est pas simple. Pas comme ceci, pas comme cela. El il faudrait que ça dure toujours plus. »

Ne parlons pas à ces réservés de faire un baiser vulvaire pendant les règles, c'est rédhibitoire. Même quand ils disent simplement qu'« ils ne sont pas très chauds », il faut considérer qu'ils ne le feront jamais.

Les enthousiastes

Avant d'analyser les raisons qui poussent les hommes à adorer le baiser vulvaire, écoutons en vrac quelques adorateurs : « J'adore contempler la chatte de ma femme, découvrir ses endroits secrets. D'abord j'aime écarter sa toison puis ses grandes lèvres. Il y a plein de trucs à découvrir, c'est plein de surprises. » « J'aime dire à ma compagne combien son sexe est beau. Je ne vois que certaines orchidées à quoi le comparer. » « Le sexe de la femme est invisible et inconnu. Il faut aller le voir de près, dégager ce qui s'y cache, puis le caresser et le déguster. » « J'aime son odeur, c'est pur arôme, ça m'excite, ça m'enivre. Aucune odeur n'est aussi délicieuse que le sexe de mon amie. Pareil pour son goût qui est suave, doux-amer, un vrai élixir ! »

Un délire sensuel

Le baiser vulvaire provoque chez l'homme un délire sensuel et un bouleversement psychique. Voyons d'abord le plaisir des sens.

Les muqueuses de l'homme en action sont très sensibles, les muqueuses orales venant juste après les sexuelles en matière de sensibilité. Lèvres, langue, palais sont également bourrés de capteurs détectant le contact, le chaud, le goût, le plaisir, etc. S'y ajoutent les narines qui s'ouvrent sur les fosses nasales hypersensibles aux odeurs. Les lèvres, la langue et même la peau de tout le visage – du menton, du nez, des joues, du front – apprécient l'humidité, la chaleur, l'onctuosité, la tendresse des chairs, de leurs plis et replis, de leurs rebonds et de leurs fonds.

La langue apprécie en plus les goûts qu'elle va dénicher dans toutes les directions, lapant la surface bombée des grandes lèvres, plongeant dans l'orifice vaginal, soulevant de sa pointe les nymphes. S'alliant, langue et lèvres se mettent à sucer, à téter effrontément ces chairs goûteuses regorgeant de sucs et d'élixirs à en perdre la tête.

Les narines se laissent envahir sans même avoir à les humer par le festival d'odeurs qui s'exhalent. Les fragrances de la vulve jouent un rôle majeur dans l'ivresse du baiser vulvaire. On sait que ces molécules odoriférantes, des phéromones, sont les messagères du désir. Captées par les muqueuses olfactives elles y sont transformées en influx nerveux qui gagnent aussitôt une partie du cerveau se trouvant à l'aplomb du nez, le rhinencéphale. C'est là qu'elles engendrent du plaisir et diverses autres émotions et atteignent en même temps une partie plus ancienne du cerveau, l'hypothalamus, où elles éveillent le désir ou plus précisément la pulsion sexuelle. Les scientifiques ont isolé certaines de ces molécules odoriférantes et ont pu expérimenter leur rôle aphrodisiaque : de fait, elles ont le pouvoir d'attirer le mâle et d'exciter son ardeur sexuelle ; l'une d'entre elles s'appelle « copuline », c'est dire…

Toutefois, selon leur ancienneté, les odeurs seront plus ou moins agréables et excitantes. Anciennes, c'est-à-dire vieilles de plus de 48 heures, les odeurs sont désagréables pour la plupart des hommes. Demi-fraîches, telles les odeurs du petit matin constituées des sécrétions émises la veille au soir au cours d'une scène d'amour et que la nuit a alambiquées, elles sont les meilleures ; véritable concentré d'arômes, elles sont envoûtantes et provoquent irrésistiblement euphorie et désir. Demi-fraîches encore, mais un peu moins fortes, telles les odeurs du soir qui ont distillé tout le jour, recevant peut-être le renfort d'une poussée de désir diurne, elles sont délicieuses, plus subtiles mais diaboliques quand même, éveillant joie et envie. Fraîches, telles les odeurs qui suivent de deux ou trois heures une toilette intime mais que de long préliminaires ont accumulées, elles sont à l'érotisme ce que le Beaujolais nouveau est au vin, agréables, mais manquant de corps. Trop fraîches, telles les odeurs qui subsistent à la sortie de la douche, elles sont peu perceptibles et peu efficaces. Évitez donc de vous doucher juste avant l'amour, vous enlèveriez toute liqueur et tout arôme de votre sexe. Être propre comme un sou neuf manque par trop de piment.

Évitez aussi de pulvériser un déodorant ou même un parfum sur votre zone génitale avant une rencontre. Vos fragrances naturelles seraient recouvertes par ces produits sans effets aphrodisiaques. Votre homme serait privé de leur magie : leur agréabilité et leur pouvoir excitant. Et plus peut-être car les odeurs jouent un rôle aussi inconscient qu'important dans les relations amoureuses.

UNE SITUATION TORRIDE

Le baiser vulvaire, est le moyen le plus fabuleux de faire jouir une femme. Faire grandir progressivement son désir, faire monter irrésistiblement son excitation, emballer son plaisir, et que cela se fasse à votre visage, c'est fabuleux. L'entendre crier : « Plus fort, plus profond, n'arrête pas ! » et avoir l'impression d'être maître du plaisir de cette femme, maître de cette femme, est fabuleux. Sentir soudain son corps se déchaîner, ses gémissements se faire hurlements à votre bouche, par votre bouche est fabuleux. La sentir s'élancer dans le plaisir suprême et entendre là-haut sa voix psalmodier des chants fous tandis que votre bouche s'efforce de coller à sa faille, c'est fabuleux. L'accompagner de la bouche dans sa course dans les étoiles, qu'y a-t-il de plus fabuleux ?

« Je lèche les parois lisses de sa vulve, j'aspire les voiles qui y flottent, je suce et je déguste, j'avale des pans entiers. Puis je m'enfouis plus dans la fente et c'est la fente qui m'avale. Elle, la femme, elle tire ma tête à deux mains pour que je m'enfonce plus profondément. Elle crie : "Suce, suce à fond". Finalement, elle a un orgasme stupéfiant ».

« J'aime tout de son sexe, ses poils, son petit bouton, ses lèvres, son odeur, son goût. Mais, le plus fort, le plus bouleversant, c'est lorsqu'elle jouit à ma bouche. Je suis à chaque fois éberlué. »

Les orgasmes procurés par le baiser vulvaire sont particulièrement intenses, affolants et se répètent facilement, car l'excitation est ponctuelle, ciblée, aiguë et en même temps multiple, portant sur une foule de points érogènes qui bourrent le clitoris et émaillent la vulve et l'entrée du vagin. L'abandon total de la femme et le plaisir dont il est l'auteur donnent à l'homme une impression de puissance ou plutôt de détenir un pouvoir magique. Il y a quelque chose de surnaturel à faire perdre ainsi la tête à une femme.

Quelle que soit l'habileté de l'homme, la femme ne doit pas hésiter à l'aider à mieux faire à son goût, en lui donnant quelques indications. Les hommes déplorent que les femmes n'expriment pas assez ce qu'elles souhaitent et ce qu'elles ressentent. Si, par exemple, votre aimée vous suggère d'associer à votre magnifique cunnilingus la présence d'un doigt dans son canal anal, empressez-vous de réaliser son vœu, tout en vous fustigeant de n'y avoir pas pensé vous-même : son plaisir en sera affecté d'un coefficient 2 ou 3.

ET UN DÉLIRE MENTAL

Le baiser vulvaire remue beaucoup de choses dans la tête de l'homme. C'est pour cela aussi qu'il l'aime.

Le baiser vulvaire donne à voir à l'homme ce qui ne se voit pas, ce qui est caché, non seulement par les vêtements, mais aussi par la position et la configuration anatomiques ; un lieu qui resterait secret, invisible, inaccessible sans le baiser vulvaire.

Le baiser vulvaire donne à l'homme ce qu'il n'a pas : le cœur intime de la femme, quelque chose qui appartient à l'autre partie de l'humanité, qui est d'un autre continent, voire d'une autre planète. C'est toute la féminité du monde qui lui est offerte et qu'il peut à loisir regarder, renifler, toucher, explorer.

Le baiser vulvaire est la preuve que la femme l'aime. Il faut qu'elle l'aime pour lui donner cette partie que lui seul ou quelques rares hommes auront vue. Cette partie qui est cachée d'elle-même. L'homme qui la regarde, la voit encore mieux qu'elle-même ne l'aura jamais vue. C'est vraiment un cadeau, un acte suprême de confiance, de complicité, d'intimité. Ça lui coûte car, peut-être, l'homme va la trouver moche, d'un goût déplaisant et d'une odeur désagréable.

Le baiser vulvaire est aussi pour l'homme une façon de montrer à son aimée qu'il l'aime. Mettre son visage là, y enfouir son nez, y baigner ses yeux, y poser la bouche et sucer, téter, goûter, aspirer, laper, avaler.... oui, pour faire tout ça, il faut aimer.

MAIS IL Y A PLUS

Dans la tête de l'homme, il y a plus. Au cours du baiser vulvaire, une foule d'émotions lui sautent au visage, émotions liées à toutes les sensations perçues à l'instant : humidité, chaleur, goût, odeurs, contacts, etc. Les sensations perçues font resurgir des sensations et des émotions passées. En effet, la mémoire enregistre non seulement les événements mais aussi les émotions et les sensations qui les accompagnent. C'est que le centre cérébral des émotions, le système limbique, comprend un sous-centre destiné à mémoriser les émotions et les sensations attenantes, l'amygdale limbique. Les odeurs sont les sensations les mieux mémorisées et les plus susceptibles de faire resurgir les événements et les émotions passés qui les accompagnaient. Nous possédons ainsi d'innombrables équivalents de la madeleine de Proust.

Le baiser vulvaire, si fort en sensations et particulièrement en odeurs, a le pouvoir de faire resurgir quantité de scènes du passé et même d'un passé très lointain ; bien entendu des épisodes de l'enfance, mais aussi de la vie intra-utérine. Plus encore : il n'est pas interdit de penser que des traces amnésiques n'appartenant plus, elles, à la vie individuelle, mais à la vie lointaine de l'espèce, voire à l'origine de la vie, peuvent alors clignoter.

LA MÉMOIRE THALASSALE

Commençons par les événements les plus anciens. On peut imaginer que chez l'homme abîmé dans les eaux d'amour de la femme, une mémoire thalassale s'éveille (thalassa = mer). Selon Sandor Ferenczi, l'humain porterait dans son inconscient collectif et dans ses cellules une trace mnésique de la vie océanique, de ces temps où les premiers êtres vivaient dans l'Océan primaire, où la vie était apparue. Le baiser vulvaire constituerait une sorte de plongée sous-marine : même odeur de mer, même flore aquatique, mêmes coquillages (ces images s'inspirant de la configuration de la vulve). La béatitude de l'homme au cours du baiser vulvaire, réalise une véritable « régression thalassale », c'est-à-dire une sorte de dilution dans un océan de bonheur et une manière de fusion dans un bain de vie.

LA MÉMOIRE MAMMIFÈRE

Événement plus proche que notre mémoire sensorielle et spécialement olfactive pourrait nous rappeler : nos origines de mammifère. Sous l'impact de l'odeur fauve du pelage pubien de la femme, notre instinct de mâle soudain s'éveille. On sent bien, quand l'effluve atteint et baigne nos narines, que nous sommes transportés, non pas seulement transportés de bonheur mais aussi transportés dans l'immémorial, que quelque chose qui ne nous appartient pas, qui vient d'ailleurs nous rattrape. L'animal se réveille, s'agace, hume, feule ; une envie de chair lui vient à la bouche, aux dents. Bien entendu la vulve ne peut constituer un repas de carnassier, mais avec la prudence d'un renard portant un œuf dans sa gueule, le mâle peut prendre à pleines dents la partie de la masse charnue d'une grande lèvre, la mordiller subtilement, ou l'aspirer en la faisant glisser entre ses dents immobiles. À vrai dire, pour combler sa fringale de chair réveillée par l'effluve, l'homme devra transformer l'agacement de ses dents en jeux de lèvres et de langue, jeux gourmands, voraces, faits de succions, aspirations, machouillages entre langue et palais.

LA MÉMOIRE UTÉRINE

Événement plus proche encore : au cours du baiser vulvaire l'homme croit revivre le paradis qu'était la vie intra-utérine. Tous les éléments sont réunis : la félicité qu'il ressent, l'humidité qui baigne son visage, la chaleur qui enveloppe son visage, le silence où il est plongé (il a les oreilles prises entre les cuisses de l'aimée et n'entend rien), l'obscurité dans laquelle il se trouve (il ferme les yeux au contact de la vulve), et surtout les odeurs qui imbibent ses narines et qui sont voisines de celles qui imbibaient les narines du fœtus, comme le goût qui impressionne ses papilles gustatives sont semblables à celui qui impressionnait celles du fœtus, les eaux de la femme amoureuse étant analogues au liquide amniotique.

Nul doute que les amygdales limbiques aient conservé la mémoire des odeurs et des goûts rencontrés dans la vie intra-utérine.

LA MÉMOIRE INFANTILE

Enfin événement encore plus récent : le baiser vulvaire rappelle à l'homme un autre paradis, celui de la petite enfance. On peut affirmer que le goût de l'homme pour le baiser vulvaire vient principalement de la proximité du garçon avec le corps et le sexe de la mère. Quand il est dans les bras de sa mère, il ressent toutes sortes de sensations qui s'apparentent à l'intimité du baiser vulvaire : la chaleur, l'enveloppement, les moiteurs qui font une ambiance fluide, les effluves corporels.

Quand il aura un peu grandi, le garçon se retrouvera « dans les jambes » de sa mère et il nichera souvent sa tête « dans les jupes » maternelles où les fragrances locales ne peuvent que s'imprégner dans son cerveau. Nous voyons à quel point l'aura olfactive de la mère a été déterminante. Il faudrait y rajouter une sensation aussi forte chez les enfants nourris au sein : la succion-dégustation, dévoration de la chair maternelle. Or, le baiser vulvaire offre les mêmes possibilités de goûter et d'absorber la chair féminine : ici aussi tout est à téter, en particulier les petites lèvres et le clitoris.

Toutes ces sensations infantiles sont liées à un grand bonheur : le contact avec la mère, c'est la fin de la peur, du froid, de la douleur, de la faim, de la solitude. Et le début d'une foule d'agréments : des baisers, des caresses, des mots doux, des bonbons… Pas étonnant que, niché entre les cuisses de son aimante, l'homme vive des moments paradisiaques. D'autant que son amoureuse lui caresse la tête et passe ses doigts dans ses cheveux comme le faisait la mère. Le passé et le présent se conjuguant pour créer le nirvana du baiser vulvaire.

CHAPITRE 25

L'ÉROTISME PLURIEL

L'érotisme pluriel, ou activité sexuelle plurielle (ASP) peut se jouer à trois, à quatre ou plus. Il s'agit de « mélangisme » si les partenaires du couple habituel ne se séparent pas et font l'amour entre eux exclusivement. Il s'agit « d'échangisme » si les partenaires habituels se séparent et font l'amour avec d'autres personnes présentes. Ces activités plurielles se faisaient autrefois en « partouze » dans des lieux privés, mais la propagation des infections sexuellement transmissibles a mis un terme à cette forme de libertinage ; elles se déroulent actuellement dans des clubs spécialisés.

Les ASP comprennent aussi les rencontres en petit nombre : les « parties carrées » concernant deux couples, le « triolisme » concerne soit deux femmes et un homme, soit deux hommes et une femme. Ici, les activités se déroulent au domicile des intéressés.

L'homme amateur d'ASP

Jusqu'alors, ce sont les hommes qui sont plus amateurs d'ASP. D'une part ils possèdent une tendance polygamique plus marquée, d'autre part ils savent séparer les besoins sexuels de l'affectivité, comme on l'a vu. Mais méfions-nous des généralités : il y a des hommes sentimentaux et des femmes qui se conduisent comme des mecs.

Quand même, le plus souvent, ce sont les hommes qui sont les initiateurs de la démarche vers une ASP et il leur faut batailler longtemps pour décider leur compagne réticente à les accompagner. Ils utilisent pour cela des arguments qui relèvent du chantage.

Si tu m'aimes, tu dois accepter d'y aller avec moi.

Si tu es une femme moderne, tu dois aimer cela.

Si tu refuses, j'y vais tout seul (et tant pis pour toi) ou... je prends une maîtresse ou je te quitte.

L'ASP concerne plutôt la tranche d'âge des 40 ans appartenant à la classe moyenne et supérieure. Elle concernerait 4 % des hommes et 1 % des femmes.

LES AVANTAGES

L'ASP peut présenter pour certaines personnes et à certaines époques de la vie des avantages.

- Le lien conjugal serait moins menacé que dans une liaison extraconjugale.
- Les complications d'une relation extraconjugale sont évitées : la haine, les conflits, les représailles.
- Le lien conjugal est même renforcé : ces activités communes, comme tout partage fort, rapprochent, rendent complices. Une sorte de reconnaissance réciproque pour la liberté accordée et les plaisirs récoltés, s'établit. Ne pas se sentir prisonnier accroît l'amour.
- Ça peut sauver les couples que menaçaient l'étouffement et la monotonie. Ça les régénère.
- Le besoin de variété et de piment est résolu.
- Le besoin d'infidélité est rendu compatible avec la fidélité. C'est un adultère consensuel.
- Le besoin d'aventures de l'homme et son besoin de sécurité sont réconciliés. Il peut batifoler sans perdre sa femme de référence. Comme le petit garçon part explorer le monde en sachant que maman sera là quand il reviendra.
- Les avantages érotiques sont nombreux : voir sa femme jouir avec d'autres hommes peut être excitant, connaître d'autres corps et leurs façons particulières de faire et de jouir. Découvrir d'autres caresses, d'autres positions, d'autres mouvements, donc des jouissances nouvelles, tout cela ouvre le champ de l'érotisme.

LES INCONVÉNIENTS

Ils sont fréquents et souvent dramatiques allant jusqu'à la destruction du couple. Il faut en être prévenu avant de se lancer dans des activités qu'on pense être de pures parties de plaisir.

• L'un ou l'autre des membres du couple peut tomber amoureux d'une personne avec qui il (elle) a connu des sommets érotiques. Les souffrances et les conflits mineront alors le couple qui pourrait être conduit à la séparation.
• L'un ou l'autre peut connaître avec une femme ou un homme de rencontre des jouissances jusque-là inconnues et ne plus trouver d'intérêt dans les relations sexuelles avec son (sa) partenaire habituel(le). Situation aux conséquences désastreuses.
• La conjointe venue à contre-cœur attrape, à la vue des scènes charnelles, un profond dégoût pour le sexe. Et nourrit une rancœur contre celui qui l'a entraînée là. Ce qui obscurcit la relation conjugale.
• L'homme, pourtant venu avec enthousiasme, déchante. Il voit des hommes mieux membrés que lui et plus doués, qui font jouir les femmes mieux que lui, y compris la sienne. Il en conçoit une profonde dévalorisation et une grande jalousie, qui ne s'arrangera pas lorsqu'il constatera que cette épouse, qui pourtant était venue à reculons, prend goût aux ASP et s'y éclate. À ce jeu de « tel est pris qui croyait prendre », beaucoup d'hommes ont laissé des plumes.

Plus modestement : 3 ou 4

Les ASP en petit nombre peuvent avoir les mêmes avantages et les mêmes inconvénients que les ASP de groupe.

Le triolisme peut comporter un homme et deux femmes ou deux hommes et une femme. L'homme qui met deux femmes dans son lit réalise, a minima, le rêve de harem de tout homme et celui d'être le centre d'intérêt d'un aréopage féminin. Si c'est un sportif, il assumera l'obligation de faire jouir les deux femmes et de jouir lui-même avec chacune. S'il est zen, il prendra un plaisir à voir s'exciter, se caresser et jouir les deux femmes entre elles ; c'est aussi le rêve de tout homme de voir deux femmes faire l'amour.

L'homme qui met une femme et un homme dans son lit peut accomplir un acte homosexuel sans se l'avouer, sans avoir à affronter sa tendance homo. La femme en l'occurrence sert d'alibi et d'objet transitionnel ; forcément l'homme sera appelé à toucher et à se frotter à l'autre homme, mais il pourra se dire que c'est accidentel.

Quant à la « partie carrée » qui réunit deux couples dans le même lit, elle est souvent l'aboutissement d'une longue amitié entre les deux couples où les désirs réciproque sont nés progressivement. Un soir de libation, les désirs l'emportent. Comme toujours dans les situations plurielles, le danger n'est pas loin ; il menace l'amitié des quatre et la cohésion des couples.

Dans tous les cas, ce qui est le piment de la rencontre intime, ce qui excite spécialement l'homme, c'est de voir sa femme jouir avec un autre homme ou avec une autre femme.

CHAPITRE 26

L'HOMME ET LE SADISME

Il s'agit de renforcer le désir et le plaisir éprouvés en provoquant des douleurs chez la ou le partenaire. Le sadisme n'est pas propre à l'homme mais c'est lui qui s'y livre le plus souvent et qui est le plus souvent le bourreau.

Il faut distinguer deux sortes de sadisme : le sadisme virtuel, fait des fantasmes sadiques produits par le cerveau masculin, et le sadisme appliqué, fait des passages à l'acte. Le fantasme sadique est un réservoir illimité qui concerne tous les hommes, les passages à l'acte ne représentent qu'une infime proportion de ce réservoir, et les hommes qui s'y livrent un pourcentage extrêmement faible des hommes.

Le sadisme appliqué comprend :

- Le grand sadisme qui provoque des douleurs importantes et atteint l'intégrité physique. Il ne peut être accepté par la victime. Il tombe sous le coup de la loi.
- Le petit sadisme qui provoque des douleurs moyennes sans détériorer le corps. Il est accepté par le sujet un tantinet pervers. Il tombe également sous le coup de la loi.
- La simple pimentation des ébats qui consiste à renforcer quelque peu l'appui viril : étreinte forte, caresse avec légère pression (pincement de la peau, pincement ou étirement des mamelons un peu soutenu par exemple), mordillements légers, griffure légères, pénétration vaginale ou anale un peu rapide. Il en résulte un zeste de douleur que la ou le partenaire apprécie sans être aucunement pervers.

Origine du sadisme masculin

Le sadisme masculin est un aspect de la violence de l'homme, violence qui se traduit, vis-à-vis de la femme, par des coups, des mutilations, l'enfermement et la mort. Notons que chacune de ces formes de violence peut avoir la sexualité comme facteur déclenchant : les coups peuvent être dus à la jalousie ou un refus de faire l'amour, les mutilations concernent le plus souvent le clitoris (excision), l'enfermement relève de la domination sexuelle (harem), l'exécution capitale est liée à une prétendue infidélité (lapidation, bûcher…). Sans oublier le viol. Rappelons les dernières statistiques de « l'Observatoire des violences faites aux femmes » : en France, chaque mois, 2 000 femmes sont blessées au point d'être hospitalisées, 6 sont tuées.

L'homme, à l'instar de tous les animaux, est pourvu au niveau de l'étage archaïque de son cerveau (l'hypothalamus) d'un centre qui contient la pulsion agressive, une des trois pulsions fondamentales avec la pulsion sexuelle et la pulsion orale.

Cette agressivité instinctive est exacerbée par l'hormone mâle, la testostérone. La preuve en est, entre autres, que lorsqu'un homme ou un animal est châtré, il perd toute agressivité et devient doux et paisible. Il en est de même si on lui administre des substances anti-androgènes.

Cette agressivité est aussi aggravée par la fonction de guerrier que l'homme doit assumer depuis des millénaires et qui est inscrite depuis lors, dans ses gènes. L'agressivité de l'homme n'est pas tempérée comme elle l'est chez la femme, par le respect de la vie et la tendresse, qualité que la femme a développée grâce à la fonction maternelle. La femme qui porte la vie dans son ventre, puis dans ses bras, en sait le prix et la fragilité. De plus la relation interpersonnelle qu'elle entretient avec son bébé épanouit ses facultés d'amour, ce dont l'homme ne bénéficie pas.

Quant au sadisme sexuel, il faut rappeler que dans le règne animal, agressivité et sexualité sont liées. Le mâle doit se battre pour éliminer les rivaux, la femelle doit se défendre pour repousser les prétendants qui ne lui conviennent pas. La sélection des meilleurs individus, et donc la survie de l'espèce, passent par ces violences.

Je t'aime moi non plus. L'amour-colère

Outre ces causes générales relevant de la violence masculine, le sadisme masculin trouve son origine dans les relations ambivalentes et ambiguës que l'homme eut avec sa mère et qu'il a transférées sur les femmes. Cette situation est la base de quelques actes de sadisme, elle est plus sûrement à la source de toute la fantasmagorie sadique de l'homme.

Le garçon devenu un jeune homme va devoir affronter les femmes autres que sa mère.

Il va alors découvrir :

• Que les femmes sont souvent réticentes à la sexualité, comme les petites filles de son enfance ; en tout cas elles ne se laissent pas toucher comme il en rêvait.

• Que les femmes détiennent ici encore l'autorité. Il aime telle femme et elle ne l'aime pas et il ne peut rien faire pour qu'elle se mette à l'aimer ; il est complètement impuissant comme l'était l'enfant. Il désire telle femme mais réalise que son désir relève totalement du bon vouloir de cette femme : c'est elle qui se laisse embrasser ou pas, qui s'allonge ou pas, qui écarte les jambes ou pas. Et c'est elle qui lui offre ou pas son orgasme, orgasme qui devrait lui prouver qu'elle l'aime et qu'il est un super-mâle. Toujours les femmes restent maîtresses de la situation. Et l'homme d'alimenter sa sourde rage.

• Que ça commence à faire beaucoup : 15 ans de soumission à la femme, de frustration, de punition, d'humiliation, c'est 15 ans d'envie de revanche, de projets de vengeance. Sait-on bien ce qu'est pour un garçon la honte d'une fessée, d'une masturbation stigmatisée ? Sait-on ce qu'est pour lui d'avoir à s'incliner toujours ? Sait-on bien ce qu'est pour lui d'avoir toujours ou presque à renoncer à ses désirs ? Sait-on bien ce qu'est pour un homme d'avoir toujours à demander ?

Pour alléger le poids de ce contentieux, sortir de ce terrible inconfort de l'amour-colère, de l'ambivalence désir-rage, une seule issue : fantasmer. Se rattraper, se satisfaire, se venger, s'apaiser, se réconcilier en fantasmant. Fantasme de tonalité apparemment sadique. C'est ça ou c'est boire ou se droguer ou s'abrutir de travail, compensations qui évitent la déprime.

Plus le garçon aura été humilié, châtié, frustré, plus l'homme aura des fantasmes hard et nombreux mettant en scène des femmes. Chez les garçons ayant subi moins de rigueurs et ayant reçu plus de tendresse, les fantasmes seront plus soft et moins fréquents. Mais, il faut savoir que ce n'est pas la femme aimée qu'on met dans ces fantasmes, ce sont toutes les femmes récalcitrantes ou dominantes rencontrées. Le metteur en scène, ce n'est pas tant l'homme de maintenant qui se vengerait des défaites sexuelles infligées par les femmes depuis qu'il est grand, que le moi infantile qui s'exprime en transférant sur les figurantes actuelles sa vieille colère contre la mère : « Femme tu voulais me soumettre, voilà que je te domine, que je suis ton maître ; femme tu me refusais, je te contrains. Tu étais hautaine, je te rends humble. Tu te disais pure et intouchable, je fais de toi une bête sexuelle. Tu disais le plaisir "sale", eh bien je t'oblige à ressentir ce plaisir et à l'apprécier. »

En vérité ce n'est pas du sadisme que de les forcer car il sait maintenant qu'elles aiment le plaisir autant que lui ; c'est au contraire leur rendre service en les obligeant à sortir de leur inhibition pour accéder au plaisir et en les mettant en situation de ressentir le plaisir sans se sentir coupables : « J'ai été obligée, ce n'est pas ma faute. » Du reste, ce qu'il vise n'est pas de se procurer un orgasme mais de lui offrir un orgasme. Le but du fantasme, ce n'est ni la souffrance ni l'humiliation, mais obliger la femme à connaître des transports de joie sexuelle encore jamais atteints. L'homme impose sa volonté, non par cruauté, mais pour lui donner du bonheur, comme la mère le forçait à manger ou lui donnait une fessée « pour son bien ». Alors, femme, tu m'aimeras pour t'avoir fait découvrir cela.

LES FANTASMES SADIQUES DE L'AMOUR-COLÈRE

Les scénarios sont innombrables mais le canevas est toujours le même. Il s'agit de forcer la femme à recevoir ou à exécuter des gestes sexuels, non dans le but de la faire souffrir ou de l'abaisser, mais de la faire jouir, de l'obliger à ressentir ces plaisirs intenses, qu'elle dit répugnants, jusqu'à l'orgasme. De lui faire aimer, de l'amener à supplier de continuer et de la faire crier, non de douleur, mais de volupté.

D'abord qu'elle soit nue, soit qu'elle se déshabille, soit qu'il la mette nue quitte à arracher ses vêtements. Puis la faire parader toute nue.

Puis la ligoter sur une chaise, sur une table ou sur un lit, avec des cordes, des chaînes ou des menottes afin d'en être le maître et qu'elle soit l'esclave. Et aussi la neutraliser en la bâillonnant et en lui bandant les yeux.

Alors écarter ses jambes largement pour que sa vulve s'ouvre et que son sexe baille. L'écarteler aussi en attachant les bras en croix.

Pratiquer tous les gestes érotiques qu'on fait à une femme consentante : stimuler avec les doigts, la bouche ou des accessoires toutes les zones érogènes (sein, clitoris, anus...), autrement dit la masturber, pratiquer des « cunni », des coïts, des sodomies. L'obliger à faire des fellations. Lui imposer, puis imaginer qu'elle y prend goût et finit par réclamer.

Un cran au-dessus : éjaculer sur son corps, sur son visage, étaler le sperme sur elle. Exceptionnellement, dans de rares fantasmes, uriner sur elle, comme une revanche des châtiments reçus pour avoir fait pipi au lit ou s'être « branlé ». Une revanche sur la loi féminine jamais acceptée.

Un cran encore : taper ses fesses mais doucement, fouetter mais légèrement. Le but, même ici, n'est pas la douleur, c'est une vengeance des souffrances infligées par les femmes, des refus affectifs ou sexuels qu'elles ont opposés.

NON AU SADISME APPLIQUÉ

Ainsi se déroulent et s'expliquent les fantasmes à connotation sadique. Il n'y a pas à les censurer, ils ont leur utilité.

Par contre, les actes de sadisme, hormis les soft, et à condition que l'aimée en soit d'accord, sont à condamner, quelle que soit leur explication. Ils causent du tort à la partenaire et vont à l'encontre de l'humanisation de l'espèce à laquelle nous appartenons, dont le but est de dépasser son origine animale, sa génétique et sa biologie pour offrir respect et amour aux autres humains.

Le sadisme appliqué est une déviation et une perversion graves qui ne peuvent être banalisées, normalisées comme s'il s'agissait d'une forme de raffinements.

CHAPITRE 27

L'HOMME ET SES FANTASMES

L'activité érotique s'accompagne d'un cortège d'images dont certaines s'organisent en fantasmes. Un fantasme est un scénario fait d'images, produit par notre imaginaire, et mettant en scène des personnages, dont nous-même, dans le but de réaliser de façon virtuelle nos désirs. Notre inconscient en est l'inspirateur et le maître-d'œuvre.

Il y a deux catégories de fantasmes : les « soft » mettant en scène des personnages animés de sentiments tendres, voire romantiques et s'adonnant à des activités relevant plus de l'affectivité que de la pulsion sexuelle : faire la cour, faire preuve de galanterie, déclarer son amour… S'il y a sexualité, elle est douce, toujours respectueuse de l'autre et jamais dans la contrainte. Les fantasmes « hard » mettent en jeu des personnages animés d'une forte pulsion et cherchant à réaliser sans restriction ni réserve toutes sortes d'activités sexuelles y compris celles considérées comme perverses, quitte à forcer leurs partenaires. Les premiers seraient plus féminins, les seconds plus masculins.

Rôles des fantasmes

Les fantasmes ont un grand rôle dans la vie sexuelle.

- Ils constituent un apport d'énergie libidinale considérable (libido = force de vie) qui renforce le désir et donc l'érection et accroît l'intensité du plaisir et de l'orgasme. Autrement dit, les fantasmes sont des amplificateurs de l'excitation sexuelle, ils la nourrissent et la soutiennent. Ils sont le carburant de l'activité sexuelle.
- Ils nous aident à faire sauter nos verrous, à dépasser nos inhibitions névrotiques ou morales. L'excitation qu'ils provoquent, emportant

notre pudeur et nos bons sentiments (le respect, la tendresse…), nous rend plus instinctifs, plus sauvages et aptes à transgresser.
• Ils font office de soupapes pour nos « pulsions partielles », notre agressivité, nos envies d'exhibition, de voyeurisme, de sadisme, de masochisme, de viol… S'accomplissant dans l'imaginaire, ils sont sans danger pour soi et les autres. Les fantasmes nous font donc faire l'économie de la réalité. Ils constituent un compromis entre notre éthique et notre instinct.

IL N'Y A PAS DE HONTE

Nous avons le plus souvent honte de nos fantasmes, en tout cas de nos fantasmes « hard » qui représentent des scènes osées, immorales, libertines, sado-maso, perverses… surtout quand nous et nos proches en sommes les acteurs. Il nous est difficile d'admettre que notre cerveau puisse sécréter de tels scénarios alors que nous faisons tout pour être et paraître quelqu'un de bien, rempli de beaux sentiments. Comment accepter qu'il y ait en nous un violent, un violeur, un pervers, un tortionnaire ? Il serait tout aussi difficile pour notre conjointe d'admettre vivre avec un individu qui a de telles pensées, en particulier celles de l'impliquer dans des scénarios dégradants. Et que diraient ceux qui nous aiment et nous admirent : nos enfants, nos parents, nos amis… ?

Nous ne pouvons que nous sentir bizarre, déloyal, pervers et coupable. « Comment puis-je avoir toutes ces idées "vicieuses" à propos de ma femme que j'aime, qui est une épouse et une mère admirables ? C'est impardonnable ! »

Pourtant, avoir de tels fantasmes est normal, tout le monde en a. Les fantasmes nous viennent sans que nous le voulions, sans être pour autant pervers. Ils sont légitimes, ils échappent aux jugements moraux. Aussi, chacun est-il libre d'en avoir et ne peut en être culpabilisé. Et puis c'est l'imaginaire : fantasmer de tromper sa femme ce n'est pas la tromper réellement ; fantasmer de tuer quelqu'un qui vous a fait du tort, ce n'est pas le tuer vraiment.

En plus, les fantasmes peuvent être bénéfiques. Nous avons vu leur rôle ci-dessus. Nous pouvons y ajouter les bienfaits suivants.
• Ils profitent à la partenaire : les fantasmes qui excitent l'amant le rendent plus entreprenant, plus imaginatif et plus doué vis-à-vis de la femme aimée.

- Ils réactivent la libido endormie des amants anciens, victime de la routine.
- Ils compensent les insatisfactions des hommes alliés à de mauvaises amantes : ce que les hommes n'obtiennent pas dans la réalité, ils le vivent en pensée.
- Ils font l'économie des aventures extra-conjugales ; l'homme qui rêve de varier ses plaisirs met en scène des fantasmes au lieu de s'adresser à une femme extérieure. Ainsi son couple est sauvé. « La vie sexuelle avec ma femme est terne, heureusement que mon imaginaire m'offre tout ce que je n'ai pas. » « Pour ma femme, faire l'amour est une corvée, alors je fantasme sur d'autres femmes et je m'éclate. »

CARACTÉRISTIQUES DES FANTASMES MASCULINS

Dans les fantasmes masculins, la femme qui est mise en scène existe dans la vraie vie : c'est l'amante même présente dans le lit, c'est une collègue de travail, c'est une passante croisée dans la rue, c'est une femme connue dans le passé. Par contre, dans les fantasmes féminins, l'homme qui y figure est le partenaire habituel, sans doute pour alléger la culpabilité.

Dans les fantasmes des hommes, les femmes sont à l'opposé de la mère, elles aiment le sexe, ce sont des libertines débarrassées d'interdits que les femmes en général, la mère, les femmes aimées, opposent. Bref, elles sont comme les hommes les désirent.

Les scénarios masculins sont, en majorité faits d'activités sexuelles licencieuses et même hard, voire déviantes ; le sadisme y apparaît fréquemment dans la mesure où il faut prendre la femme de force, la soumettre, la ligoter. Le but du fantasme est d'accroître l'excitation de façon à l'amener le plus vite possible à un niveau où se déclenche l'orgasme. Chez les femmes, aux scénarios plus sentimentaux, le but est de trouver du plaisir dans le déroulement de l'histoire ; mais quels que soient les parades, les parures et les tendres baisers, c'est toujours le désir qui agit.

Les scénarios des hommes sont brefs comme l'est la montée de l'excitation qui mène à l'orgasme. Chez la femme, le déroulement est plus lent comme l'est l'ascension vers la jouissance.

Les fantasmes apparaissent à l'adolescence, ils sont les supports des masturbations. Les différences entre les fantasmes du garçon et de la fille existent d'emblée : les garçons éveillent leur sexualité sur des images purement érotiques, les filles le font sur des images évidemment romantiques. Toutefois les filles actuelles ont tendance à glisser dans leur imaginaire plus d'images érotiques.

FAUT-IL DIRE SES FANTASMES ?

Les hommes auraient tendance à les dire à leur compagne, au nom, prétendent-ils, du principe « quand on s'aime, on se dit tout on ne se cache rien ». Raconter ses fantasmes serait une preuve de confiance et d'amour. Outre que ce principe, en général, est faux et néfaste, il se révèle en l'occurrence souvent catastrophique ; en tout cas en ce qui concerne le fantasme hard.

L'homme qui meurt d'envie de confier ses fantasmes n'obéit pas forcément à un idéal de franchise et de partage. Ses motivations sont autres : se soulager de ses secrets, jouir de leur narration, tester la possibilité de les réaliser.

Agir ainsi sans tenir compte des conséquences possibles pour l'autre et pour le couple, c'est s'exposer à bien des complications. Raconter ses fantasmes c'est ouvrir une boîte de Pandore, c'est-à-dire libérer des secrets qui vont nous échapper et ne pourront jamais être oubliés ni pardonnés ; c'est ouvrir une boîte diabolique d'où surgiront des forces dont les méfaits sont imprévisibles. La partenaire, par exemple, peut dramatiquement changer d'avis sur vous.

« J'ai raconté à ma femme mon fantasme, je la livrais à des inconnus pour qu'ils la fassent jouir de toutes les façons possibles, elle m'a dit que j'étais malade et que je devais voir un psychiatre. » « J'ai confié à une copine que lorsque je lui faisais l'amour, j'imaginais que je léchais et que je baisais sa principale amie. À partir de là, elle est devenue méfiante vis-à-vis de cette amie et des femmes de notre entourage et elle rechignait à faire l'amour. Elle était souvent triste. Un jour, elle m'a dit : "Si tu as pensé comme ça, c'est que tu ne m'aimes plus et que tu finiras par me quitter" ». « J'ai fait la connerie de dire à mon amie que ce qui m'exciterait le plus c'est que j'urine sur elle. À partir de ce moment-là, elle n'a plus été pareil avec moi. »

Raconter ses fantasmes peut provoquer chez sa partenaire un grand choc, des angoisses, des souffrances, des désillusions et une meute de soupçons. À vrai dire, le couple peut en être détruit. Il faut abandonner l'argument selon lequel ces confessions renforcent la complicité des amants. Je ne vois pas en quoi le fait de raconter son envie de mettre la voisine à sa place, ou son rêve de sodomiser le fils de la boulangère pourrait accroître la communion entre les amants. Notre partenaire n'est ni notre poubelle ni notre thérapeute. La sagesse veut que nos fantasmes soient gardés dans le secret de notre conscience. S'ils nous encombrent trop, qu'ils soient confiés à un psychothérapeute.

À la rigueur, les fantasmes doux peuvent être partagés. « Avec ma partenaire nous nous disons nos fantasmes. Ça fait que nous baisons comme des dieux. » Mais ce patient avait des fantasmes assez pimentés mais acceptables par son aimée et en plus celle-ci en était toujours l'héroïne, elle y avait toujours le beau rôle.

PEUT- ON CONCRÉTISER SES FANTASMES ?

Quant à concrétiser ses fantasmes, c'est-à-dire les mettre en action, il faut être plus prudent encore. Ne vous laissez pas manipuler par des préceptes fallacieux : « Quand on aime, on fait tout pour satisfaire son partenaire. » Et surtout, ne vous laissez pas faire au chantage. « Si tu m'aimes, accepte de réaliser mon fantasme », a dit un mari à sa femme qui lui a répondu fort sagement : « C'est justement parce que je t'aime que je n'irai pas à cette partouze. » De fait, l'acceptation n'a rien à voir avec l'amour, tandis que le refus va peut-être éviter à l'amour d'être blessé. Parfois, le chantage est plus cynique : « Si tu ne veux pas, j'irai avec une autre femme. » Ou pire, « Si tu ne veux pas, je te plaque. »

En réalité, l'homme, ici encore, est en réaction de revanche par rapport à ses frustrations d'enfance. À cette époque, il ne pouvait avoir de satisfaction sexuelle sans risquer de contrarier sa mère. Ce qu'il veut maintenant c'est réaliser des expériences sexuelles exceptionnelles avec la bénédiction de sa femme.

Les conséquences de la concrétisation des fantasmes sont beaucoup plus graves encore que leur simple confidence. La partenaire pourra en être traumatisée, et accuser de profondes souffrances et de terribles angoisses. Des conflits éclateront et se multiplieront dans le couple qui, dès lors, sera en grand danger.

Quant à l'initiateur, il va se rendre compte qu'en s'actualisant, le fantasme perd de sa substance, de son pouvoir excitant. Les sensations et les émotions auxquelles il s'attendait ne se produisent pas ou n'ont pas l'intensité rêvée. Tout se passe comme si la bulle de l'imaginaire crevée par la réalité avait perdu son merveilleux. Il est déçu. Il va réagir en augmentant la dureté des fantasmes de façon à obtenir des sensations, des émotions et des plaisirs plus forts. Il entre dans l'escalade du hard, le piège. Car les sensations nouvelles s'émoussent vite. Il faut sans cesse franchir un degré de plus pour qu'une sensation valable apparaisse.

Il entre aussi dans la dépendance, car il a toujours besoin maintenant d'excitations fortes. Il ne peut plus s'en passer. Enfin, il entre dans le désabusement et le dégoût. Plus rien ne l'émeut profondément. Et surtout pas les relations sexuelles simples, naturelles. Pour atteindre le septième ciel, il devra recourir aux drogues.

Une autre difficulté de la concrétisation à laquelle on ne pense pas : l'imaginaire de la femme n'est pas celui de l'homme et leurs fantasmes sont différents. C'est toujours faire violence à une femme que de lui imposer des fantasmes masculins. Que l'homme ne s'étonne pas de la résistance, voire de l'opposition de sa compagne.

Les fantasmes sont nés dans la tête et doivent y rester. Ils ne sont pas faits pour être réalisés. Justement, la fonction des fantasmes est de faire l'économie de la réalité. Les réaliser peut s'avérer dangereux. C'est comme franchir la ligne blanche.

Toutefois, les fantasmes soft peuvent donner lieu à des jeux qui ne risquent pas d'altérer les couples et pourront même rapprocher les joueurs et mettre de la variété dans leurs ébats.

Je n'ai pas de fantasme

Suis-je normal(e) ? En matière de sexualité, règne un véritable terrorisme qui oblige les êtres à faire ceci ou cela sous peine d'être considérés comme « demeurés » ou « bloqués ». C'est ainsi qu'il faut avoir des fantasmes et des fantasmes hard.

Pourtant, il y a plein de gens qui n'ont pas de fantasmes hard et qui ont une vie sexuelle épanouie. Sans doute ont-ils des scénarios plus doux qui les conduisent à des unions sexuelles heureuses. Mieux, il y a même des gens qui n'ont pas de fantasmes : ils se « contentent » (et ce terme n'a rien de restrictif, au contraire) d'avoir sous leurs yeux, dans leurs mains, tout contre eux, l'être qu'ils aiment et désirent. Leur champ de conscience en est rempli, il ne voit que lui, ne pense qu'à lui et cette réalité les conduit à la félicité et à l'orgasme. « Quand je fais l'amour, je me concentre sur ma femme, tout fantasme serait un intrus. » « Quand je fais l'amour, je n'ai guère besoin de fantasme. Il me suffit de regarder ma compagne. » Oui, le visage, le regard, la peau d'une femme peuvent combler. Cette femme représente toute la féminité du monde. S'unir à elle, c'est saisir toute la palpitation de vie qui anime l'univers. C'est plus exaltant que n'importe quel fantasme. À moins que ce soit cela le fantasme.

LES SORTES DE FANTASMES

Les fantasmes des hommes sont innombrables mais la plupart appartiennent à cinq catégories : les fantasmes de sexualité plurielle, les fantasmes sadiques, les fantasmes masochistes, les fantasmes de passivité et les fantasmes homosexuels.

En ce qui concerne les fantasmes sadiques, il faut dire qu'ils sont les plus dangereux à concrétiser et qu'il vaut mieux éviter de le faire. Des forces imprévues sont lâchées qui entraînent plus loin qu'on ne veut aller.

Pour ce qui est du masochisme fantasmé, signalons d'emblée que l'on trouve quatre fantasmes masochistes pour un sadique. Rappelons aussi la définition du masochisme sexuel qui consiste à obtenir l'excitation et l'orgasme par sa propre souffrance, en se soumettant aux ordres et aux sévices d'une autre personne, en l'occurrence d'une femme. Ici encore, on en trouve les origines dans la relation du garçon avec sa mère. La mère éducatrice est appelée à contraindre l'enfant à faire des choses qu'il n'aime pas, qui lui sont franchement désagréables et à le punir. L'enfant ressent cela comme des méchancetés et vivra sa mère comme une ogresse. Mais, se sentant coupable d'avoir ces pensées, il retournera la rage contre lui, préférant se détester et penser que ces châtiments sont mérités. De toute façon, s'il persiste à défier sa mère, la colère de celle-ci et ses punitions s'aggravent.

Par contre, s'il accepte les remontrances et les punitions, sa mère lui rend son amour. Les mères fondent quand elles voient leur garçon malheureux. Les mères ont le pardon facile et offrent aussitôt consolations et plaisirs. Ça vaut la peine de souffrir car après viennent les délices.

L'homme découvrira que les femmes aussi ne supportent pas de voir leur amant malheureux et qu'elles ont le pardon facile. Le maso, plus que quiconque, sait qu'en exhibant sa douleur il transformera la colère de la femme en amour et qu'en se soumettant il sera récompensé par l'affection et le sexe. À ces considérations, il faut en ajouter deux.

- Se soumettre à la domination sexuelle d'une femme, voire à son viol, est une revanche sur la mère qui n'aimait pas le sexe et le réprimait chez son garçon. Imaginer une femme qui joue avec le pénis de l'homme, l'oblige à bander et à éjaculer et le contraint à la « baiser », compense la répression de la mère et des femmes qui se détournaient du sexe en le jugeant éventuellement répugnant.
- S'abandonner à la domination sexuelle d'une femme, c'est échapper à la culpabilisation, c'est-à-dire à l'accusation par la mère d'être un sale, un vicieux. Le masochisme est le prix à payer pour avoir le droit de jouir.

Il ne faut pas confondre ce masochisme avec les fantasmes de passivité qui lui ressemblent mais qui ont une autre motivation. Ici, l'homme imagine une femme autoritaire, entreprenante ou même doucement violente, souvent une femme plus âgée habituée à commander et qui a l'autorité d'une mère. L'homme se laisse faire, obéit, passif. Bref, les rôles sont inversés. On peut voir dans ces fantasmes de passivité :

- Une lassitude de l'homme d'avoir toujours à être actif, à tout initier, tout faire, bref d'être responsable de l'activité sexuelle. Il veut se décharger de ce rôle d'entraîneur et goûter à la passivité.
- Une peur d'avoir à faire la conquête de la femme et d'être repoussé, d'avoir à entrer en compétition et de perdre.
- Une peur de ne pas être à la hauteur.
- Une peur d'être coupable de l'acte. Ici, il peut dire que c'est la femme qui a eu l'idée et l'a forcé. Il fait comme les femmes qui, pour se déculpabiliser de leur plaisir, inventent le fantasme de viol : si elles ont accompli ce merveilleux acte défendu c'est qu'elles y furent contraintes.
- Une revanche contre la mère et les femmes qui refusaient le plaisir. Cette femme demanderesse et active est un pied-de-nez aux femmes répressives.
- La réalisation sans danger, puisqu'il est metteur en scène, de ce qu'il craint dans la vraie vie : la rencontre de femmes « effrontées » qui prennent toutes les initiatives, « femmes en rut au vagin dévorant », cherchant peut-être à se venger du mâle et « prêtes à lui mordre le pénis ». Vieille peur quand tu nous tiens !

LA POSITION DES FEMMES DANS LES FANTASMES

• Ou elles sont demandeuses et parfois même torrides, assoiffées de sperme. Nous en avons vu les significations, en particulier comme revanche d'une mère répressive et spécialement anti-masturbation.
• Ou elles sont réticentes et l'homme doit les forcer ; mais il ne le fait pas pour les faire souffrir, il veut les aider à dépasser leur inhibition et les faire accéder au plaisir. C'est ici se venger de front de la répression maternelle.

ORIGINES DE FANTASMES

La plupart des fantasmes ont pour origine une scène d'enfance ou de puberté au cours de laquelle l'être a connu une forte émotion accompagnée d'un plaisir aussi intense que nouveau. Toute sa vie, il va répéter cette scène, noyau d'un fantasme, pour s'exciter.

Par exemple, la femme de ménage ou la maîtresse du père qui caresse de trop près le jeune garçon et le fait jouir engendrera chez l'homme adulte un fantasme, où une femme plus âgée que lui et qui a autorité sur lui, le force à jouir.

Autre exemple, la découverte d'un illustré figurant une femme ligotée et menacée par des Peaux-Rouges, que le garçon associera à ses masturbations infantiles, donnera lieu à un fantasme où la femme convoitée est attachée et forcée.

SIXIÈME PARTIE

PANNES ET DÉPANNAGES

Centrer l'acte d'amour sur la pénétration est un appauvrissement et… une angoisse pour l'homme qui doit bander, bander dur et durer. Forcément, tous les hommes ont des pannes, des accidents les faisant éjaculer prématurément. En ce cas, que peuvent faire les femmes ? « S'améliorer » répondent les hommes qui, j'ose l'écrire, vous trouvent en ce cas bien maladroites… Après les pannes, voici donc les gestes, les mots du dépannage que votre amoureux vous saura gré de pratiquer avec confiance et savoir-faire.

Mais parfois la « machine » ne repart pas. Problème physique, psychique, problème de couple ou de santé ? C'est à voir…

CHAPITRE 28

LA PANNE D'ÉRECTION

La panne c'est l'impossibilité pour la verge de se mettre en érection et l'impuissance où est l'homme de la commander. « Impuissance », le mot est lâché : il dit bien que le roi le plus prestigieux, le savant le plus brillant n'y peuvent rien, que la volonté est incapable de déclencher le phénomène de la turgescence.

Face à une femme qu'il voudrait pénétrer ou qui souhaite être pénétrée, l'homme se trouve alors dans une situation extrêmement difficile et humiliante, car c'est sa virilité qui est en cause.

On évite actuellement le terme « impuissance » qui a une connotation tellement négative. On préfère dire : « panne », « asthénie sexuelle », « troubles de l'érection » ou « dysfonctionnement érectile » qui est le terme officiel, ainsi défini : « C'est l'incapacité à obtenir et à maintenir une érection suffisamment rigide et durable pour permettre une relation sexuelle satisfaisante ». En effet, l'érection est la condition de l'union sexuelle.

ÇA N'ARRIVE PAS QU'AUX AUTRES

Ce que nous appelons « pannes », Stendhal l'appelait « fiasco ». Oui, la panne, tout homme l'a connue, la connaît ou la connaîtra.

La déception du plaisir raté n'est rien en comparaison de la honte que ressent l'homme vis-à-vis de la femme, et du profond sentiment de dévalorisation qui le crucifie. C'est son statut d'homme qui est en question. « Je ne suis plus un homme » pense-t-il.

Voilà qui nous punit d'avoir brandi le phallus érigé comme l'étendard de la virilité et le symbole d'une supériorité qui nous permettrait de dominer la femme. Mal nous en prit car l'érection est la fonction la plus vulnérable, sauf peut-être chez les barbares.

Si la panne se renouvelle, ou pire s'installe sur un mode chronique, les conséquences en sont graves. Pour la vie sexuelle d'abord : dans les premiers temps, l'homme garde l'espoir ; s'il monte au front avec appréhension, il se dit toutefois que ça pourrait peut-être fonctionner ; mais les échecs s'accumulant, il renonce à faire l'amour et fuit même la femme. Pour le couple les suites sont funestes aussi : pour tester ses capacités de bandaison, l'homme commet quelques infidélités ; pour tester sa désirabilité et s'octroyer des plaisirs compensatoires, la femme s'autorise quelques aventures extraconjugales, les humeurs sont mauvaises, des conflits éclatent, le désamour gagne, le couple est en danger. Enfin, pour l'impuissant, les conséquences psychiques sont dramatiques : mésestime de soi, perte de confiance en soi, perte de la qualité de vie, état dépressif, déstructuration. Certains finissent par se suicider.

Ce sont chez les hommes de rang « supérieur » et chez les mieux « baraqués » que l'asthénie érectile est le plus mal vécu.

LES CAUSES PSYCHIQUES

Pour que l'érection se déroule parfaitement, il faut que les vaisseaux et les nerfs qui y participent, à chaque étage du système érotique, soient en bon état. Toute altération entraînera un dysfonctionnement érectile. On peut donc à ce dysfonctionnement trouver des causes psychiques, des causes organiques et des causes toxiques. Ceci posé, neuf pannes sur dix ont une cause psychique. Néanmoins, avant de dire « c'est psychologique », il faut s'assurer qu'il n'y a pas d'altération organique en pratiquant un examen physique et un bilan sanguin.

Parmi les causes psychiques, les émotions et spécialement les émotions de peur et d'anxiété sont les premières. Cela s'explique par des interférences entre le centre cérébral des émotions – le système limbique – et le centre cérébral de l'érection. Et aussi par la décharge d'adrénaline qui accompagne ces émotions, décharge qui se produit dans les glandes surrénales (l'adrénaline est l'hormone du stress) et au niveau des nerfs sympathiques (l'adrénaline est le médiateur chimique du système sympathique). Or, rappelez-vous ce qui fut dit dans l'étude de l'érection : l'adrénaline provoque la flaccidité de la verge en faisant se contracter les artérioles qui apportent le sang aux cavernes. Constriction des vaisseaux afférents = diminution du débit = cavernes plates.

Les émotions les plus contraires à l'érection sont : la peur, l'anxiété, l'angoisse, l'appréhension, l'inquiétude, le stress, la colère, l'agressivité. Toutes situations qui déclenchent de telles émotions sont fatales pour la turgescence. En voici quelques exemples.

• L'état dépressif : la profonde anxiété qui caractérise la dépression réduit la possibilité d'érection et en plus diminue le désir. L'anaphrodisie fait partie du tableau clinique de la dépression.

• La « première fois » : l'homme qui veut faire l'amour pour la première fois avec une nouvelle conquête, qu'il s'agisse d'un jeune inexpérimenté ou d'un adulte aguerri, est toujours suffisamment ému pour mettre son érection en danger. Même les hommes qui, dans les autres circonstances de la vie, ne montrent pas d'anxiété se révèlent inquiets, ici. C'est qu'il y obligation de réussite – bander et faire jouir la dame – et que la volonté ne sera d'aucun secours. De plus, l'échec sera lourd de conséquences : « l'honneur » de l'homme et la suite de la relation sont en jeu.

• La partenaire « impressionnante » : que ce soit la première fois ou non, la rencontre avec une femme qui impressionne perturbe l'érection : femme très aimée, femme très belle et très élégante, femme considérée comme supérieure parce que diplômée ou issue d'un milieu aisé, femme indépendante qui a son franc-parler, femme dominatrice, femme gourmande et exigeante, etc. L'homme n'est pas à l'aise et redoute de n'être pas à la hauteur et d'être mal jugé. Sa « mâle peur » s'exacerbe.

• Des antécédents de panne : ils ont créé une appréhension de l'échec qui va induire un nouveau raté, lequel va aggraver la perte de confiance. C'est le cercle vicieux. Si la partenaire a une attitude dévalorisante, la descente aux enfers sera plus rapide encore.

• Les périodes de fragilité psychique : chômage, maladie, retraite, vieillissement, car alors doute et inquiétude mènent les êtres.

• Les périodes de surmenage, car alors le stress fournit un bon lot d'adrénaline.

• Les situations conjugales, familiales ou professionnelles difficiles où anxiété, incertitude, conflits s'accumulent.

Il est une autre cause psychique du trouble de l'érection : c'est le manque de désir. Pas de désir, pas d'érection, c'est logique. Ce manque peut venir de l'homme lui-même : préoccupations, fatigue, dépression, maladie, autant de raisons qui coupent toute envie de faire l'amour. Le manque peut aussi venir de la conjointe qui n'est plus appétissante ou n'a plus d'appétit pour les mêmes raisons que l'homme (préoccupations, etc.), ou pour des raisons sexuelles : dyspareunie (douleurs aux rapports), anorgasmie (absence d'orgasme), affections de la sphère sexuelle (kyste, tumeur, infection, etc.). Dans ces cas, l'homme lui-même perd le goût du sexe, se démotive et ne bande plus ; à moins qu'il ne se rattrape en extraconjugal. Enfin, dernière raison du manque de désir = l'usure du couple par la routine ; à toujours faire les mêmes choses, on n'en a plus envie.

Ces pannes d'origine psychique affectent plus particulièrement les hommes sensibles et émotifs, les hommes cultivés et les hommes nouveaux. Elles ne concernent pas les barbares et très peu les hommes anciens.

LES CAUSES ORGANIQUES

Un ou plusieurs organes de la fonction sexuelle est malade. Pour le dépister, il faudra ausculter l'homme, faire une analyse de son sang (doser le sucre, c'est-à-dire la glycémie, les graisses, c'est-à-dire le cholestérol et les triglycérides, et l'hormone mâle autrement dit la testostérone) ; les explorations spécialisées concernant la verge et l'érection viendront ensuite.

Parmi les maladies qui peuvent provoquer des pannes on trouve :

- Les maladies des artères, à savoir l'artériosclérose et l'artérite. Ces maladies des artères sont parfois génétiques, mais le plus souvent elles sont dues à une mauvaise alimentation. Quoi qu'il en soit, l'homme se retrouve avec un excès de graisse (hyperlipidémie, en particulier hypercholestérolémie, portant sur le LDL) ou un excès de sucre (hyperglycémie ou diabète) dans le sang ; excès qui vont provoquer des dépôts sur les parois des artères, les rétrécissant, excès qui vont rendre le sang plus visqueux. Toutes choses qui ne sont pas bonnes pour l'érection. Signalons que les dysfonctionnements érectiles accompagnent souvent les anévrismes ou les artérites de l'aorte abdominale et les artérites des membres inférieurs.
- L'hypertension artérielle. Elle est néfaste pour l'érection car elle entraîne une détérioration des artères.
- Les maladies des nerfs. Elles perturbent l'érection en atteignant soit les nerfs sensitifs qui transmettent les messages allant des capteurs périphériques au centre de la moelle et du cerveau, soit les nerfs

moteurs, qui véhiculent les ordres issus de ces centres à destination des fibres musculaires lisses des artères et des cavernes du pénis ou à destination des muscles du périnée. Si les messages sensitifs et les ordres moteurs passent mal ou ne passent plus, le réflexe érectile est entravé ou annulé.
• Les atteintes de la moelle sont souvent à l'origine des pannes : lésions dues à un traumatisme de la colonne vertébrale, lésions liées à une hernie discale ou à une sclérose en plaque. Les nerfs en liaison avec la verge peuvent aussi être altérés dans les opérations portant sur des organes voisins : la prostate, le rectum, la vessie.

Les causes toxiques :
tabac, alcool, drogues, médicaments

Le tabac

Contrairement à ce que prétend une publicité fallacieuse dont le héros est un cow-boy, fumer est mauvais pour la virilité. En effet, le tabac altère les vaisseaux en favorisant le dépôt de plaques d'athérome dans leur lumière, ce qui réduit leur calibre et diminue leur élasticité. Des expériences ont montré que la nicotine a une action directe sur les tissus érectiles. Deux cigarettes, à taux élevé de goudrons, fumées coup sur coup réduisent d'un tiers le débit sanguin dans le pénis. Une statistique a établi que, dans un lot d'hommes frappés d'impuissance, les fumeurs constituaient la plus grande proportion.

L'alcool

Sur le moment, une dose d'alcool a un effet aphrodisiaque et désinhibiteur ; mais à dose plus forte, l'alcool abrutit et endort le consommateur. Sur le long terme, l'alcool rend impuissant en altérant à la fois les vaisseaux, les nerfs et la sécrétion de testostérone par les testicules ; sans oublier les destructions au niveau cérébral, hépatique et cardiaque.

Les drogues : cannabis, cocaïne, héroïne

Nombre d'études démontrent que leur consommation est un excellent moyen de devenir impuissant.

Les médicaments. Les impuissance iatrogènes

Les effets antiérection de certains médicaments (en particulier certains tranquillisants, certains antidépresseurs, certains antihypertenseurs et certains anticholestérol) ne sont pas toujours pris en compte par les médecins qui considèrent que le traitement d'une maladie doit l'emporter sur la pratique de « la bagatelle ». Mais il est souvent possible de remplacer un médicament érectophobe par un autre sans effet sur la turgescence.

Pour en finir avec les causes de dysfonctionnement érectile, signalons une pratique qui concerne beaucoup d'hommes : le sport cycliste et plus généralement l'exercice intense du vélo : les selles étroites et rigides réduisent de 30 à 60 % la circulation dans le pénis.

LE RÔLE MAJEUR DES FEMMES

Face à une panne, elles peuvent achever un mâle ou le sauver, être la meilleure alliée de la sexualité masculine ou son pire ennemi.

Mais voyons d'abord comment la femme prend la chose. Ce qu'on croyait être un drame pour nous s'avère être un drame pour elle : « S'il ne bande plus, c'est que je ne suis plus bandante », traduisez « désirable », « séduisante ». Alors que nous désespérions de n'être plus suffisamment homme, voilà que c'est elle qui désespère de n'être plus suffisamment femme. Et nous qui souhaitions être rassuré et consolé ! Il nous faut la sécuriser et la cajoler : « Ma chérie, tu es plus attirante que jamais. Oui tu es parfaitement femme. Et tu es la meilleure des amantes. C'est moi qui suis fatigué. »

Alors le visage de la femme s'éclaire et elle décide de s'occuper de nous. « Ce n'est pas grave, mon chéri, tu travailles trop. Si ça ne va pas ce soir, ça ira demain ! » Le malheur, c'est qu'on n'a pas envie d'attendre demain pour voir si nous sommes encore un homme. Notre attitude et notre mine montrent à l'évidence que ce qui est pour elle un incident, est pour nous une catastrophe. Quant à notre discours, il ne trahit pas moins qu'une véritable angoisse existentielle. Elle comprend alors que si ça ne se remet pas en marche ce soir c'est la nuit blanche assurée et l'humeur noire jusqu'à perpette. C'est le moment de se remémorer ces articles de la presse féminine à propos de la panne : « Prenez ça au sérieux, l'homme est tout entier dans son zizi. Une panne est terrible pour lui. »

Alors la fibre maternelle de l'aimante vibre. « Tu as dit maman bobo, j'arrive. » Sauf qu'il lui faut se comporter à l'inverse d'une mère qui, elle, pratique la répression face aux activités péniennes de son garçon et veut tout ignorer. Qu'importe, la voilà qui entreprend un branlage de la verge assoupie avec compassion, tendresse et, qui sait, un soupçon de désir.

Du va-et-vient, elle croit tout savoir. Mais ni l'un ni l'autre n'a été dans la peau de l'autre. Ni l'un ni l'autre n'a montré à l'autre comment faire : la subtilité des mouvements, l'intensité, l'amplitude, le rythme. Bref, la femme qui croit bien faire confond en réalité la verge de son amant avec un pis de vache ; ses mouvements de traite se révèlent inadéquats. Bientôt elle s'étonne que la verge ne s'érige pas majestueusement. Elle se fatigue, elle se lasse. Et lui n'ose pas expliquer ce qui ne va pas et comment elle devrait s'y prendre. Mais si les manœuvres féminines ne l'ont pas fait bander, elles l'ont un peu plus excité. Pas question d'arrêter et de remettre ça à demain, comme il sent bien que la femme le souhaite.

Il a l'air si dépité et dans une telle attente qu'elle décide de changer de tactique. N'écoutant que son bon cœur, elle porte sa bouche sur le pénis. Celui-ci apprécie, frémit, frétille et se tend enfin vers le palais de la ravissante charmeuse de serpent. « Oui ma chérie, oui, continue ! ». C'est vrai que c'est pas mal, mais il manque quelque chose pour que ce soit parfait et radical. La verge s'essouffle. Madame aussi. Son cou lui fait mal. Elle relève un peu la tête et la verge pique du nez. « Chérie, on va dormir… »

Il voudrait lui dire comment améliorer sa technique, mais il n'ose toujours pas. Elle est fatiguée, elle considère qu'elle a fait le maximum. Lui, pense qu'après tout c'est lui le coupable, l'incapable. Elle arrête. Il est tellement excité qu'il voudrait se branler, pour ne pas rester comme ça en suspens, pour se soulager. Il n'ose pas non plus. Mais en lui-même, il se dit : « Si j'avais mis aussi peu d'application, si j'avais consacré aussi peu de temps à caresser ton clitoris ou ton point G, tu n'aurais jamais joui. » Amer ? Oui ! Il y a de quoi.

Alors, il décide de rédiger un mini-manuel de la parfaite réanimatrice de verge.

• D'abord, la femme ne doit pas penser qu'elle n'est plus désirable, ce qui est rarement le cas. Et si elle le pense, qu'elle décide d'être plus sexy et de devenir experte en matière d'érotisme.

• Par contre, il lui faut considérer que son homme est dans une situation plus douloureuse qu'elle ne le croit. Que si les femmes peuvent simuler, les hommes, eux, ne peuvent pas tricher : leur infortune est exposée à la face du monde.
• La femme doit rassurer son homme, lui dire qu'il y aura forcément une solution au problème, que la virilité ne se mesure pas à la raideur du pénis et qu'elle l'aime pour ce qu'il est et pas pour son érection.
• Ensuite, elle entreprend les grandes manœuvres. Tout d'abord, caresser et embrasser l'ensemble du corps de son aimé – le troisième cercle – pour le détendre, l'apaiser, faire baisser son taux d'adrénaline. Un massage du cuir chevelu, ou du dos ou des pieds, c'est radical question adrénaline (voir chapitre 13).
• Ensuite, l'amante va s'ingénier à stimuler avec les doigts et avec la bouche les points érogènes du deuxième cercle, en particulier ceux du périnée, tel le fameux point H (voir chapitre 14).

Puis, elle va passer aux points les plus érogènes du pénis : les point A et B du fût pour aboutir aux points les plus exquis du gland, le frein et la couronne (voir chapitre 20).
• Et tout cela, que la femme le fasse par le jeu en disant à son ami : « Écoute, on s'amuse bien, profite bien de chaque plaisir mais ne cherche pas à bander, ça se fera tout seul. » Qu'elle le fasse au mieux, bien centrée sur ses gestes et ses sensations, attentive aux réactions de l'homme et avec subtilité. Qu'elle passe le temps qu'il faut. Surtout qu'elle ne bâcle pas !

Quand le corps de l'aimé baigne dans le plaisir, elle peut «attaquer» le branle. Elle le pratiquera dans les règles de l'art (voir chapitre 20), sans automatisme, avec ferveur, en sentant bien ce qu'elle a sous les doigts, en faisant glisser le prépuce sur le gland, en modulant les pressions (un peu plus fortes sur la hampe, un peu plus légères sur la couronne du gland), en alternant les amplitudes du mouvement de coulissage (plus ou moins bas sur le fût, plus ou moins haut sur le gland). Pas trop vite, mais dans un temps soutenu, en accélérant au cas où l'orgasme s'annoncerait. En tout cas sans interruption. Que la femme écoute son instinct, qu'elle redevienne la femme sauvage.

Après un certain temps de branle, l'amante passera au baiser pénien. Bien entendu, si au cours d'une de ces étapes, la verge présentait une fermeté durable, les amants pourraient tenter de l'introduire dans le saint des saints ; en général, quand elle y est, elle se réjouit et l'affaire est dans le sac. Si l'érection ne tient pas ou a fortiori ne se produit pas, il faut passer à l'étape suivante, en l'occurrence, le baiser pénien ou fellation, que la femme exécutera à la perfection, de tout son cœur, de toute son âme, en tout cas sans automatisme, avec gourmandise et délectation. Que ce soit pour elle un régal (voir chapitre 20).

En réalité, la perfection c'est d'associer des mouvements de branle avec les doigts sur le fût et des mouvements de coulissage et de succion avec la bouche sur le gland. Cette association constitue ce qu'il y a de plus fort pour réveiller un pénis, surtout lorsqu'il a été préparé par tout ce qui précède. Et toujours faire sans se presser, sans être tendu de façon obsessionnelle vers la bandaison.

La femme doit savoir qu'un pénis à demi-érigé, voire flaccide, peut s'introduire dans le vagin dans certaines positions, en particulier dans la position d'Andromaque : la femme à genoux et à cheval sur les cuisses de l'homme, a la vulve qui baille et l'orifice du vagin qui s'ouvre. Elle peut, de ses mains, prendre le pénis, le placer et le pousser dans son ouverture, puis, faire des petits mouvements de haut en bas avec son bassin afin d'amorcer des petits coulissements du gland. C'est bon pour tous les deux : pour la femme dont l'entrée du vagin est sensible et le point G à guère plus de 4 centimètres ; et pour l'homme dont le gland est doucement caressé par les muqueuses vaginales. Bien souvent la verge, ravie de retrouver l'endroit du monde où elle se sent le mieux, et, soit dit entre nous, qui est fait pour elle, se dresse de bonheur. Les quelques mouvements de va-et-vient qui vont suivre vont confirmer sa résurrection. Et c'est reparti. À l'intérieur les sexes n'en finissent pas de se congratuler. À l'extérieur, les sourires qui épanouissent les visages valent plus que les plus belles phrases. Bien entendu, l'attitude de la femme lui vaudra la gratitude infinie de l'homme dont un souper aux chandelles et au champagne ne sera qu'un épisode ; quant à la femme, elle sera habitée de la fierté inégalée d'avoir sauvé un homme.

Si le miracle d'Andromaque ne s'était pas produit, il reste à la femme – à qui j'apprends qu'une verge à demi-molle peut quand même aller jusqu'à l'éjaculation – à poursuivre sa branle, combinée au baiser pénien. De quoi rendre sa bonne humeur à l'homme.

Enfin, quand rien n'a marché, la femme avertie peut tirer de sa manche deux atouts : un, l'érotisme anal, un doigt dans l'anus peut offrir des plaisirs valables, voire un orgasme. Et même déclencher une érection. Deux, le massage de la prostate : arme secrète de destruction massive de la mélancolie masculine, elle provoque des plaisirs rigolos et même des orgasmes (voir chapitre 23). Il va de soi que tandis que la femme s'occupe de lui, l'homme se préoccupe d'elle et lui promet mille caresses pour après. Et au cas où l'érection n'aurait pas couronné ses admirables efforts, l'homme veillera à procurer à la femme un ou plusieurs orgasmes par d'autres façons : la grâce du clitoris ou l'intercession du point G, par exemple. Il peut aussi lui proposer de s'autocaresser et de s'envoyer par elle-même dans les cimes du bien-être. Ce qui d'ailleurs pourrait bien réveiller les ardeurs du pénis. La femme qui s'excite, c'est très excitant pour le mâle.

LA FIN DES ASSASSINES ?

Heureusement, elles n'existent plus ces femmes assassines, plus bêtes que méchantes, dont les paroles méprisantes et blessantes humilient et castrent l'homme en difficulté. Mais les hommes pouvaient se dire qu'ils ne perdaient rien en les perdant. Par contre, il est apparu des « amazones », de ces femmes qui ne sont pas sorties de leur (juste) révolte et abordent l'homme avec réserve, voire avec ressentiment et la ferme résolution de n'être ni leur mère, ni leur geisha. Il ne faut donc pas compter sur leur empathie, ni sur leurs talents érotiques pour redresser un phallus à qui elles n'ont pas encore pardonné quatre mille ans de domination.

LES TRAITEMENTS DE L'IMPUISSANCE

Avant tout, l'homme doit dédramatiser la situation – d'autant que la dramatiser perpétue le trouble – et il le peut pour deux raisons : les femmes, mêmes les femmes « modernes », accordent plus d'importance à l'amour qu'à la pénétration. Alors qu'il se montre plus tendre et caressant que jamais au lieu de se morfondre et d'être désagréable.

Il y a une solution dans tous les cas. Qu'il n'hésite pas à consulter un sexologue ; plus vite il le fera, plus vite il sera guéri : c'est une illusion de croire que « ça s'arrangera tout seul ». Quant à se résigner à ne plus connaître les joies de l'érotisme, c'est une erreur car ces joies entretiennent notre vitalité psychique et physique.

Il faut distinguer les traitements étiologiques qui soignent la cause et les traitements symptomatiques qui traitent le signe.

Les traitements étiologiques

Traitement des causes psychiques : neuf pannes sur dix ayant une origine psychologique, la psychothérapie vient en tête des traitements. Il existe maintenant une centaine de sortes de psychothérapies, chacun se laissera conseillé par son sexologue. On réservera les psychothérapies analytiques (freudiennes ou jungiennes) à certains cas graves : les névroses phobiques ou obsessionnelles, les suites d'agression sexuelle ou d'inceste, les états dépressifs, etc.

Traitement des causes organiques, c'est-à-dire des maladie touchant le système nerveux ou les artères. À chaque maladie, sa thérapeutique.

Traitement des causes toxiques : d'abord, supprimer le toxique (alcool, tabac, drogues, médicaments), puis traiter le système nerveux et les artères qu'il a altérés.

Les traitements symptomatiques

Ces traitements agissent sur le signe, c'est-à-dire sur la non-érection, et plus précisément sur la non-dilatation des artérioles et des cavernes. Même lorsque la dysfonction érectile a une cause particulière – psychique par exemple –, il faut prescrire un traitement symptomatique en plus du traitement étiologique pour « réamorcer la pompe ». De sentir son pénis s'ériger, la vie réhabiter cette zone de son corps, le patient reprendra espoir et retrouvera le goût de l'amour « charnel ».

Les inhibiteurs de la phosphodiestérase

Ils se présentent sous forme de comprimés et ont pour nom : « Viagra », « Cialis », « Levitra ».

L'invention du Viagra est une découverte majeure, comparable sur le plan de la vie sexuelle à la découverte de la pilule contraceptive par le Dr Grégory Pincus en 1951. Toutes deux abrogent toutes limitations à la possibilité de bonheur sexuel et permettent à chacun d'épanouir sa sexualité. Certes les remèdes antipannes ne sauvent pas des vies comme les antibiotiques et la cortisone – encore qu'ils évitent la mort à bien des hommes autrefois acculés au suicide – mais ils rendent d'une certaines façon la vie à des millions d'hommes et à leur compagne ; la sexualité est une émanation de la vie et ce qui rend les êtres pleinement vivants. Restituer son sexe à l'homme, supprimer sa peur de l'échec, effacer la limite d'âge, voilà les lettres de noblesse des substances antipanne.

Mode d'action des inhibiteurs de la phosphodiestérase

Comme leur nom l'indique, ils inhibent une enzyme, la phosphodiestérase de type 5 (PDE5) dont le rôle est de détruire le monoxyde d'azote ou oxyde nitrique (NO) produit par les cellules endothéliales des cavernes. Du coup, ce NO s'accumule, or – et c'est là que se situe le miracle – il est un puissant vasodilatateur : les vannes des cavernes s'ouvrent et les cavernes se remplissent de sang. Turgescence et érection s'ensuivent.

Toutefois, pour que se produise cette turgescence, il faut que l'homme soit désirant. Ces molécules ne provoquent pas l'érection à partir de rien et ne créent pas le désir. Elles ne déclenchent l'érection que si une excitation engendre le désir. Il est donc nécessaire, une fois la molécule absorbée, que le sujet soit stimulé ou se stimule.

Les comprimés s'utilisent soit ponctuellement, pour dépanner une défaillance transitoire et relancer la machine, soit au long cours pour soigner un dysfonctionnement installé, de quelque origine qu'il soit – psychique, organique ou médicamenteux. Il est conseillé d'alterner les trois sortes de molécules (Viagra et Cie). Dans les cas de maladies sévères des artères ou des nerfs, les injections intracaverneuses de papavérine sont préférables.

Contre-indications

Les inhibiteurs de la PDE5 entraînent une vasodilatation non seulement dans la verge mais dans tous les vaisseaux du corps ; ce fait est à la base des contre-indications. L'usage des inhibiteurs est déconseillé dans les cas suivants.

- Le patient reçoit déjà des médicaments à visée vasodilatatrice, car alors, il y a risque de désamorçage de la pompe cardiaque et d'effondrement de la tension. Parmi ces médicaments, il y a les dérivés nitrés prescrits dans les maladies coronariennes (angine de poitrine, infarctus).
- Le patient présente des maladies vasculaires ou cardiaques, car il est probable de ce fait qu'il prend des médicaments vasodilatateurs.
- Le patient présente une insuffisance cardiaque grave, car retrouvant son érection, il risque de s'adonner à des exercices sexuels excessifs.

Tableau comparatif

	VIAGRA	CIALIS	LEVITRA
Labo	PFIZER	LILLY ICOS	BAYER GSK
Nom chimique	SILDENAFIL	TADALAFIL	VARDEFIL
Forme	Comprimé	Comprimé	Comprimé
Délai d'action	35 minutes à 1 heure	15 minutes	20 minutes
Durée d'action	6 à 10 heures	24 à 36 heures, voire 48 heures	6 à 12 heures
Effets indésirables (rares)	- Maux de tête bénins - Rougeurs et chaleur du visage - Brûlures et douleurs d'estomac	- Maux de dos bénins - Douleurs musculaires bénignes	Idem Viagra

Effets spéciaux

Le rôle de l'appréhension est si grand dans la panne qu'il suffit parfois d'avoir une plaquette de Viagra ou autre IPDE5 dans sa table de nuit ou dans son portefeuille pour aller sans peur au rendez-vous d'amour et du coup éviter le fiasco sans même avoir absorbé le comprimé.

Les apomorphines

Elles se présentent sous forme de comprimés. Le nom de spécialité est « Uprima » et « Ixense » (laboratoires Takeda et Abbot). Elles agissent sur le cerveau au niveau de l'hypothalamus où s'organise l'érection. Si l'on a affaire à un sujet très anxieux ou qui n'a plus de désir, il faut associer une psychothérapie.

Le délai d'action est de 20 minutes, la durée de 2 à 3 heures. Les effets indésirables, heureusement fort rares et légers, sont des maux de tête, des vertiges, des nausées et une baisse de tension.

Les injections intracaverneuses

Il s'agit d'injecter directement dans le tissu érectile – en l'occurrence un corps caverneux – une substance vasodilatatrice, soit de la papavérine, soit des prostaglandines. Aussitôt, les vannes des artérioles des cavernes s'ouvrent et les cavernes se remplissent. La première injection est faite par le sexologue, à titre de démonstration, puis, le patient pratique des auto-injections, d'autant plus aisément que les produits sont présentés dans des stylos auto-injecteurs qui rendent la piqûre indolore. Les spécialités ont pour noms : « Edex », « Caverject », « Icavex ».

L'érection survient en quinze minutes et la dose est calculée pour que la durée ne dépasse pas quatre heures. Dans les premiers temps de la papavérine, on a pu observer de rares cas de priapisme, c'est-à-dire d'érection douloureuse persistant plusieurs heures.

L'injection intracaverneuse est efficace dans tous les cas d'impuissance, qu'elle soit d'origine psychique comme d'origine organique (vasculaire, nerveuse). Elle est particulièrement indiquée pour les causes graves : diabète, accident vasculaire cérébral, paraplégie par traumatisme de la moelle.

Les injections peuvent être prescrites de façon transitoire dans les affections curables, le temps de relancer la machine et de rendre confiance à l'homme. Mais elles peuvent aussi être poursuivies durant des années, sans inconvénient, quand la cause du dysfonctionnement est chronique.

La testostérone

La prescription de l'hormone mâle ne va pas déclencher directement l'érection, mais elle va, d'une façon globale, augmenter la « virilité » : accroître la force et le dynamisme, amplifier le désir et faire revenir les « érections triomphales » du matin, prélude au retour d'un printemps sexuel.

Toutefois, l'utilisation de l'hormone mâle n'est légitime que si un dosage de la « testostérone libre » a montré que son taux était abaissé.

Par ailleurs, il faudra vérifier préalablement que la prostate est en bon état, c'est-à-dire, exempte d'adénome ou de cancer, car l'administration d'hormones pourrait accélérer l'évolution des pathologies. Il faudra pratiquer un toucher rectal et un dosage de PSA.

La pompe à vide ou vacuum

La verge est introduite dans un tube où l'on crée une pression négative, ce qui provoque un afflux de sang dans ladite verge, sang que l'on retient par un anneau placé à la racine pénienne.

L'érection dure 30 minutes. L'appareil se vend en pharmacie sur prescription médicale.

La chirurgie

Les opérations proposées consistent soit à intervenir sur les vaisseaux, soit à implanter des prothèses. À réserver à des cas exceptionnels résistant aux autres thérapies.

Les aphrodisiaques : ginseng, gingembre, yohimbine, etc.

Ils sont traditionnellement réputés stimuler l'érection. On ne risque rien à essayer.

Les films pornographiques

Si l'asthénie sexuelle est d'origine psychique, ces images excitantes peuvent, sur l'instant, provoquer une érection. Dans les autres cas, ils ne pourront rien.

CHAPITRE 29

L'ÉJACULATION PRÉMATURÉE

Saliver à la vue d'un bon plat, sentir ses papilles gustatives s'impatienter et voir le plat vous passer sous le nez, dix fois, ça va, cent fois bonsoir les ébats. C'est pourtant le sort du malheureux atteint d'éjaculation prématurée et de sa compagne.

En soi, éjaculer vite n'est pas une maladie, c'est suivre son destin biologique. Souvenez-vous de nos ancêtres les singes… De toute façon, ce que veut la nature, c'est que le mâle dépose sa semence dans le corps de la femelle. Et le plus vite sera le mieux. Qu'importe le plaisir de l'un ou de l'autre ; encore que le plaisir du mâle va l'inciter à semer sa graine, tandis que le plaisir de la femelle n'est d'aucune utilité dans la reproduction. Mais l'humain est humain justement parce qu'il a dépassé sa physiologie de base : il veut joindre l'agréable (j'allais dire l'inutile) à l'utile. Manger pour vivre ne lui suffit pas, il a inventé la gastronomie, coïter pour perpétuer l'espèce ne le comble pas, il a inventé l'érotisme.

Or, l'érotisme, ou art d'accroître les plaisirs, exige de prolonger la relation sexuelle. Pour l'homme, plus c'est long plus c'est bon, plus l'orgasme est fort. Pour la femme, la longueur est la condition sine qua non de son plaisir et de son extase ; contrairement à l'homme qui peut jouir en quelques minutes, la femme a besoin d'un long contact entre sa muqueuse vaginale et celle de la verge. L'éjaculation en un temps bref, autrement dit prématurée, ne lui permet pas d'épanouir sa sexualité.

Définition

Éjaculation prématurée, mais prématurée par rapport à qui, à quoi ? Par rapport au plaisir de l'homme ? Certes, la brièveté ne lui permet pas de ressentir l'optimum de volupté, mais il a le maximum donc ce n'est pas lui la référence. Par rapport au plaisir de la femme ? Assurément la brièveté ne l'autorise pas à atteindre ce summum de la jouissance, c'est-à-dire l'orgasme. Mais, qualifier de « prématurée » l'éjaculation qui survient avant l'orgasme de la femme serait imprécis étant donné que pour s'élancer dans le firmament, elle met de 15 à 45 minutes. Donc ce n'est pas elle non plus la référence. Alors, les sexologues, arbitrairement, sont convenus d'appeler « prématurée », toute éjaculation qui survient moins de 5 minutes après la pénétration.

L'éjaculation prématurée est la dysfonction la plus répandue chez l'homme. 25 % – un homme sur quatre – éjaculent avant les 5 minutes de référence.

Il y a ceux qui éjaculent avant la pénétration, à la porte de la vulve – « ante portam ». Il leur a suffi, après l'avoir vue se déshabiller, que la femme les frôle pour que jaillisse leur sperme ; c'est le cas de 1 % des hommes. Et il y a ceux qui éjaculent dans le sexe féminin après 30 secondes, 1 minute, 4 minutes de pénétration.

Les conséquences

Elles sont redoutables. L'homme rate la longue, la délicieuse, l'heureuse union avec la femme. La femme voit le gâteau lui passer sous le nez, plus frustrée encore que l'homme qui, lui au moins, a eu son orgasme.

À la longue, l'un et l'autre, mais surtout la femme, perdront l'envie même de se conjoindre. Lui se sentira « au-dessous de tout ». Elle, nourrira un ressentiment croissant pour ce partenaire décevant. Ils savent bien tous deux qu'un bon amant doit être capable de retenir son réflexe éjaculatoire pour faire durer son érection.

Les causes

L'éjaculation prématurée survient fréquemment la première fois qu'un homme fait l'amour avec une femme aimée ou désirée. Le garçon, ou le jeune homme, est très ému, très excité et inexpérimenté. Il se laisse déborder par son désir et son excitation. En plus, il a l'habitude de faire vite : quand il se masturbe, il procède par de rapides mouvements car il est pressé de jouir de l'orgasme et il craint l'irruption des parents. Quand il fait l'amour, il n'a pas d'espace à lui, il le fait dans une voiture, au cinéma et vite pour ne pas être surpris. Et s'il va voir une prostituée, elle l'exécutera en moins de temps qu'il n'en faut pour se déshabiller.

Ensuite, dans le cours de sa vie, l'homme connaîtra d'autres « premières fois » ; à chaque nouvelle femme, c'est la même appréhension, il faut être à la hauteur : bander à fond, durer longtemps, trouver les bonnes caresses, réussir à la faire jouir. En tout cas, il faut être aussi bon, voire meilleur que les concurrents.

L'homme peut aussi être impressionné par la nature de la femme, qu'elle soit trop belle, trop sexy, supérieure, hostile ou dominatrice, elle lui fait perdre le contrôle de son réflexe éjaculatoire.

On le voit, c'est son anxiété qui trahit l'homme. C'est donc elle qu'il faudra apaiser.

Autre cause d'éjaculation prématurée : ne pas faire assez souvent l'amour. Tout se passe comme si le désir était tendu à l'extrême et les voies spermatiques remplies à déborder. Le jour où cet homme fait l'amour, le désir éclate et le sperme sous pression fuse.

TRAITEMENT DE L'ÉJACULATION PRÉMATURÉE

Il est bon de connaître des petites astuces qui peuvent retarder l'éjaculation.

- Se masturber avant la pénétration : après une éjaculation, l'homme entre dans la phase réfractaire où une autre éjaculation est plus lente à venir. Cette masturbation, l'homme peut la faire seul ou avec sa femme.
- Enduire le gland d'une crème anesthésique (à base de benzocaïne) ou enfiler un préservatif enduit de ce produit : le gland à demi-endormi et ne sentant plus très bien les sensations voluptueuses ne se précipitera pas tête baissée dans le réflexe éjaculatoire.

Il faut surtout détendre l'anxiété de l'homme qui est pour beaucoup dans sa perte de maîtrise de l'éjaculation. Il existe un moyen simple de s'apaiser, c'est la respiration à quatre temps : inspirer profondément par le nez en gonflant l'abdomen, poussant l'air vers le bas, faire une pause, expirer par la bouche, faire un pause. Plusieurs mouvements respiratoires de ce type apportent un début de sérénité. On peut aussi recourir aux différentes techniques de relaxation, dont la sophrologie est la plus efficace. Si l'anxiété atteint des degrés plus élevés, il ne faudra pas hésiter à entreprendre une psychothérapie dans l'espoir d'extirper les racines du mal ou de le mettre à distance. Certains médecins prescrivent des antidépresseurs ; ils ne visent pas tant à détendre le sujet qu'à réduire sa libido et sa puissance érectile, ce que je trouve excessif et toxique.

Il existe des exercices spécialement destinés à contrôler l'éjaculation.

- Les exercices de Kegel consistant à renforcer le muscle pubo-coccygien dont nous savons qu'il croise l'urètre à sa sortie de la prostate.
- Les exercices « Stop and go », (arrêt-marche). Le but est d'apprendre à analyser ses sensations, à apprécier son degré d'excitation et à repérer le point de non-retour. Dans l'avant-orgasme, le sphincter externe strié de l'urètre est fermé, la sensation ressentie est exquise (pré-orgasme), mais la situation est contrôlable, à condition de cesser ses mouvements (voir schéma 1 en annexe). Quand l'éjaculation se déclenche, le sphincter s'ouvre, la sensation est orgasmique et la situation n'est plus contrôlable quoi qu'on fasse.

Il y a deux variétés de « Stop and go »

Stop and go avec masturbation

L'exercice consiste en une masturbation à interruptions effectuée par le sujet lui-même. Le déroulement est le suivant : se masturber, guetter le point d'imminence, s'arrêter juste avant l'instant de jouir, laisser passer quelques secondes, reprendre la masturbation jusqu'à la prochaine imminence. Répéter plusieurs fois ce cycle. Si on dépasse le point de non-retour et que l'éjaculation se produit on aura au moins pu repérer comment ça se passe et comment ne pas aller trop loin la prochaine fois.

Il existe une variante : c'est la masturbation de l'homme par la femme. Ensemble, ils conviennent que l'homme signalera son arrivée au point d'imminence par un signe – par exemple une pression de la main sur la cuisse de la femme – et qu'alors la femme cessera instantanément ses mouvements.

Stop and go avec pénétration

Les amants adoptent la position d'Andromaque, femme à cheval sur le bassin de l'homme couché. La femme insère le pénis dans son vagin. Dans un premier temps, ils restent ainsi sans bouger ni l'un ni l'autre, devisant calmement. Puis, elle sort le pénis et ils continuent de bavarder. Puis, elle réinsère le pénis, toujours sans bouger. C'est la séquence statique qui comprend trois ou quatre figures comme celles que nous venons de décrire. Ensuite la femme entreprend de faire quelques petits va-et-vient de son bassin sur le pénis, mais dès que l'homme sent ses sensations se faire plus aiguës – signe d'imminence – il le signale à la femme d'un geste convenu ; aussitôt, celle-ci sort le pénis de son vagin. C'est la séquence dynamique qui comprendra trois ou quatre figures. Ils pourront alterner séquences statiques et séquences dynamiques, le temps qu'il leur plaira. Il existe à cet exercice deux variantes.

Première variante : « avec squeezing »

L'exercice est le même complété par un « squeezing » ou compression : aussitôt sorti, le gland est comprimé par la femme entre le pouce et l'index (placé de chaque côté du gland), juste sous la couronne, jusqu'à ce que l'envie d'éjaculer soit passée. La pression doit être assez forte pour pincer l'urètre. Après quelques instants de repos, la femme réinsère le pénis dans son vagin et ainsi de suite.

Deuxième variante : avec traction des testicules

Même exercice complété par la traction des testicules. Quand le plaisir de l'homme arrive près de son pic, juste avant le point de non-retour, l'ensemble bourses-testicules remonte vers le périnée, nous l'avons vu (par contraction réflexe des muscles crémaster et dartos). Si à ce moment l'homme lui-même, ou sa compagne, empêche avec une main les testicules de remonter, l'éjaculation ne se produit pas.

Les exercices choisis sont à poursuivre pendant cinq à six semaines.

À l'issue des exercices, la femme et l'homme peuvent se sentir excités et en même temps frustrés. Il est important alors que l'homme offre à la femme des satisfactions : tendresse, baisers et caresses de toutes sortes, y compris du premier cycle : clitoris, point G, etc., jusqu'à l'orgasme.

Sans doute, aussi bien pour l'impuissance que pour l'éjaculation prématurée, le travail à faire – les caresses et les exercices – peut effrayer a priori l'homme comme la femme. En réalité, ce qui est à faire n'est pas compliqué et peut se faire sur un mode ludique.

Et puis, il y va du bonheur et de l'harmonie du couple. Le danger de ne rien faire ne réside pas seulement dans la persistance des insatisfactions qui condamnent les partenaires à une vie pénible, mais aussi dans la certitude qu'elles déboucheront sur des événements douloureux : conflits à répétition, dépressions, infidélités de compensation dont on ne peut prévoir l'évolution et, à l'extrême, séparation. Autant de malheurs qu'un peu de courage et d'amour pourraient éviter.

CHAPITRE 30

DÉSIR QUAND TU NOUS QUITTES

Au préalable, il faut s'entendre sur les mots : la pulsion sexuelle est l'envie primaire, instinctive de faire l'amour sans objet précis. La libido, elle, dans la première mouture de Freud, était l'énergie de l'instinct sexuel, dans la seconde, c'était plus largement l'énergie vitale, l'instinct de vie, dont l'instinct sexuel était un des courants. Qaunt au désir, il est l'instinct sexuel humanisé, c'est l'envie de faire l'amour avec une personne choisie.

S'il arrive d'entendre des femmes se plaindre que leur homme ne pense qu'à ça, on entend de plus en plus de conjointes déplorer que leur mari est sexuellement assoupi.

Une statistique montre que, dans la première année de vie commune, les partenaires font l'amour 3 fois par semaine, la deuxième année 2 fois par semaine. Après 10 ans, c'est une fois par semaine. Après 30 ans, c'est une fois par mois. Ainsi, au début de la rencontre, les hommes sont tout feu tout flamme, puis, une fois mariés, ils chaussent des pantoufles de vieil amant. Il semble que les femmes soient moins paresseuses mais elles sont bien obligées de s'adapter au rythme de leur compagnon.

Pourquoi un jour le désir s'endort-il ? Que faut-il faire pour qu'il ne s'endorme pas ou pour le réveiller ? Il faut réagir, c'est sûr, car sans le désir, la relation perd de sa vivance, de son piment. La tendresse, c'est bien beau mais il y manque les palpitations et le souffle de la vie.

Les grandes lois du désir

Le désir pousse sur le manque

Balzac l'avait écrit de bien concise façon : « Vouloir nous ronge et pouvoir nous détruit. » Notre femme (je parle ici pour les hommes), quand nous ne vivions pas encore ensemble, quand nous étions « fiancés », nous avions toujours envie de la voir, de la serrer dans nos bras, de la caresser et, suprême bonheur, dont nous avions tellement rêvé, de faire l'amour avec elle. Nous y pensions tout le jour, nous aspirions à finir notre travail pour la rejoindre. Il en était de même pour elle ; dans les premiers temps de la vie commune, nous partagions la même ferveur. Penser que le soir venu nous allions nous retrouver et nous ébattre dans le lit nous remplissait de joie toute la journée.

Peu à peu l'enthousiasme a diminué. C'était toujours le bonheur mais sans la folie. Encore un peu de temps et sont arrivés des soirs où nous avons senti que notre fatigue et notre besoin de dormir étaient plus forts que notre envie de faire l'amour. Avoir cette femme sous la main, accessible et disponible jour et nuit, pouvoir s'offrir les joies de l'amour quand bon nous semblait, faire du plaisir une habitude, enlevait aux relations sexuelles de leur magie. Le désir s'est estompé et les relations sexuelles se sont espacées.

Mais un jour, votre femme est partie à Montréal pour un congrès. Comme le temps vous a paru long, la maison grande et le lit vide ! Et votre désir qui montait, vous agaçait, puis vous lancinait. Comment, vous êtes-vous dit, ai-je pu certains soirs me coucher auprès de cette femme merveilleuse et ne pas l'honorer ? Vivement qu'elle revienne. Elle est revenue. Vous êtes allé l'attendre à l'aéroport, vous l'avez étreinte à l'étouffer, vous l'avez embrassée sauvagement. Dans la voiture, vos mains impatientes n'ont pu s'empêcher de palper des trésors charnels qui vous avaient échappé. À peine rentrés à la maison, vous l'avez entraînée sur le lit où, en la déshabillant à peine, vous l'avez prise sans plus attendre.

Vous venez d'expérimenter cette imparable loi de psychologie : « Nous ne désirons rien tant que ce que nous ne possédons pas, mais ce que nous avons nous nous en lassons. » Si l'être que l'on désire est à proximité et son accès possible et autorisé, le manque ressenti est nul et léger le désir. En revanche, si l'objet du désir est éloigné ou son accès impossible, interdit, le manque est profond et vif le désir. Mais que la personne se rapproche ou devienne accessible, le manque se réduit et le désir aussi. Le manque est bien constitutif du désir. À bon entendeur salut !

On le voit, il est bon dans un couple de cultiver le manque. Cela se fera naturellement si on choisit de sortir de la fusion et d'accorder à chacun une part d'autonomie. Dans la vie en couple, il faut distinguer la vie commune, ce que l'on fait ensemble (la sexualité, les enfants, la maison, certaines sorties, certains loisirs, les projets, etc.) et la vie personnelle : nous avons le droit de poursuivre nos recherches et nos activités artistiques, sociales, sportives, spirituelles, etc. C'est d'ailleurs bénéfique pour l'autre car les richesses acquises à l'extérieur l'enrichiront et nourriront la relation et les conversations. À l'autonomie il faut adjoindre une part de mystère : éviter d'être totalement transparent, d'être connu « par cœur », d'être prévisible, d'être formaté et banalisé. Pour cela, éviter de tout dire : ce que l'on fait, où l'on va, où l'on est allé – et de tout expliquer ou justifier.

Autonomie et mystère, voilà les deux secrets des couples heureux, qui ne s'ennuient jamais, qui ne s'usent pas. Or, ces attitudes créent naturellement des manques : ne pas tout faire ensemble, ne pas tout se dire génère des absences, des attentes, des interrogations, de la curiosité, de l'intérêt. Et quand on se quitte un jour, un week-end, une semaine, quel bonheur de se retrouver.

Le manque, on pourra aussi le créer en quittant de temps en temps le lit à deux places, pour dormir dans notre pièce personnelle. Car l'autonomie suppose que nous ayons non seulement un temps personnel, mais également un espace à soi, une pièce à soi. Le lit à deux places implique une coexistence où l'on a en permanence notre partenaire sous la main, où donc le manque est nul. En allant dans notre lieu personnel, faire ce que bon nous semble et en particulier y dormir, nous créons ce manque. Alors, quelle joie lorsque, poussé par une envie de câlins, nous nous glissons dans le lit commun et redécouvrons la peau comme neuve de notre aimée.

Le désir se renforce de la rivalité

Cette loi est en réalité une application de la première : s'il est une situation où le manque menace c'est bien celle où un rival apparaît et tente de nous ravir notre amante. Alors notre désir redouble ou revient. Nous avons tous connu des couples qui vivaient dans un train-

train sentimental et sexuel, quand soudain, l'infidélité de l'un ou de l'autre a transformé la donne. Si c'est la femme qui a été infidèle, on voit le mari devenir brutalement amoureux fou d'elle et, alors qu'il ne la regardait plus avec les yeux du désir, la convoiter ardemment. On pourrait en dire autant de la femme si c'était l'homme qui avait été infidèle. D'où cette loi de psychologie amoureuse : « On ne désire pas tant l'objet qu'on ne redoute de le voir posséder par autrui », loi qui a un corollaire logique « que soit éliminé le rival et possédé à nouveau l'objet, le désir se retire tandis que la valeur érotique de l'être s'effondre ». Bref, la certitude de posséder tue le désir, l'incertitude l'entretient.

La leçon est simple et impérative : laissons toujours un zeste d'inquiétude dans l'esprit de notre partenaire. Si nous sommes un homme, conservons nos amies femmes, rencontrons-les pour bavarder et partager un « petit resto », n'hésitons pas à nouer une conversation avec une femme dans un congrès, sur une plage, ne nous retenons pas d'inviter une femme inconnue à danser dans une soirée. Soyons charmant, séduisant. Il ne s'agit nullement de jouer les séducteurs ou de draguer, mais de préserver notre liberté d'entretenir ou d'ouvrir des relations interpersonnelles. Si nous sommes une femme c'est également ce qu'il est bon de faire.

Le désir se nourrit du plaisir

Voilà qu'il vous tombe entre les mains un fruit inconnu, vous vous demandez s'il a bon goût et décidez de le croquer. Quel délice ! La prochaine fois que vous rencontrerez ce fruit, vous viendra aussitôt le désir d'y mordre car le souvenir du plaisir qu'il vous avait procuré vous y pousse. Ainsi, le désir naît de la perspective d'un plaisir. Inversement, si ce fruit s'était révélé astringent, vous n'auriez pas eu le désir d'y mordre à nouveau. Pas de plaisir, pas de désir. La loi est ici : « Le désir se nourrit du plaisir. »

C'est ainsi que si les relations sexuelles avec votre partenaire vous insatisfont, si elles ne vous procurent pas les voluptés dont vous rêviez et si cette situation se prolonge des mois, des années, il est sûr que votre désir pour votre compagnon s'étiolera. En effet, une femme qui n'a qu'un piètre intérêt pour le sexe, manque de ferveur, d'habileté et d'imagination, finira par éteindre le désir qu'a d'elle son homme. Sans doute, ira-t-il « voir ailleurs » pour compenser ses frustrations, à moins qu'il ne quitte carrément cette femme. Il en va de même pour une femme.

La leçon est qu'il faut apporter à son (sa) partenaire, le meilleur plaisir possible. Si notre instinct nous fait inventer et donner moult caresses et gestes érotiques, il serait faux de penser que nous n'avons rien à apprendre. L'érotisme ça s'apprend aussi, pour preuve toutes les grandes civilisations ont eu leurs traités de l'art amoureux et spécialement les civilisations orientales : le taoïsme, le tantrisme, l'hindouisme. La femme ne peut pas tout savoir sur ce qui est bon pour un homme ; et un homme ne peut pas deviner tout ce qui est exquis pour une femme.

Mais il ne suffit pas de connaître quels sont les bons gestes, les bonnes caresses, les bonnes positions, les bons mouvements, bref, la technique, encore faut-il les réaliser avec application, avec perfection, avec ferveur, avec amour. Sans bâcler. Il faut être à l'écoute de l'autre, de ses attentes, de ses réactions, de ses mots et de ses murmures, de sa satisfaction ou de son insatisfaction. Il faut enfin que chacun manifeste son désir. Ce sont vos expressions de contentement qui guident et encouragent votre « équipier(e) ». Vous savez bien qu'on a autant de bonheur à caresser qu'à être caressé, surtout quand on perçoit les satisfactions de l'autre.

LA ROUTINE TUE LE DÉSIR

Depuis des années, Madame et Monsieur Y font l'amour tous les samedis soir après l'émission télévisée de variétés. Ils le font la tête à la tête du lit, en position du missionnaire, sans mot dire, selon le même déroulement et avec la même brièveté. Monsieur a bien essayé d'autres positions mais devant le peu d'empressement de Madame, il n'a pas insisté ; il a tenté aussi d'autres caresses, mais l'accueil de Madame n'ayant pas été délirant, il n'a pas persévéré. Madame, de son côté a bien suggéré à Monsieur d'aller moins vite, de prolonger la relation, mais on le sait, il n'est pire sourd que celui qui ne veut entendre, aussi a-t-elle renoncé ; elle avait même osé, un soir qu'ils revenaient un peu « pompettes » de la grande communion d'une filleule, lui prendre la main et la poser sur son clitoris. Est-ce parce que, s'étant effondrés au retour sur le canapé, il n'avait pas trouvé cet endroit très « catholique », toujours est-il qu'il n'avait pas donné suite à l'invitation. Bref, ils ont continué la routine du samedi soir. À ce train-là, le désir s'est enlisé. Ils ont sauté un samedi, puis deux, puis trois, pour arriver à faire l'amour une fois par mois. À ce rythme-là, leur désir ne tarda plus à entrer en coma dépassé.

Si vous ne voulez pas assister aux funérailles de votre libido, variez vos activités érotiques, mettez de l'imagination dans le lit, inventez de nouvelles caresses, de nouveaux baisers, de nouvelles positions. Variez aussi les jours, variez les heures : le matin c'est bien, à la sieste c'est extra, au retour du travail, c'est exquis, au milieu de la nuit, c'est magique. Variez surtout les lieux : faites l'amour devant les flammes de l'âtre, sur la table de la salle à manger, sous les poutres du grenier, sur la pelouse du jardin le nez dans les étoiles, dans les prés, à la barbe du soleil, dans les bois au mépris des ours, dans les criques, près des torrents. Les forces de la nature renforçant votre pulsion de vie, vous allez vous unir avec une ferveur nouvelle.

Le désir n'aime pas la banalité

Ils s'étaient émerveillés réciproquement, ils s'étaient attirés furieusement. Hélas, peu à peu le merveilleux s'était éteint et la fureur évanouie.

Ils vivaient très banalement sans plus de brillance et sans les feux du désir. Elle restait jusqu'à onze heures passé dans un vieux peignoir, sans même s'être donné un coup de peigne. Elle ne prenait plus garde à sa transpiration. Elle n'allait plus chez l'esthéticienne. Bref, elle se négligeait, elle qui avait été si séduisante. Lui, il traînait en « survêt », décoiffé, pas rasé. Il se laissait aller, lui qui avait été si élégant.

Dans la chambre, ils s'habillaient et se déshabillaient l'un devant l'autre, sans discrétion. Dans la salle de bains, ils se lavaient le sexe et les fesses l'un devant l'autre, sans retenue et ils se brossaient les dents en crachant dans la vasque devant l'autre. Ils ne fermaient même plus la porte des toilettes.

Ils dormaient dans un lit à deux places. Au début, de s'y retrouver nus et enlacés avait été la réalisation d'un rêve. Dès qu'ils touchaient la peau de l'aimé(e), ils s'enflammaient, ils déliraient, c'était le bal des ardents. À la longue, le contact avec la peau de l'autre, devenu quotidien et obligatoire, perdit de son ardeur ; ils y étaient moins sensibles, voire insensibles, comme si le sens du toucher s'était anesthésié, comme si leur épiderme s'était désensibilisé, mithridatisé. Puis vinrent les inconvénients de la cohabitation nocturne : les impatiences des jambes de madame, les ronflements de monsieur, les gigotements nerveux, les rêves agités et autres cauchemars, les grincements de dents, les toux, les rots, les borborygmes, les pets. Pire qu'à la banalisation du rêve, on atteignait ici à sa « viscéralisation », sorte de descente, sinon aux enfers, au moins au sous-sol du désir.

Alors, ne faites pas comme eux, ne vous laissez pas aller, ne vous négligez pas. Soignez votre corps, soignez votre apparence, soignez votre tenue. Même les jours de repos ou en vacances, on peut s'habiller relax sans être négligé. Quand vous doutez, demandez-vous si vous auriez été dans cet état à votre premier rendez-vous.

Ne livrez pas votre nudité et votre intimité sans plus de précaution comme si vous étiez au gymnase ou à la caserne, car elle perdra de son pouvoir érogène. N'exposez pas votre corps nu à tout-va car il finira par ne plus rencontrer que des regards indifférents voire blasés. Si vous voulez sauver l'appétit et l'admiration de votre aimant, isolez-vous quand vous avez à vous vêtir et dévêtir. Alors, quand arrivera le soir (ou l'après-midi) de la fête des corps, vous vous déshabillerez avec éclat et vous offrirez votre nudité avec panache à un aimant dont les yeux brilleront comme au premier jour.

En ce qui concerne le lit à deux places, limitez-en les inconvénients : choisissez-le large (1,80 mètre au moins) afin de pouvoir vous écarter de votre duettiste quand vous avez besoin « d'air », soignez vos impatiences de jambes, soignez vos ronflements, demandez à vos viscères de s'exprimer ailleurs. Faites des cures de re-sensibilisation – ou re-virginisation – de la peau : afin de briser l'habitude du contact permanent et de retrouver l'envie première de toucher, séparez-vous de temps à autres en allant dormir dans un lit jumeau ou dans votre pièce personnelle. Alors, quand vous vous retrouverez dans le lit commun, vous sentirez l'épiderme de votre conjoint(e) avec le même ravissement qu'au début de votre idylle.

LE DÉSIR N'AIME PAS LA FAMILLE

Quand on se marie et que les enfant naissent, tout change. De couple, on devient famille et les choses deviennent sérieuses. On est parents avant tout, comme l'étaient nos parents si réservés et si respectables. Les enfants sont omniprésents, jour et nuit, ils prennent tout notre temps, toute notre énergie. Alors les jeux polissons et les soirées érotiques passent au second plan. Pas le temps, pas la tête à ça. Le désir est mis au placard. En tout cas, devant les enfants, pas question de se laisser aller au moindre élan, de montrer la moindre trace de désir, de sensualité, de tendresse même. Les regards sont neutres, les touchers impersonnels et furtifs, les baisers superficiels et aseptisés.

Cette attitude devient une seconde nature dont on ne se défait pas instantanément au moment de se retrouver dans le lit.

Il y a même des femmes qui deviennent plus mères qu'épouses et qui finissent par ne plus exciter leur mari et ne plus susciter son désir ; il y a aussi des couples où l'on s'appelle réciproquement « papa » et « maman » : « Hein papa ? » dit l'épouse, « Oui, maman », répond l'époux. Or, en vertu d'un tabou vieux comme le monde, celui de l'inceste, un homme ne peut désirer sa mère et une femme ne peut désirer son père.

Enfin, il y a la fameuse « dialectique de la Madone et de la Putain ». Quand vous êtes devenue mère, comme l'était sa respectable et intouchable mère, vous avez atteint ce statut quasi sacré, commencé à lui inspirer beaucoup de tendresse mais moins de désir de se comporter avec vous comme avec une femme libertine ou une femme sauvage. Son désir a eu tendance à s'assagir. Sans compter que vous-même n'étiez plus très chaude : le traumatisme de l'accouchement, la fatigue, le manque de temps, l'affection centrée sur le petit a tempéré vos élans amoureux.

SOYEZ MOINS MÈRE, SOYEZ PLUS FEMME !

Heureusement, toutes ces entraves au désir ne sont pas inéluctables. On peut être des parents et rester amants. Et ne pas entrer dans le jeu du maternage de son conjoint en même temps que des enfants. D'ailleurs, on peut se chérir devant les enfants, se regarder, se toucher, s'embrasser avec appétit, à condition de ne pas offenser la décence. C'est très bon pour l'équilibre des enfants : avoir des parents qui s'aiment et se désirent les sécurise et leur donne une référence pour plus tard ; sentir l'amour et le désir circuler réchauffe l'ambiance et libère les relations dans la famille.

On peut aussi ne pas s'appeler « papa » et « maman », mais s'appeler par son prénom, des petits noms ou des appellations amoureuses, souvent du reste empruntées au bestiaire romantique : mon lapin, mon poussin, mon loup… Et au lieu de dire aux enfants : « Demande à papa », pourquoi ne pas dire : « Demande à ton papa », ou « à Jacques, à Noah, etc. » Et faire garder les enfants par Papi, Mamie, la nounou non pas pour aller au cinéma, au restaurant avec des copains mais pour faire l'amour, organiser une soirée érotique avec lumières et musiques douces… Et ce sera à vous d'en prendre périodiquement l'initiative pour que l'image de l'amante dissipe celle, trop prégnante, de la maman.

LES CAUSES D'UNE BAISSE DU DÉSIR

Chemin faisant, nous en avons rencontré quelques-unes. Voyons les autres.

Les causes qui relèvent de l'homme lui-même

Les causes psychiques

- L'investissement excessif dans le travail : il peut détourner de la sexualité. « Mon mari n'a pas la tête à ça », dit l'épouse de tout homme qui se donne « à fond » dans son boulot. D'une part, son activité peut lui procurer un plaisir qui le comble ; d'autre part elle lui cause des tensions permanentes voire des stress, tensions qui sont tueurs de libido ; elle entraîne aussi surmenage et épuisement qui réduisent l'énergie libidinale.
- L'investissement excessif dans le sport : il peut apporter tellement d'euphorie par sécrétion diluvienne d'endomorphines que l'homme n'a plus besoin de faire l'amour pour trouver sa dose d'euphorie, autrement dit pour se shooter. C'est ainsi que l'on voit des drogués du jogging, préférer le dimanche matin les chemins frais des zones vertes aux bras chauds de leur femme. Et des drogués de surf préférer les ondulations des vagues aux rondeurs des filles qui les admirent depuis la plage. Nombre d'observations montrent que ces mâles sportifs ne sont pas des plus friands de corps-à-corps, ayant un autre moyen de se donner leur dose d'endomorphines.
- Les préoccupations et autres soucis : familiaux et professionnels, entre autres l'insécurité financière, le chômage.
- La dépression, quelles qu'en soient les causes. L'anaphrodisie est l'un des signes de la dépression.

Les causes médicales

De nombreuses expériences ont confirmé le rôle de l'hormone mâle dans le désir et l'activité sexuelle. Une enquête récente montre même qu'il existe une relation entre le taux de testostérone et la fréquence – ou le besoin – des orgasmes : quand le taux est élevé, les hommes obtiennent 11 orgasmes par semaine, quand il est normal, les hommes en obtiennent 3. Le déficit en testostérone atteint 1 homme sur 10. Le traitement d'un tel déficit consiste en la prise de gélules contenant l'hormone ; il n'est fondé que si le dosage dans le sang a prouvé le déficit. Prendre des gélules de testostérone dans l'espoir de devenir superman est inutile et dangereux : c'est risquer de favoriser un cancer ou un adénome de la prostate.

• L'insuffisance thyroïdienne : elle entraîne également une baisse du désir et de l'activité sexuelle. C'est aussi le cas de toute maladie qui, en fatiguant ou en déprimant l'homme, réduit sa libido : l'hypertension artérielle, les maladies de cœur, les affections douloureuses (arthrite, arthrose, sciatique, etc.)

• Certains médicaments affectent également la libido. Ils le font en agissant sur le cerveau ou en réduisant l'érection car, à force, l'asthénie érectile étiole le désir. Sont en cause : certains hypotenseurs, certains anticholestérol et surtout, nombre de psychotropes comme les anti dépresseurs (le Prozac, par exemple) et les neuroleptiques. En aidant l'érection par des substances sexo actives (Viagra, etc.) on amorce un cercle vertueux : un soupçon de désir + un Viagra = une belle érection = une relance du désir.

• L'alcool a, à petites doses et sur l'instant, un effet aphrodisiaque (en réalité, par désinhibition). Mais, sur le long terme, il réduit la libido, diminuant la sécrétion de testostérone et détruisant tout le système érotique.

• Les aliments contenant des œstrogènes (hormones féminines) tels le poulet et le veau, pourraient abaisser la flamme du désir chez les mâles (et réduire leur taux de spermatozoïdes). Le soja, qui a également un effet œstrogène, pourrait avoir, pris en excès, un pouvoir féminisant.

Les causes qui relèvent de la femme-partenaire

La baisse du désir chez l'homme peut provenir de l'attitude ou de la qualité de sa partenaire.

Sont néfastes :

- Une partenaire peu intéressée par la sexualité par tempérament ou par névrose. Pas douée, pas demandeuse, pas réactive, elle finit pas désespérer le désir de l'homme.
- Une partenaire qui présente une pathologie sexuelle : anaphrodisie (manque de désir), dyspareunie (douleurs au cours de rapports), vaginisme ou anorgasmie, frigidité. Si elle n'accepte pas de se soigner, elle découragera finalement le plus désirant des amants.
- Une partenaire hostile, conflictuelle, dévalorisante, dominatrice, castratrice ou pire atteinte de troubles psychiques graves : dépression, paranoïa, schizophrénie…
- Une femme qui se néglige, qui ne fait aucun effort pour être séduisante ou pire qui est sale.
- Une femme atteinte d'une maladie grave qui soit l'empêche de pratiquer l'acte sexuel (douleurs, maladie du cœur, paralysie…) soit détériore gravement son aspect.

LES TRAITEMENTS DE LA BAISSE DU DÉSIR

Nous avons vu, au fur et à mesure que nous analysions les causes de la baisse du désir, les solutions que nous pouvions lui apporter ; il est sûr que les bonnes réponses sont celles qui sont adaptées à chaque cause. Toutefois, il existe des substances ou des moyens qui prétendent accroître le désir dans tous les cas. Autant les connaître.

Avant tout, il faut que le mâle soit « en pleine forme », qu'il songe donc à recharger son énergie : se reposer, prendre des vacances, se relaxer, se faire masser, suivre une bonne diététique, renoncer aux toxiques (drogue, alcool, tabac, sauf le vin raisonnablement), voilà le programme de base.

LES SUBSTANCES

Les substances médicales

- La testostérone

Son usage n'est légitime que si un dosage révèle un taux sanguin abaissé, sinon l'excès d'hormone créé peut aggraver ou même provoquer des pathologies de la prostate. Par contre, la prise de « zinc oligosol » est toujours bénéfique : cet oligoélément participe à la synthèse de la testostérone par les testicules et entre dans la composition du sperme. Enfin le massage des testicules peut favoriser la sécrétion de testostérone, pourquoi ne pas le pratiquer de façon régulière, avec douceur.

Les substances sexo-actives : « Viagra » et compagnie

Elles ne créent pas le désir, nous le savons, mais elles peuvent aider à sa renaissance : chez les hommes frappés d'impuissance, en restituant l'érection, elles restaurent la confiance en eux et l'envie de faire l'amour. Chez les autres hommes, elles peuvent réamorcer un cercle vertueux comme nous l'avons déjà exposé : un soupçon de désir + un Viagra = une belle érection = un désir plus grand.

Les substances traditionnelles aphrodisiaques

Les plantes : le ginseng, le gingembre, le bois bandé, la noix de cola, la noix vomique, la menthe poivrée.

Les aliments : le céleri, la truffe, les piments, les épices, les fruits de mer, les œufs.

Le champagne à petites doses.

Dans *Le traité des caresses* j'ai donné des menus aphrodisiaques pour soupers d'amoureux.

Les drogues

L'alcool, le cannabis, l'ecstasy ou encore les poppers peuvent avoir des effets euphorisants à petites doses. Mais, outre le danger que la consommation même occasionnelle de ces substances représente, des doses plus fortes provoquent l'effet inverse et diminuent l'appétit sexuel.

LES FILMS PORNOGRAPHIQUES

On les trouve en vidéo, en DVD, sur les sites Internet ou à la télévision.

Visionner un film porno ça excite, ça fait bander les hommes (et rarement mouiller les femmes), ça donne envie de faire l'amour et toute personne peut être bonne à assouvir cette envie. Ce n'est pas tout à fait ça relancer le désir : désirer c'est avoir spontanément envie d'être intime avec une personne précise, choisie. En vérité, ce que fait le porno, c'est juste réveiller sur l'instant la pulsion sexuelle, pas plus.

LA POÉSIE

La poésie est sans doute ce qu'il y a de plus aphrodisiaque car elle crée le désir dans l'âme, là où il échappe à la chosification donc à l'usure, là où il ne peut être jeté après usage. Les corps non accompagnés de leur âme peuvent se joindre et oublier le désir. Les âmes accompagnées de leur corps se conjuguent et leur désir est éternité. Le désir qui s'est habillé d'âme est impérissable. Son nom est amour. Je vous recommande en particulier un merveilleux texte de Orchydia, paru dans le mensuel *Recto-verseau* : « Toi, homme, je te désire intensément »… « Je gambade nue dans le pré de ton corps, posant une attention aiguë sur chaque bourgeon de sève »… « Je me sens en confiance dans les méandres du plaisir intime »… « Je laisse fluer la sève printanière de mon corps et caresse la vie par la peau »… « Dans l'éventail polychrome de nos retrouvailles, j'incarne le mystère entre ciel et terre »…

La poésie vient du sens et mène au sens. Et le sens mène au sacré. A ces niveaux, le désir n'a pas d'âge.

LA CARESSE INTÉRIEURE

Dans la caresse intérieure, le désir loin de s'émousser, se régénère, même si on s'unit chaque jour, voire deux ou trois fois par jour. Le même phénomène s'observe dans l'érotique tantrique qui est proche de la caresse intérieure.

CHAPITRE 31

SENIOR ET SEXE

La longévité s'accroissant (82 ans pour les femmes, 76 ans pour les hommes), le nombre de personnes du troisième et du quatrième âge s'accroît également ; elles représentent maintenant une proportion considérable de la population. Que devient la sexualité pour tous les gens qui ont passé 60 ans ?

À ce propos, il faut déplorer que les préjugés soient aussi nombreux que faux et bien sûr préjudiciables aux intéressés.

En finir avec les préjugés

« L'andropause sonne le glas de l'activité sexuelle de l'homme »

Le concept d'andropause qui fut établi par parallélisme avec la ménopause, est sans fondement. Le terme de ménopause vient du grec « men » qui signifie « mois » et par extension « menstrues » et « pausis » qui veut dire « cessation » ; la ménopause est bien la fin des menstrues, c'est-à-dire des règles. Le terme andropause vient de « andros » qui signifie « homme » et de « pausis » qui veut dire « cessation » ; l'andropause serait la fin de l'homme ! Non seulement ce terme n'a pas de sens, mais il n'a aucune réalité.

La ménopause, elle, a une réalité : elle s'inscrit dans une période limitée (de quelques semaines, à quelques années, en moyenne deux ans), elle est faite de l'arrêt des règles, de l'arrêt de l'ovulation et donc de la possibilité de procréer, de la diminution rapide et quasi totale des hormones féminines (progestérone et folliculine). Rien de comparable chez l'homme : la possibilité de procréer persiste jusqu'à la mort, l'hormone mâle (la testostérone) si elle baisse un peu, ne disparaît jamais et sa diminution s'étale sur une période illimitée, de l'âge de 25 ans (oui, ça commence très tôt) à la mort.

« Les capacités sexuelles se réduisent tellement que c'est à désespérer »

De fait, certains homme frappés d'impuissance se sont sentis tellement diminués et dévalorisés qu'ils se sont suicidés, parmi eux des hommes célèbres tel Ernest Hemingway et Romain Gary (un de ses derniers livres traite de ce thème : « Au delà de cette limite votre ticket n'est plus valable ».) Mais...

Un homme qui n'a pas usé ou abusé de toxiques (alcool, tabac, drogue) et qui n'est pas atteint d'une maladie grave conserve des possibilités sexuelles tout a fait suffisantes.

Il y a d'autres façons de faire l'amour que de jouer au marteau-piqueur. La pénétration n'est qu'une étape de l'échange érotique. Ce livre l'a assez démontré. Et puis, à toute panne il y a une solution.

« L'intérêt pour le sexe disparaît et c'est triste »

Certes, il peut diminuer mais ce n'est pas obligatoire. Si c'est le cas, le relais peut être pris par une foule d'activités (les petits-enfants, les arts, l'histoire, le militantisme pour les grandes causes). Et la vie reste joyeuse.

«Le sexe –comme du reste le sentiment– ce n'est plus de leur âge»

« Avoir encore des désirs et manifester de l'intérêt pour la sexualité à un certain âge, c'est honteux. » Il est vrai que la société, sous l'emprise de la morale de l'Église catholique, voyait d'un mauvais œil les papis qui prétendaient jouir d'une vie sexuelle et d'une vie amoureuse. On les traitait facilement de « vieillards libidineux », « vieux vicieux », « vieux beaux », etc. Mais, actuellement, la durée de la vie s'allongeant considérablement, comment par « honte » renoncer à l'érotisme pendant trente ans et plus ? En outre, l'excellent état de santé des seniors leur donnant une verdeur sexuelle, pourquoi se priveraient-ils de ces joies, d'autant que leur apparence reste verte également. Il en est de même pour le « cœur », il ne se ride pas, on peut être amoureux à 80 ans, c'est légitime, c'est respectable, c'est admirable.

Ces préjugés éliminés, il ne faut pas se cacher que l'avancée en âge entraîne quelques handicaps :

• Les artères et les nerfs vieillissant, les possibilités et les performances sexuelles se réduisent. Mais c'est amendable, nous le verrons.
• Les maladies étant plus fréquentes, l'activité sexuelle est entravée. Mais ces maladies et leurs conséquences sont améliorables.
• Les couples ayant vieilli présentent une usure affective et sexuelle et une mentalité de renoncement ; et la mise à la retraite en instaurant une cohabitation permanente entre les membres du couple et une sorte d'enfermement à deux, aggrave la situation. Mais il n'est pas impossible pour le couple de changer de mentalité et de reconsidérer la façon de vivre à deux, en étant par exemple plus autonomes.

Voyons en détail ce qu'il advient de chaque plan de l'activité sexuelle après 60 ans.

LES TESTICULES

Comme tous les organes, ils vieillissent et leur fonctionnement se réduit, mais reste à un niveau valable. La fonction exocrine, c'est-à-dire la fabrication des spermatozoïdes est encore suffisamment abondante pour que nombre d'hommes deviennent pères à 80 voire 90 ans. Quant à la fonction endocrine, c'est-à-dire la sécrétion de l'hormone mâle ou testostérone, elle diminue sans jamais s'annuler.

Rappelons les rôles de la testostérone : c'est l'hormone du désir et plus largement de la libido, et c'est l'hormone de la virilité qui détermine certaines caractéristiques physiques et psychiques de l'homme : l'énergie, la force musculaire, la gravité de la voix, la combativité, voire l'agressivité ; par contre, l'hormone n'a pas d'effet sur l'érection ; il n'y a aucun parallélisme entre sa diminution et les difficultés d'érection. Ce manque de testostérone entraînera donc une baisse de l'appétit sexuel et de la libido et une baisse de l'énergie vitale et de l'agressivité. D'où l'apparition de plus de douceur.

Le taux normal de testostérone libre se situe entre 2 et 16 nanogrammes par millilitre. Tant que le taux se situe au-dessus de la limite inférieure – ou seuil – il n'y a aucune conséquence. Autrement dit, un taux bas affecte peu la libido et la virilité.

Le taux de testostérone est maximum à 25 ans, à partir de cet âge, il baisse ; la baisse significative se situe à partir de 55 ans. Mais à 60 ans, seuls 25 % des hommes ont une diminution sensible. À 80 ans, seuls 26 % des hommes sont en-deçà du seuil où l'hormone est efficace (c'est-à-dire, 2 nanogrammes).

Le traitement substitutif consiste à administrer de la testostérone par voie orale, en capsules. L'effet est patent : l'appétit sexuel remonte, la libido de même, la force musculaire et le dynamisme physique et psychique retrouvent un bon niveau. Comme prévu, il n'y a pas d'effet sur l'érection, sauf sur l'érection nocturne qui réapparaît, témoignant d'un rebond de virilité. Comme il fut déjà dit, la prise de testostérone n'est légitime que si le dosage montre un taux abaissé sous le seuil ; sinon, l'excès d'hormone peut engendrer ou aggraver une pathologie prostatique. De toute façon, avant de prescrire l'hormone, le médecin s'assurera que la prostate est normale.

LE DÉSIR

Il aurait tendance à diminuer, mais cette baisse n'est pas fatale et l'on sait que beaucoup d'hommes gardent un regard pétillant vis-à-vis des femmes, et cela jusqu'à 85 ans et plus. Une statistique montre que les 3/4 des hommes de 75 ans conservent un intérêt pour le sexe. En général, la diminution du désir suit la baisse du taux de testostérone.

À cette cause biologique s'ajoutent, pour expliquer le reflux du désir, des causes psychologiques.

L'ancienneté du couple qui, par routine et cohabitation devenue morose, a abouti à l'usure sexuelle. Mais le couple imaginatif peut échapper à cette usure.

L'ancienneté qui a produit une banalisation de la relation. Ils se connaissent par cœur, ils n'ont plus de mystère, ils n'on plus rien à se dire, ils ne se parlent plus guère, ils ne s'enrichissent plus réciproquement, ils n'ont plus d'intérêt, de curiosité pour l'autre. Le manque de désir psychique pour l'autre participe au manque de désir physique. Heureusement le couple qui a préservé l'autonomie de chacun a pu sauver la curiosité réciproque.

Le vieillissement de l'apparence qui n'excite plus l'appétit du conjoint. Coucher avec un grand-père, avec une grand-mère… Mais, ici encore rien de fatal : beaucoup de personnes âgées continuent à avoir plaisir à faire l'amour avec leur partenaire du même âge. Pour peu qu'il ait su conserver son élégance.

Enfin, les maladies dont sont atteints les seniors coupent les ailes du désir = la douleur, l'essoufflement, la fatigue, l'anxiété qui les accompagnent n'incitent guère à danser des polkas érotiques, mais la médecine allège bien de ces troubles.

L'ÉRECTION

L'érection suit le sort des vaisseaux puisqu'elle est liée aux tissus érectiles qui sont des tissus vasculaires. Ne dit-on pas qu'on a l'âge des ses artères ? C'est aussi vrai, hélas, pour le fier phallus qui, du coup, va perdre de sa superbe. Donc l'érection est en baisse sinon en berne, mais ici encore rien n'est fatal, rien n'est général comme le montre la statistique : 30 % des hommes de 65 ans affirment avoir une érection normale, 55 % une érection satisfaisante, seuls 15 % ont une érection nulle. Ce qui est un bilan plutôt rassurant, fruit des progrès de la médecine et de la diététique qui permettent aux hommes de conserver la forme longtemps.

Voici ce que l'on observe en général.

- Une érection plus lente à monter, nécessitant des stimulations plus prolongées. La femme devra donc mettre la main à la pâte et s'appliquer plus et plus longtemps. Ce qui veut dire que, si le pénis ne s'érige pas seul, l'aimante devra l'aider de quelques mouvements de branle ou de quelques baisers péniens, ou des deux. Sans oublier, quelques taquineries sur les divers points érogènes de la verge et du périnée (voir chapitre 28, traitant de la panne). Bref, la partenaire devra faire preuve d'initiative et de créativité. Le jeu en vaut la chandelle, pour elle aussi bien que pour lui et pour le couple. Une bonne façon de conserver une érection tonique c'est de faire souvent l'amour ; c'est cet « entraînement » qui maintient les tissus érectiles en état de marche, spécialement si on adopte l'art de la « caresse intérieure ».
- Une érection moins ferme et moins durable, plus instable, obligeant la femme à la relancer.
- Une éjaculation plus lente à venir ; les mouvements de va-et-vient (ou le branle ou le baiser pénien) doivent être poursuivis plus longtemps. On peut le considérer comme un avantage pour la femme qui a ainsi le temps d'avoir son orgasme ou ses orgasmes. Et aussi pour l'homme (principalement pour l'homme atteint d'éjaculation prématurée), car il profite au mieux des sensations voluptueuses que lui offre le frottement des muqueuses de son gland sur les muqueuses vaginales. À noter que la quantité de sperme est plus petite et l'orgasme moins fort.
- Une phase réfractaire plus longue, passant de quelques minutes, voire une heure à quelques jours, voire une semaine.

Les causes de cette baisse de performance, comme vous vous en doutez, c'est l'altération des vaisseaux, l'intumescence étant liée à l'afflux de sang dans les tissus érectiles qui sont constitués de vaisseaux. Le vieillissement naturel des artères ou leur pathologie (artériosclérose, artérite) entraîne une réduction de leur calibre et de leur élasticité donc de leur débit. Et, ici, je parle des vaisseaux qui amènent le sang au pénis aussi bien que de ceux des tissus érectiles du pénis lui-même. Rappelons que l'excès de cholestérol et l'excès de sucre (diabète) provoquent des dépôts dans les artères et que l'hypertension artérielle provoque un durcissement de ces artères. Les maladies cardiaques, elles, peuvent altérer l'érection en réduisant le débit du sang que la pompe cardiaque envoie dans l'organisme.

Le système nerveux jouant aussi un grand rôle dans l'érection, tout ce qui va l'altérer en un point ou en un autre, va gêner l'intumescence : le vieillissement naturel des structures nerveuses (nerfs, moelle, cerveau) et a fortiori les maladies du système nerveux, vont ralentir et diminuer la transmission des sensations (le gland pourrait paraître moins sensible), la réaction des centres et la transmission en retour des ordres venus de ces centres.

Le traitement des troubles de l'érection a été exposé antérieurement (chapitre 29). Les armes majeures sont les inhibiteurs de la phosphodiestérase (Viagra et compagnie) et les injections intracaverneuses. Dans 95 % des cas (hors maladies graves) les personnes traitées retrouvent une activité sexuelle qui n'a rien à envier aux hommes de 40 ans. Si bien qu'un homme de 60 ans, veuf par exemple, qui hésitait à épouser une femme plus jeune, n'aura plus de scrupules à le faire.

LES MALADIES ET L'ÂGE

L'âge avançant, les homme sont plus exposés à diverses maladies touchant soit tel ou tel organe, soit carrément la sphère sexuelle. Je m'arrêterai sur les deux pathologies qui interpellent le plus les hommes.

Les maladies de cœur ou cardiopathies

L'activité sexuelle est réputée mauvaise pour le cœur, fatigante ; et il est vrai qu'elle fait monter la tension, accélère le rythme cardiaque et fait sécréter de l'adrénaline. Notons à ce sujet que ce sont les conjointes qui sont les plus angoissées car elles ont entendu parler de mort subite au cours du coït. À vrai dire, une relation sexuelle qu'on peut dire « moyenne » correspond à la montée à pied de deux étages ce qui est un bel effort mais pas excessif. Et, justement, les cardiologues recommandent aux cardiaques et spécialement aux coronariens d'avoir une activité physique (marche, jogging, sports doux, etc.) dans le but de maintenir le cœur en bon état de marche. Ils conseillent donc à leurs patients de poursuivre leur vie sexuelle, avec modération certes, sans chercher de performances. Exception sera faite des insuffisances cardiaques sévères (œdème des membres inférieurs, œdème du poumon, essoufflement, tachycardie, etc.) qui devront s'abstenir de tout effort, mais non de caresses, de baisers et autres manifestations de sensualité et de tendresse.

C'est dans le domaine des maladies coronariennes, si répandues, que les craintes des patients sont les plus grandes ; ici, c'est la mort subite qu'on redoute. En réalité, les statistiques montrent que l'activité sexuelle n'est responsable que d'un infarctus sur cent. Le risque est moindre chez les hommes qui pratiquent une activité physique régulière ou qui font souvent l'amour, car le cœur est « entraîné ». Donc, les cardiologues conseillent aux coronariens, même à ceux qui ont eu un pontage, de poursuivre leur vie sexuelle à condition de ne pas faire d'excès.

Souvent, le coronarien est atteint de dysfonction érectile, car il n'y a pas que ses artères coronaires qui sont « encrassées », tous les vaisseaux de son corps le sont et donc ceux de son pénis. Mais, vous le savez maintenant, il n'est pas question de donner un IPD (Viagra, etc.) à un coronarien, car un tel malade est soigné avec des dérivés nitrés qui sont incompatibles avec les inhibiteurs (risque d'accident grave). Le traitement, chez un coronarien, est l'injection intracaverneuse.

Vous vous doutez que le meilleur mode de relation sexuelle est ici la caresse intérieure qui peut se pratiquer avec peu de fatigue et beaucoup de volupté.

Les maladies de la prostate

Après 55 ans, un homme sur deux a une hypertrophie de la prostate (simple augmentation de volume), un sur trois à un adénome (c'est-à-dire une tumeur bénigne) et un sur dix a un cancer. Le cancer de la prostate est, en fréquence, le deuxième cancer de l'homme.

Toutes les affections de la prostate se manifestent par les signes suivants.

• Urinaires : polyurie (envie fréquente d'uriner et émission de petites quantités d'urine) et dysurie (difficultés à uriner : jet faible, nécessité de pousser).

• Sexuels : éjaculation difficile voire douloureuse, orgasme faible, mais rarement de troubles de l'érection.

Il faudrait dépister l'adénome et le cancer avant qu'ils ne se manifestent, car plus ils sont repérés tôt, plus ils seront simples à enlever. Pour cela, il faut pratiquer trois examens « systématiques » chaque année : une consultation comprenant un toucher rectal, un dosage de PSA et une échographie au moindre doute.

P.S.A. Valeurs de références en microgrammes par litre
Homme de moins de 50 ans < 2
Homme de 50 a 59 ans < 3.5
Homme de 60 à 69 ans < 4.5
Homme de 70 à 79 ans < 6.5

Si ces examens révèlent une tumeur, une biopsie précisera s'il s'agit d'un adénome ou d'un cancer. Si c'est un adénome, l'opération enlèvera la partie de la prostate contenant la tumeur, si c'est un cancer, l'intervention enlèvera toute la prostate et les vésicules séminales. Si le cancer a débordé sur la vessie, le rectum ou les ganglions satellites, l'exérèse sera plus large encore et des traitements complémentaires nécessaires (radiothérapie, etc.)

Quelles conséquences de ces interventions pour la vie sexuelle ? Si le nerf qui commande l'érection a dû être enlevé avec la tumeur ou s'il a été altéré « accidentellement » au cours de l'opération, l'érection ne sera plus possible ; ce risque est plus grand pour le cancer que pour l'adénome. Si les vésicules séminales ont été enlevées, il n'y aura plus d'éjaculation (cas du cancer) ; même si elles n'ont pas été enlevées, l'éjaculation n'apparaît plus car elle se fera en rétrograde dans la vessie (cas de l'adénome). Mais dans tous les cas, l'orgasme reste possible, sans éjaculation. N.B. : parfois, le nerf érecteur n'a été que sidéré et l'érection revient au bout de quelques semaines.

L'absence d'érection spontanée se traite ici par des injections intracaverneuses qui se révèlent très efficaces et qu'il faut mettre en œuvre dans les meilleurs délais. Dans 95 % des cas, une sexualité valable se rétablit.

Par contre, si une radiothérapie est nécessaire, elle comporte le risque de détériorer les organes internes et d'aggraver les troubles de l'érection.

Toute intervention dans le voisinage du nerf érecteur, à savoir sur la vessie ou sur le rectum, peut entraîner son ablation ou sa lésion et donc provoquer les mêmes troubles érectiles.

Que penser des antivieillissement ?

Toutes les mesures proposées pour prévenir ou réduire le vieillissement sont favorables à une bonne santé sexuelle. Il faut avant tout avoir une excellente diététique (en particulier consommer des oméga 3 naturels), une bonne hygiène de vie (s'abstenir des toxiques) et pratiquer un exercice physique régulier. Des substances ont été proposées qui auraient des effets antioxydants, il est bon d'en faire des cures : Sélénium, Provitamine A, Vitamine E. Le zinc, en oligosols est réputé favorable au fonctionnement des testicules.

Que penser de l'hormone DHEA inventée par le français Émile Beaulieu et qui serait antivieillissement et régénératrice des fonctions intellectuelles et sexuelles ? Aux États-Unis, elle est louée, autorisée et utilisée. En France, on attend d'avoir plus de recul à propos de possibles effets négatifs pour l'autoriser.

Deux impératifs

On l'a vu, pour la majorité des hommes, la pratique de la sexualité reste possible et satisfaisante, jusqu'à un âge avancé. Deux impératifs seront retenus en conclusion.

- Pratiquez allégrement les jeux sexuels, la sexualité ne s'usant que si l'on ne s'en sert pas. Moins on fait l'amour, moins on a envie de le faire et plus l'érection périclite. Inversement, des unions fréquentes maintiennent la « forme » sexuelle comme la « forme » physique et psychique.
- Changez d'érotisme. Votre sexualité devra se vivre sur un autre mode avec moins d'obsession de pénétration, plus de sensualité, plus de créativité, plus de tendresse et elle devra s'étendre à tout le champ corporel. Raffinez en particulier les caresses et les baisers.

CHAPITRE 32

LA PAROLE EST D'OR

Dans les premiers temps de la relation amoureuse on est tellement pleins d'amour et de désir qu'il n'y a rien à dire, on est heureux, que dis-je ivres, de tout ce qui arrive. Et puis on ne fait qu'un (c'est la fusion) et on se sent semblables (le mythe des âmes sœurs). Alors si des mots se disent ce sont des expressions spontanées inspirées par cette ivresse.

Mais, bien naturellement, au bout d'un certain temps, chaque membre du couple va recouvrer sa personnalité et redevenir une personne différente : différente quant à son sexe (et nous avons vu les dissymétries qui existaient entre la sexualité féminine et la sexualité masculine), différente quant à sa libido (l'un ayant beaucoup de désir, l'autre moins), différente quant à sa structure psychique, résultante de son éducation, de sa sensibilité, de sa sensualité, de ses névroses, de ses habitudes sexuelles, etc. Bref, ces deux mondes qui se sont rencontrés doivent se parler pour coopérer, s'ajuster, s'harmoniser sur tous les plans, y compris sexuel.

Bien sûr, l'amour et le désir ont jeté un pont sur le bras de mer qui sépare les deux îles faisant croire qu'il n'y avait pas de mésententes. Mais en raison des différences qui se révèlent peu à peu, les problèmes vont surgir. Il sera alors nécessaire d'établir un autre pont qui est la communication: se dire à l'autre et l'écouter pour faire comprendre les différences et aplanir les différends.

Parler d'amour et de sexe

En matière de sexualité, la parole est vraiment d'or et le silence mortel. Or, c'est un domaine où traditionnellement on parle peu ou pas assez précisément ou pas assez profondément. Pourquoi ? Par pudeur, la honte jetée sur l'activité sexuelle depuis des siècles ayant imposé le silence. Par peur surtout : l'homme craint de se mettre en position d'infériorité par rapport à la femme qui sera libre de satisfaire son désir ou pas. Et en position de faiblesse car révéler un besoin revient à dévoiler sa sensibilité, sa fragilité. Quant à la femme, si elle n'ose «réclamer» c'est par peur de passer pour une femme de « mauvaise vie » ou par peur de vexer son partenaire qui pourrait interpréter la demande féminine comme un signe de sa propre incompétence.

Et puis il y a des croyances qui s'opposent au dialogue.

« Quand on s'aime, on n'a pas besoin de parler, on devine ce que souhaite l'autre, on se comprend sans mot dire… » À ce jeu de devinettes, on a plus à perdre qu'à gagner.

« Le bonheur sexuel va de soi, il nous est donné, il est d'emblée parfait. » C'est ignorer les fameuses différences entre les êtres, et ignorer la plus lente révélation de la sexualité de la femme qui l'amène à n'acquérir sa maturité érotique qu'après 5 ou 10 ans de pratique, le plus souvent.

Hélas, cette absence de dialogue va avoir des conséquences graves : elle rend impossible tout progrès dans la vie sexuelle. Or, celle-ci n'est jamais optimale dès le premier jour. Faute de paroles, elle s'enlise et s'use avec les conséquences que l'on sait : infidélité, rupture…

Heureusement la libération de la sexualité a commencé à délier les langues.

Mesdames, parlez de vos attentes insatisfaites : « J'aimerais recevoir telle caresse », pour qu'elles ne se transforment pas en frustrations délétères. Parlez de vos griefs : « Je te trouve trop rapide… », sinon, ils se transformeront en ressentiments rédhibitoires. Dans le silence non seulement le couple ne progresse pas, mais ses membres s'écartent et s'éloignent imperceptiblement l'un de l'autre et le couple se désagrège. Faute de partager ses aspirations, ses désirs, (certains) de ses fantasmes, la complicité disparaît. Faute de voir reconnus ses besoins, un sentiment de solitude apparaît en chacun. Parlez Mesdames...

... pour informer : indiquer vos goûts, faire savoir vos envies, demander telle caresse. « J'adore, confie un homme, quand une femme ose me dire ce qu'elle souhaite. » Inversement, de plus en plus d'hommes osent dire ce qu'ils aimeraient que la femme leur fasse, et les femmes s'en réjouissent.

... pour guider la main ou les mouvements de l'autre de façon à obtenir le meilleur plaisir possible. Chacun de nous est seul à connaître ce qui lui donne le plus de volupté, à savoir où se situent ses zones érogènes favorites.

... pour exprimer votre plaisir, ce qui a pour effet d'encourager votre partenaire et de l'exciter. « Ça m'excite un max quand ma partenaire manifeste sans réserve sa jouissance. » Et votre déplaisir, votre inconfort ou vos douleurs, bien entendu.

... pour remercier et féliciter. Vous obtiendrez davantage de progrès de votre aimant par des louanges. Le besoin de gratitude de l'homme ne relève pas d'un banal narcissisme, c'est un besoin de reconnaissance légitime ; et puis nous savons l'inquiétude de l'homme nouveau quant à ses capacités à satisfaire la femme nouvelle.

En conclusion, verbaliser ses attentes et son plaisir crée et renforce la complicité entre les aimés.

EN CHOISISSANT LES MOTS POUR LE DIRE

La façon de communiquer est importante. On peut tout dire mais pas n'importe comment, surtout dans le domaine très sensible de la sexualité. Retenez ces quelques conseils, ils vous seront précieux.

Utilisez des mots simples : « Oui, c'est bon », « J'aime quand tu me fais cela », « Plus doucement », « Plus fort », « Plus vite », « Moins vite », « Plus haut », « Plus bas », « Plus à droite », « Plus à gauche », « Encore », « Continue », « Arrête »... Que de plaisirs avortés que d'orgasmes ratés pour un mot qui n'a pas été dit ! « Si les femmes parlaient on se planterait moins souvent, dit un homme, et on serait moins souvent rejeté ». « Si les hommes nous disaient ce qu'ils aiment on ne serait pas dans le vide devant eux. » Pour beaucoup de femmes l'homme est un inconnu.

Utilisez des mots positifs : relevez les qualités, dites ce qui est bien et non ce qui est mal. Dites : « Quand tu as fait cela, c'était bon. » Mieux : indiquez comment mieux faire.

Proscrivez les mots négatifs et ne remettez pas sur le tapis un passé litigieux.

Utilisez des mots doux, tendres, chuchotés à l'oreille, des mots respectueux. Proscrivez les mots vulgaires, salaces. On a déjà dit pourquoi l'homme veut voir dans la femme jouissante une putain et non une madone : pour ne pas être inhibé par l'émotion, l'adoration, la fascination. Nous avons vu aussi qu'avec l'homme nouveau cette attitude n'était plus de saison.

Soyez claire et précise dans la formulation de vos désirs.

Respectez sa réponse même si elle est négative : un refus n'est pas un affront, c'est l'expression d'un désir non partagé encore.

En vérité, il faut appliquer au dialogue sexuel les règles générales, d'une bonne communication.

Savoir dire : utilisez le « je » et interdisez-vous le « tu ». Le « je » exprime votre souhait, votre désir, il informe votre partenaire ; le « tu » le juge, l'accuse et le dévalorise, ce qui ne l'incite pas à faire mieux et même le braque.

Savoir écouter : il est aussi important d'écouter que de parler, encore faut-il que vous entendiez et que vous teniez compte de ce que l'autre dit.

CONCLUSION

EN MARCHE VERS UNE TROISIÈME CIVILISATION

L'homme ancien était réservé. « Un homme honnête ne montre pas son plaisir » était l'application de la loi générale qui voulait qu'un homme viril ne dévoile pas ses émotions, surtout lorsqu'elles le livrent aux bras d'une femme. L'homme nouveau, lui, n'hésite plus à exprimer sa jouissance comme à présenter ses demandes. Toutefois, il conserve un goût pour le verbe rationnel et technique qui caractérise la conversation masculine.

Ses questions peuvent indisposer les femmes : « Tu préfères ceci ou cela ? Là, c'est bien ? » Louable intention, mais il pourrait se fier à son intuition et à sa sensibilité, et se référer aux signes multiples et ostensibles que la femme affiche plutôt que d'encombrer l'envol de tonnes d'exercices. Mais ce qui indispose plus encore la femme c'est le débriefing qu'il entreprend en fin de partie. Que la femme comprenne qu'il croit bien faire et lui explique qu'elle préférerait profiter de l'euphorie de ces moments d'extrême proximité, voire d'unité.

Si les partenaires – l'homme aussi bien que la femme – disaient précisément ce qu'ils aiment, exprimaient sans retenue ce qu'ils ressentent, chacun obtiendrait plus de satisfaction. C'est faute de savoir ce que la femme attend, que l'homme lui offre des techniques. Et c'est par manque d'informations venant de l'homme que la femme, si j'ose dire, ne sait pas par quel bout le prendre.

Heureusement, nous progressons. Nous sommes en marche vers une troisième civilisation qui verra l'alliance heureuse et harmonieuse entre la femme et l'homme. Le moment est propice ; après une période de légitime révolte, les femmes commencent à se dire que « tout compte fait, les hommes ce serait le bonheur si au moins ils pouvaient changer » ; et justement, les hommes changent car ils reconnaissent que le patriarcat est un système qui leur est aussi cruel qu'à la femme ; c'est le règne de la violence, de la guerre, de l'argent dont ils sont les premières victimes ; c'est une société qui les prive du meilleur d'eux-mêmes (leur sensibilité, leur sensualité, leur tendresse). La femme, comme l'homme, a envie d'en finir avec la guerre des sexes, de se réconcilier et de fonder une nouvelle relation qui désormais est à notre portée.

BIBLIOGRAPHIE

Livres

Géraldine Adam, Anne Dufour, *Sea, Sex and Fun*, Editions Leduc.s.
Robert Bly, *L'homme sauvage et l'enfant*, Le Seuil.
Guy Corneau, *Père manquant, fils manqué*, Editions de l'Homme.
Didier Dumas, *La sexualité masculine,* Hachette, Collection Pluriel.
Nancy Friday et Théo Carlier, *Les fantasmes masculins*, Robert Laffont.
René Nelli, *L'érotique des troubadours,* Editions Privat.
Anthony Pietropinto, *Rapport sur la sexualité de l'homme,* Belfond.
Stendhal, *De l'amour,* Gallimard-Folio.
Gilbert Tordjman, *La femme et son plaisir*, Editions Londreys.
Gérard Zwang, *La fonction érotique,* Robert Laffont, Pierre Belfond.

Revues et sondages

Revue *Recto-Verseau,* n° 160, CP 12 – 1680 Romont.
Psychologies Magazine, octobre 2005, article de Xavier Poudat.
Enquête IPSOS 2005 pour *l'Observatoire Vania* sur « L'intimité féminine vue par les hommes».
Enquête ACSF cité par Ronald Virag dans *Le sexe et l'homme*, pages 129 et 142. Ed, Le livre de poche.

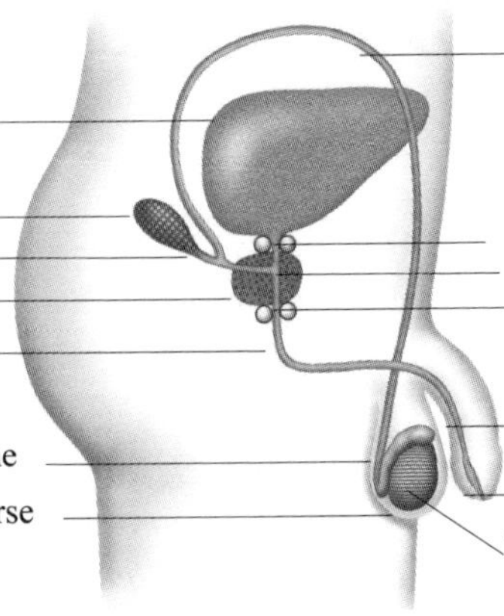

Les voies spermatiques

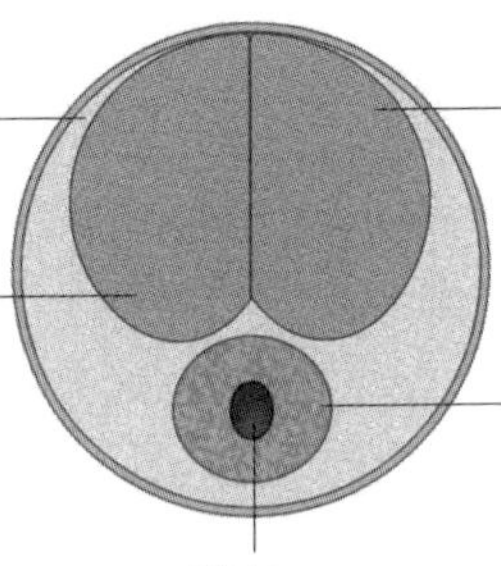

Coupe du pénis

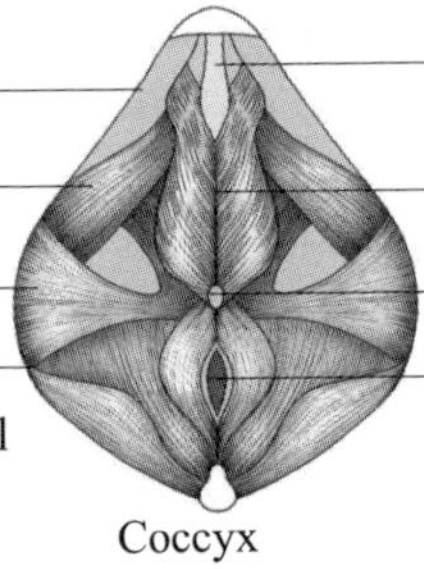

Le plancher périnéal

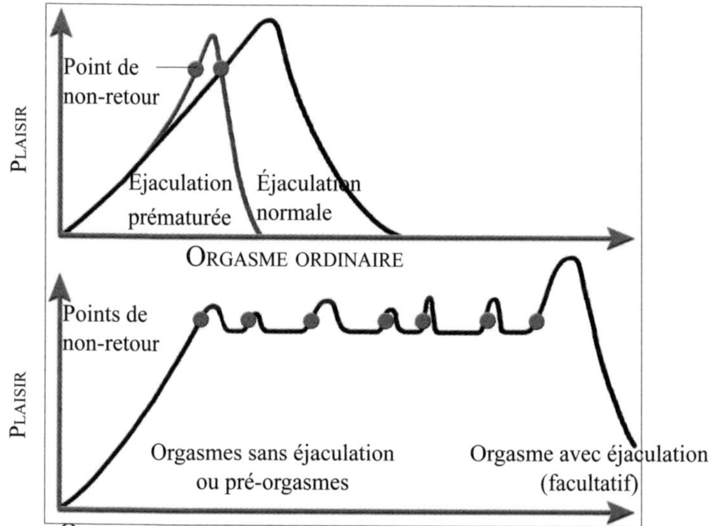

Orgasmes multiples par maîtrise de l'éjaculation

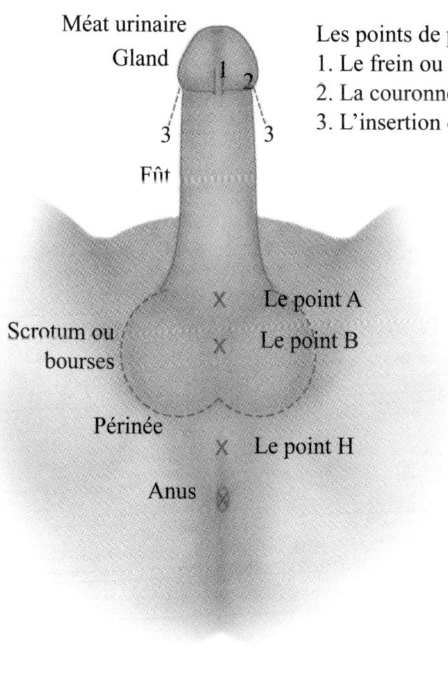

Les points de première magnitude
1. Le frein ou «clitoris» de l'homme
2. La couronne
3. L'insertion du prépuce

Les points érotiques de la verge

TABLE DES MATIÈRES

Sommaire 5

Avant-propos 7

Introduction 9

Première partie. L'ENFANCE DE L'HOMME 13

Chapitre 1. L'empreinte du passé 15
- Vous avez dit « primate » 15
- Et l'homme prit le pouvoir 16
- Les peurs du mâle 17
- Heureux Orient 17
- Cruel Occident 18
- Vers la libération des hommes 19

Chapitre 2. L'homme et sa mère 20
- La première fusion 20
- La seconde fusion 21
- L'apprentissage du plaisir et du bonheur 21
- Les plaisirs sexuels 21
- Du plaisir à l'épanouissement 22
- Le garçon aime t-il sa mère ? 22
- Le garçon désire-t-il sa mère ? 22

Chapitre 3. Des épines dans l'amour 24
- La mère toute puissante 24
- La mère et le pénis 25
- « Stop ! Je ne suis pas ta mère ! » 26

Chapitre 4. L'adieu à la mère 27
- Se détacher de la mère 27
- C'est l'érotisme qui émancipe 28
- C'est le père qui sépare 29
- Se détacher du monde féminin 29
- Les moyens ordinaires 30

Ne pas ressembler à une fille *30*
S'allier à d'autres garçons : la bande *31*
Les moyens extra-ordinaires 32
Les rites tribaux *32*
La circoncision *32*
L'homosexualité *33*
La chevalerie (XIe – XIIe siècles) *33*
Les initiations pararituelles *34*
Les nouvelles initiations *34*
L'échec de la séparation du garçon 34

Deuxième partie. QU'EST-CE QU'UN HOMME ? **37**

Chapitre 5. L'homme biologique 39
L'homme génétique 39
L'homme gonadique 40
L'homme hormonal 40
L'homme anatomique 41
Le sexe cérébral 41

Chapitre 6. L'homme social 43
Portrait de l'homme traditionnel 44
Le père traditionnel 45

Chapitre 7. L'homme en crise 46
La révolte des femmes 46
Un prestige ébranlé 46
Notre père qui êtes anxieux 47
Les états d'âme du pénis 48
Une difficile transition 49

Chapitre 8. Le nouvel homme 50
Libérer le féminin de l'homme 50
Prendre le meilleur du masculin : renoncer au pire 51
Les noces du masculin et du féminin 52
Le nouvel homme érotique 52
Le nouveau père 53
Ce n'est pas facile 54
Ne tirez pas sur l'homme nouveau 55

Troisième partie. L'HOMME, L'AMOUR ET LE SEXE...... 57

Chapitre 9. L'homme et les sentiments 59
Pas d'états d'âme, des trophées ! 59
L'homme est-il tendre ? 60
L'homme et l'amour 60
Sexe et sentiments 61
L'homme est-il polygame ? 63
Les intouchables et les putains 64
L'homme et l'intimité 66

Chapitre 10. Fascination pour la nudité 67
Prédominance de la vision chez l'homme 67
Les signaux sexuels 68
Vues des terrasses 68
Pièces détachées 69
Les seins et le visage 69
Magique nudité 70
De diverses conséquences 72
Les hommes aiment le « porno » 72

Chapitre 11. Ils aiment, ils aimeraient, ils n'aiment pas 74
Ils aiment 74
Dans la sexualité 74
Ils aimeraient 76
Ils n'aiment pas 78

Chapitre 12. L'homme et les caresses 79
L'homme un être sexo-centré ? 79
Les hommes changent 81
God save the Queen ! 82
La peau, un tissu extraordinaire 82
Le besoin de stimulation cutanée 84
La caresse d'amour gratuite 84
La caresse de préliminaires 85
Les caresses de postlude 86

Chapitre 13. Géographie sensuelle 88
Le bain 88
Ô visage radieux 90
L'amour en tête 92
Gros bras et fins plis 93

Réplique au poignet 94
Torses et tétons 95
Beau dos, large dos 97
Les hommes aussi ont des fesses 99
Les royaumes de la langue 102
Les oreilles *102*
Les plis, c'est exquis *103*
Les plis derrière les genoux *103*
Les plis sous fesses *105*
Les plis des paupières *105*

Quatrième partie. AUTOUR DU PÉNIS 107

Chapitre 14. Les caresses du « deuxième cercle » 109
Ventre d'homme 110
Pubis et cuisses de mâle 110
Les fameuses bourses 111
Les points secrets du périnée 112
Le point H 113
Des fesses à l'astre 115

Chapitre 15. L'homme et son pénis 117
Un joujou extraordinaire 117
La parole des parents 118
Le triomphe du phallus 118
Paroles d'hommes 119
Le revers de la médaille 120
Le guerrier 121
Un drôle d'animal 122
Qu'est-ce qui anime l'animal ? 123

Chapitre 16. Le pénis : un chef d'œuvre 124
La hampe 124
La base 125
Le gland 125
Le prépuce 125
L'érection 126
Un système autonome 127
Qu'est-ce qui fait bander ? 127
Les érections nocturnes 128
La taille du pénis 129
Améliorer la relation pénis-vagin 132

Travail commun de la femme et de l'homme *132*
Travail de la femme *133*

Chapitre 17. En avoir ou pas 134
Les testicules 135
La testostérone 136
Les voies du sperme 137
L'éjaculation 138
Vu de l'extérieur 139

Chapitre 18. L'orgasme masculin 140
La phase d'excitation ascendante *140*
La phase d'excitation en plateau *140*
La phase d'imminence d'éjaculation *141*
La phase d'éjaculation *141*
La phase de résolution *141*
La phase réfractaire *142*
Les réactions du corps 143
Le vécu de l'orgasme 144
Chers orgasmes 145
Le périnée : une lyre en délire 145

Chapitre 19. De la masturbation 147
L'enfant et les sortilèges 147
Le garçon pubère 148
L'adolescent 149
Masturbation et couples 150
Tout savoir sur la masturbation 151
Combien de fois les hommes se masturbent-ils ? *151*
Pourquoi se masturbent-ils ? *151*
Comment se sentent-ils après ? *151*
Comment font-ils ? *152*
Quand la masturbation devient du grand art 152
Une escapade facultative 154
Les fantasmes et la masturbation 154
Les conséquences de la répression de la masturbation 155

Chapitre 20. Caresses, branle et baiser pénien 156
N'hésitez pas à l'admirer 156
Le clitoris de l'homme 157
La couronne du bonheur 159

Ainsi fut fait 160
Cours de branle 161
Précisions « techniques » ou le secret de l'art 163
Le baiser phallique ou fellation 165
Écoutons d'autres paroles d'hommes *165*
Attention à ne pas faire mal *166*
Les opinions positives *167*
Les réserves *167*
Les opinions négatives. *167*
Pourquoi les femmes pratiquent-elles la fellation ? *168*
Pourquoi les hommes raffolent-ils de la fellation ? *168*
L'art fellatoire à l'attention des femmes 169

Cinquième partie. MIEUX FAIRE L'AMOUR 177

Chapitre 21. Les joies de la caresse intérieure 179
Les joies du coït, côté homme 180
La caresse intérieure 181
La maîtrise de l'éjaculation 185
La technique 186
Les avantages de la caresse intérieure 188
Avantages pour la femme *188*
Avantages pour l'homme *190*
Pour les deux partenaires 191
Pour la santé 193
Questions d'actualité 193
Homme et éjaculation *193*
Femmes et éjaculation *194*
Existe-t-il des variétés de caresses intérieures 194

Chapitre 22. Positions et mouvements 195
Femme en dessous 195
La position du missionnaire *195*
Les positions jambes en l'air *196*
Femmes au-dessus 197
La position d'Andromaque *197*
Variantes d'Andromaque *198*
Femme à genoux 199
La position de la lionne *199*
La position en lotus *200*
La position sur table 200

Les « cibles vaginales » 201
Positions pour toucher la face antérieure du vagin *201*
Positions pour toucher la face postérieure du vagin *202*
Positions pour toucher la paroi latérale du vagin *202*
Positions pour toucher le cul-de-sac vaginal postérieur *202*
Positions pour toucher le col utérin *203*
Positions pour contacter mieux le clitoris *203*
Mouvements libres 204
En guise d'introduction 205
Durée du coït 206
L'homme et l'orgasme de la femme 207
Jouir en même temps 208

Chapitre 23. L'érotisme anal 210
L'éroticité de la zone ano-rectale 211
Les réticences communes à la femme et à l'homme 211
L'influence de la répression religieuse *211*
L'éducation de la propreté *212*
Le dégoût des matières *212*
L'homme et son anus 212
Les réticences propres à l'homme *212*
Les prédispositions *213*
Les découvertes de l'homme *213*
Les sortes d'activités anales *214*
Le massage de la prostate 215
La prostate, plus qu'une glande *215*
Un art millénaire en Orient 217
Les peurs des occidentaux 217
Pourquoi les hommes aiment la sodomie 218
La femme tentée 219
Un jeu de plus 220
L'art et la manière 221

Chapitre 24. L'homme et le baiser vulvaire 223
Inquiétante fente 223
Les hommes et le baiser vulvaire 225
Les réticents au baiser vulvaire *226*
Les enthousiastes *227*
Un délire sensuel 227
Une situation torride 228

Et un délire mental 229
Mais il y a plus 230
La mémoire thalassale 231
La mémoire mammifère 231
La mémoire utérine 231
La mémoire infantile 232

Chapitre 25. L'érotisme pluriel 233
L'homme amateur d'ASP 233
Les avantages 234
Les inconvénients 234
Plus modestement : 3 ou 4 235

Chapitre 26. L'homme et le sadisme 237
Origine du sadisme masculin 237
Je t'aime moi non plus. L'amour-colère 238
Les fantasmes sadiques de l'amour-colère 240
Non au sadisme appliqué 241

Chapitre 27. L'homme et ses fantasmes 242
Rôles des fantasmes 242
Il n'y a pas de honte 243
Caractéristiques des fantasmes masculins 244
Faut-il dire ses fantasmes ? 245
Peut- on concrétiser ses fantasmes ? 246
Je n'ai pas de fantasme 247
Les sortes de fantasmes 248
La position des femmes dans les fantasmes 250
Origines de fantasmes 250

Sixième partie. PANNES ET DÉPANNAGES 253

Chapitre 28. La panne d'érection 255
Ça n'arrive pas qu'aux autres 255
Les causes psychiques 256
Les causes organiques 258
Les causes toxiques : tabac, alcool, drogues, médicaments 259
Le tabac 259
L'alcool 259
Les drogues : cannabis, cocaïne, héroïne 259
Les médicaments. Les impuissance iatrogènes 260
Le rôle majeur des femmes 260

La fin des assassines ? 264
Les traitements de l'impuissance 264
Les traitements étiologiques 265
Les traitements symptomatiques 265
Les inhibiteurs de la phosphodiestérase 265
Mode d'action des inhibiteurs de la phosphodiestérase 266
Contre-indications 266
Tableau comparatif 267
Effets spéciaux 267
Les apomorphines 267
Les injections intracaverneuses 268
La testostérone 268
La pompe à vide ou vacuum 269
La chirurgie 269
Les aphrodisiaques : ginseng, gingembre, yohimbine, etc. 269
Les films pornographiques 269

Chapitre 29. L'éjaculation prématurée 270
Définition 271
Les conséquences 271
Les causes 271
Traitement de l'éjaculation prématurée 272
Stop and go avec masturbation 273
Stop and go avec pénétration 274

Chapitre 30. Désir quand tu nous quittes 276
Les grandes lois du désir 277
Le désir pousse sur le manque 277
Le désir se renforce de la rivalité 278
Le désir se nourrit du plaisir 279
La routine tue le désir 280
Le désir n'aime pas la banalité 281
Le désir n'aime pas la famille 282
Soyez moins mère, soyez plus femme ! 283
Les causes d'une baisse du désir 284
Les causes qui relèvent de l'homme lui-même 284
Les causes qui relèvent de la femme-partenaire 285
Les traitements de la baisse du désir 286
Les substances 286
Les substances médicales 286

Les substances sexo-actives : « Viagra » et compagnie *287*
Les substances traditionnelles aphrodisiaques *287*
Les drogues *287*
Les films pornographiques 287
La poésie 288
La caresse intérieure 288

Chapitre 31. Senior et sexe 289
En finir avec les préjugés 289
« L'andropause sonne le glas de l'activité sexuelle de l'homme » *289*
« Les capacités sexuelles se réduisent tellement que c'est à désespérer » *290*
« L'intérêt pour le sexe disparaît et c'est triste » *290*
« Le sexe – comme du reste le sentiment – ce n'est plus de leur âge » *290*
Les testicules 291
Le désir 292
L'érection 293
Les maladies et l'âge 294
Les maladies de cœur ou cardiopathies *294*
Les maladies de la prostate *295*
Que penser des antivieillissement ? 297
Deux impératifs 297

Chapitre 32. La parole est d'or 298
Parler d'amour et de sexe 298
En choisissant les mots pour le dire 300

Conclusion. En marche vers une troisième civilisation 303

Bibliographie 305